做农业最大的捷径，就是选对路径，不走弯路。

品牌农业

新时代中国农业品牌建设的路径与方法

娄向鹏　郝北海　著

图书在版编目（CIP）数据

品牌农业 4 / 娄向鹏，郝北海著 .—北京：中国发展出版社，2020.12（2023.3 重印）

ISBN 978-7-5177-1165-0

Ⅰ . ①品… Ⅱ . ①娄… ②郝… Ⅲ . ①农产品—品牌战略—研究—中国 Ⅳ . ① F326.5

中国版本图书馆 CIP 数据核字（2021）第 027256 号

书　　名：品牌农业 4
著作责任者：娄向鹏　郝北海
责 任 编 辑：雒仁生
出 版 发 行：中国发展出版社
联 系 地 址：北京经济技术开发区荣华中路 22 号亦城财富中心 1 号楼 8 层（100176）
标 准 书 号：ISBN 978-7-5177-1165-0
经　销　者：各地新华书店
印　刷　者：河北鑫兆源印刷有限公司
开　　本：710mm × 1000mm　1/16
印　　张：20.5
字　　数：298 千字
版　　次：2021 年 5 月第 1 版
印　　次：2023 年 3 月第 2 次印刷
定　　价：89.00 元

联 系 电 话：（010）68990630　82097226
购 书 热 线：（010）68990682　68990686
网 络 订 购：http://zgfzcbs.tmall.com
网 络 电 话：（010）88333349　68990639
本 社 网 址：http://www.develpress.com
电 子 邮 件：370118561@qq.com

【 目 录 】

[推荐序]

关于农业品牌建设，读这一本就够了

孔祥智

中国人民大学教授、博士生导师
中国合作社研究院院长、农村发展研究所所长
中国品牌农业神农论坛学术委员会主任

娄向鹏先生的《品牌农业 4》和读者见面了，这是作者继“品牌农业三部曲”（《品牌农业》《大特产》《农产品区域品牌创建之道》）之后的第四本专著，是在新的理论体系下集前三本之精华并加上相关内容（如福来咨询的案例实践）构成的，是精华本，也是升级本，更是一个实操本。

目前，我国有 8000 多个地理标志和农产品区域公用品牌，平均每个县级单位（包括市辖区和县级市）有 3 个左右，总数量居世界第一。但这么多品牌绝大部分没有发挥出应有作用，甚至有的还把市场搞砸了。原本有的地方产品不错，可一旦打造、注册了区域品牌，它们就成了公用资源，产生了“公地悲剧”，本地企业、外来企业都用，谁都不对区域公用品牌负责任。农业区域品牌建设是一个极其重要的问题，区域品牌和企业品牌怎么打造，更是一个非常大、非常艰巨的任务。如果不把农产品区域品牌打造好，建立起包括区域公用品牌、企业品牌、产品品牌在内的中国农产品品牌体系，乡村产业振兴就可能沦为空谈。从某种意义上来说，农业品牌的打造，包括区域公用品牌的打造，是乡村产业振兴的应有

之义。

我认为，中国农业区域公用品牌的打造要靠“政府 + 企业”。区域公用品牌是公用资源，在目前情况下，只有政府才有权力使用，也可以委托给具有公用管理职能或被赋予部分公用管理功能的机构使用，政府要承担起农产品区域公用品牌建设的职责。我的一位博士生、内蒙古农业大学的乔光华教授提出“农产品公用品牌溢价”的思想，如何合理分配这个“溢价”，使获得者像对待企业品牌一样对待公用品牌，是政府的责任，也体现了执政者的智慧。中国人民大学农业与农村发展学院的一位教师到广西壮族自治区挂职继而任职，在县长任上打造本县的大米区域公用品牌，成功申报了国家地理标志产品。我告诉他，申报地标产品其实只是“万里长征走完了第一步”，如何分配这个公用资源，集全县之力打造这个品牌，需要做的工作还很多。中共十九届四中全会提出推进国家治理体系和治理能力现代化，区域公用品牌的打造正体现了地方政府的治理能力和治理现代化水平。

毫无疑问，企业更容易倾心打造的是自己的产品品牌，因为不会产生“公共池塘”问题。在中国，和工业品不一样，农产品的产销等以中小企业为主，除了极少数巨无霸龙头企业外，大量农业企业（包括农民合作社）还要傍公用品牌的“大款”，在公用品牌下打造企业品牌并突出自己企业的特色。这样既可以节省资源，又可以借助公用品牌之势提高知名度。这就是乔光华教授所说的“溢出效应”。当然，企业品牌打造好了，又会反过来对公用品牌产生正面影响，二者相得益彰。

在国际市场上，中国农产品的竞争力不强，除了质量方面的原因，与缺乏一个强大的品牌体系有很大关系。国内市场也是这样。如果一个人在商场买了牛奶，大概会说买了一箱“三元”或者“伊利”“蒙牛”，这就是品牌的作用了。当他说出这些品牌的时候，听者自然就知道买的是牛奶，而不是别的什么产品。而如果他买了一袋子大米，大概很少用品牌来代替，蔬菜、水果就更不用说了。这说明，我国绝大多数农产品都没有形成足以代表本品类的品牌，这种状况与我国农业大国的地位十分不相称。

党的十九大提出到 2035 年要基本实现社会主义现代化，这个“现代化”当然包括农业农村现代化，而农业要实现现代化则必须有一个强大的品牌体系作为支撑。2017 年 1 月 22 日，农业部发布了《关于 2017 年农业品牌推进年工作的通知》，提出从完善顶层设计、召开中国农业品牌发展大会、开展特色农产品优势区建设工作、办好农业展会、做好品牌营销推介、加强农业品牌培训和宣传等方面推进农产品品牌建设。近年来，国内不少机构也在向社会推荐品牌农产品。成功打造农产品品牌是开展上述各类活动的目的，也是基础工作。

在《品牌农业 4》里，作者在前三部著作的基础上，以福来咨询参与打造的上百个区域公用品牌和企业（产品）品牌建设的实践为依托，并借鉴国际经验，系统地提出了中国农产品区域公用品牌和企业（产品）品牌建设的理论体系与实操方法。作者称为“路径”和“方法”，我认为是合适的。因为农产品品牌的打造是立足社会、文化和生态背景的经济行为，当然具有中国特色。《品牌农业 4》提出了新时代中国农产品品牌建设的“方法”为“战略寻根、品牌找魂”。每个伟大的品牌都有一款“灵魂”产品，如可口可乐早期的“灵魂”产品是瓶装可乐，它已经成为美国文化的重要组成部分。本书还提出“灵魂”产品选择的“五星标准”，即战略一致性、品牌灵魂力、品类统治力、差异竞争力、落地可行性。因此，无论政府打造公用品牌，还是企业打造产品品牌，都必须找到其立足的战略之根、品牌之魂，这决定了该品牌现实与未来的竞争原力。

《品牌农业 4》认为，政府主导加上企业主营的“双轮驱动”，就是中国农产品品牌建设的“路径”。本书提出了政府主导农产品公用品牌建设的七大任务，即定产业、调结构、优品种、提品质、创品牌、搭平台、立龙头。在《品牌农业 4》的最后一章，作者精选了福来咨询参与建设的 8 个经典案例，并详细介绍了每一个品牌打造的思路以及效应，实际上是 8 个成功的故事。

总之，与前三本相比，这本《品牌农业 4》的体系更清晰，操作思路、方法更具体，案例分析透彻，无论地方政府官员还是企业经营管理者都可以照着学、跟着干。这本书是农产品品牌建设的“里程碑式著作”。一书在手，百事无忧。

孔祥智

庚子年冬

[自 序]

用品牌改变农业

以终为始的阳谋

《品牌农业 4：新时代中国农业品牌建设的路径与方法》（以下简称《品牌农业 4》）终于和大家见面了。

十年磨一书，本书是在我“品牌农业三部曲”的基础上，以福来咨询团队亲身参与的上百例区域公用品牌和企业（产品）品牌建设实践为依托，以中国人民大学品牌农业课题组的专项研究为基础，立足中国特色，借鉴世界经验，系统创导中国农业品牌建设的理论体系、战略路径、落地方法和实用工具。

《品牌农业 4》也是在突如其来的新冠疫情期间，福来咨询团队思想“逆行”，深刻反思、全面复盘、反复参悟的最终成果，是“品牌农业三部曲”的升级和升华，毫无保留，和盘托出。

希望用一本书，透析一个行业的痛点与难点，找到根本解决之道——从根源上纠正理论混乱和道路错乱，帮助产业和企业少走错路、弯路，也为读者朋友们节约宝贵的时间和精力。

我最大的“私心”，是期冀这本书能成为中国品牌农业建设的教科书，为我们这个农业大国找到新时代品牌强盛的路径与方法。

这是一个蓄谋已久的“伟大阳谋”。

路虽远，行将至。

千年农业文明新图景

民以食为天。

中国地大物博，文脉深厚，是世界农业文明的重要发源地之一。

中国是世界上最早种植水稻、粟（小米）和菽（大豆）的国家，曾开辟出史无前例的世界交流大动脉——“丝绸之路”，曾创作出世界上最早、最先进的农业科学著作《夏小正》《齐民要术》《天工开物》等，从本源上提出“道法自然”“天人合一”“药食同源”等宇宙观、生态观和养生观，为全世界贡献了不可替代的农业资源、农业科技和农业哲学。

作为农业经济时代的世界强国之一，中国的茶叶、丝绸、瓷器、餐饮、中医药等成为耀眼的国家名片，输出和影响全世界，以至西方用 china（瓷器）称呼中国。

然而，自 19 世纪开始，中国逐渐落后，曾经的世界农业强国开始衰落。

改革开放 40 余年来，中国农业取得了举世瞩目的成就，创造了用世界上 7% 的耕地养活了 22% 的人口的奇迹。

如今，在高质量发展的新阶段，质量兴农、绿色兴农、品牌强农，区域公用品牌、企业品牌、产品品牌协同发展，已经上升为国家战略，形成全社会的理念共识和行动指引。

农业品牌建设，作为新时代农业供给侧结构性改革和乡村振兴战略的抓手，以及实现产业兴旺、企业强大和消费升级的现实路径，正呈现蓬勃发展之势。

各种农业利好政策接连不断，各级党政领导、企业家热情高涨，众多工商资本、金融资本、互联网大佬纷纷“务农”，消费者追求美好生活的需求高涨，农业品牌革命风起云涌，一个十万亿的超级大市场构建了中国农业发展的鲜明逻辑和壮丽图景。

农虽旧业，其命维新。中国农业品牌迎来发展的新时代！

中国品牌农业之痛

与此同时：

五常大米、哈密瓜、西湖龙井、阳澄湖大闸蟹等品牌“公地困局”依然普遍；

没有区域实名的农产品区域公用品牌模式依然在全国盛行；

把品牌建设等同于 LOGO、口号、设计和广告的依然大有人在；

80% 的中小农业企业依然抱着“金饭碗”没饭吃或吃不饱；

蓝田股份、万福生科、香梨股份、太子奶、雨润、汇源等企业的教训仍在不断重复；

恒大集团、万达集团、大北农集团、网易、万科等大企业的农业投资梦在不断游离和解构；

中国农副产品依然普遍以高成本、低价值、低效率、高风险的方式，延续“中国制造”的“无奈”；

作为世界茶叶的祖师爷，中国至今尚未诞生“立顿”式的强势茶叶品牌；

原产中国的猕猴桃，被新西兰以佳沛奇异果品牌在全世界大行其道，称霸高端市场；

雀巢咖啡、新奇士橙、正官庄高丽参、加州巴旦木、波尔多葡萄酒、荷兰郁金香、阿拉斯加帝王蟹、澳大利亚牛肉等国际品牌在中国市场“攻城略地”；

在国际市场上，中国仍然没有出现世界级的国家农业品牌名片。

今天，看似轰轰烈烈的农业品牌建设，对于中国地方政府和企业来说，依然是一项崭新的课题，在理念、路径和方法上，存在很多误区和盲点，走了很多错路和弯路，亟须明道、优术和纠偏。

这些错路和弯路，浪费了产业与企业大量的人力、财力、物力，贻误了宝贵的发展机遇，甚至造成重大产业决策失误和企业倒闭。

战略无根、品牌无魂、群龙无首，成为中国农业品牌建设的三大痛点。

世上没有后悔药。

做农业，唯一的出路和最大的捷径——选对路径，不走弯路。

福来咨询之道：19 年的实践和探索

说易行难。没有市场角度和实践深度，没有理论高度和全球宽度，很难真正洞察中国农业的本质，直击难点与痛点，也很难找到农业品牌建设的路径和方法。我和我的团队也曾有过困惑与纠结。

幸运的是，福来咨询团队核心成员大多出身农村，这种天然自带的农业基因帮了大忙，使我们可以从根本上快速理解客户、洞悉产业、吃透项目。

同时，我们在食品、饮料、农业、医药、保健、家电、传媒、营销策划、创意设计、战略品牌咨询领域的工作经验和综合实践，以及对中国特色市场和企业的深入了解，让我们具备充分的“市场基因”，融会贯通，练就一双“火眼金睛”，能够“跳出农业看农业、跳出企业看企业”，抓住本质，高效解决根本问题。

19 年来，在品牌农业的漫漫长路上，福来咨询团队日夜兼程、上下求索，足迹遍布全国所有省区市和全球主要农业发达国家，下沉到省、市、乡、村各类市场，服务过各级政府和各种类型企业，在绝大多数农产品品类里播下了品牌之种；在实践中思考，在思考中实践，逐步沉淀并升华成理论和方法，在不断探索中推动行业前行。

我们首次提出了“中国厨房餐桌食品品牌革命到来”的论断，定义并传播了“品牌农业”的概念和观念，被收录进百度百科，沿用至今。

我们出版了“品牌农业三部曲”——国内第一套从市场、产品和消费角度研究现代农业品牌打造思想和方法的丛书，被誉为“政府领导和企业家必读的书”，累计发行逾 10 万册，一定意义上填补了行业空白，成为现象级图书。

我们成立中国人民大学品牌农业课题组，专项研究中国农业品牌化的历史命题，并开办了 13 期“品牌农业总裁班”。

我们创立神农岛智库，搭建神农岛公众号、神农论坛、神农合作组织、神农公益大课堂、神农国际研习社五大平台，一边传播品牌农业的中国智慧、路径和方法，一边整合国内外优质资源，为区域政府和农业企业赋能，成为中国品牌农业高端学习、交流与合作平台。

在深入研究传统国学经典和世界先进理念，充分吸纳借鉴老子、孟子、孙子、王阳明，以及荣格、巴普洛夫、马斯洛、德鲁克、科特勒、凯勒等国内外先贤大家思想的基础上，福来咨询提出了“政府企业双轮驱动”“省市县三级联动”“消费集体意识”“心智公共资产”“战略寻根”“品牌找魂”“激光传播”等原创战略品牌营销思想和方法论，深刻影响着行业的发展。

令人欣慰的是，19 年来，我们为众多区域公用品牌和企业（产品）品牌赢得了市场与价值，也赢得了他们的认同与尊重。我们的思想、方法、实践和著作，成了众多领导干部与企业家案头必备的决策参考和行动指南。从某种意义上来说，这也在为我国的乡村振兴、农业兴旺和品牌强盛贡献福来咨询智慧。

◎ 为什么说农业品牌建设必须是一把手工程?

◎ 为什么农业品牌建设要“政府企业双轮驱动”?

◎ 为什么农产品区域公用品牌必须实名制?

◎ 省市县三级政府如何科学分工、高效联动?

◎ 为什么说“战略寻根”是农业经营的“百年大计”?

◎ 为什么说“品牌找魂”是农业品牌建设的“灵魂”?

◎ 联合体企业为什么是破解中国品牌农业困局的根本路径?

◎ 成功的区域公用品牌和企业(产品)品牌到底做对了什么?

◎ 失意的区域公用品牌和企业(产品)品牌到底走了什么错路、弯路?

这些是中国农业品牌建设的核心命题和灵魂拷问,也是《品牌农业 4》要探究与回答的中国式路径和方法。

用品牌改变农业

多年前,常有朋友好奇而不解地问:做农业咨询很辛苦,你们为什么全中国、满世界地跑,还能不辞劳苦、乐在其中?

想想也是,作为最早一批投身农业研究和咨询的智业机构,十多年来,福来咨询团队不仅跑遍了中国的千山万水,也完整考察了世界主要农业发达国家的“秘密武器”,像极了《西游记》中去西天求取真经的师徒们。

后来大家又纷纷说,福来做农业咨询,是选对了路,很有战略眼光。

确切地说,是我们幸运地跟上了时代发展和农业兴旺的节奏,可能是暗合道妙。

产业兴旺是乡村振兴的抓手,品牌强盛又是产业兴旺的抓手。

未来 20 年，世界看中国，中国看农业，农业看品牌。

品牌强，则农业强；农业强，则中国强。

这场农业革命和市场浪潮，将是成就伟大品牌和伟大企业家的战略机遇。

从农业中来，到农业中去。扎根农业，立功立德立言，无愧于心。

我和福来咨询团队唯一要做的：一群人、一辈子、一件事，用品牌改变农业。

为中国农业的品牌化、产业化和现代化找寻路径和方法，协助打造 100 个区域产业名片和国家级农业品牌，为中国农业的伟大复兴贡献力量。

以良知、致良智、尽良行，让客户不走弯路。

这是我们的初心、野心和衷心。

必须的倾诉

《品牌农业 4》是集体智慧的结晶。我和福来咨询联合创始人、总经理郝北海负责全书的总体架构与最终修订。福来咨询合伙人郝振义、钟新亮、由海、康海龙、何承霖参与了图书的具体创作和创意工作。书中出现的福来咨询案例部分，是全体福来人的共同成果。感谢你们的非凡才华和辛勤付出。

感谢福来咨询所有的客户。客户是我们最珍贵的宝藏，无论地方政府，还是龙头企业，你们的信任、智慧与实践，是我们最重要的创作源泉和支撑。

感谢为“品牌农业三部曲”以及《品牌农业 4》挥毫题词的领导、专家和企业家们。

感谢所有对我本人和福来咨询团队给予支持、帮助及鼓励的师长和亲朋好友们。

特别感谢著名三农问题专家、中国人民大学教授、博士生导师孔祥智老师一直以来的指导和帮助，并为本书作序。

感谢父母赋予我的农业基因和善良天性，让我义无反顾，顺农而为。

感谢我太太和两个儿子的理解与陪伴，你们是我的坚强后盾。

都是农业结的缘。

是为序。

庚子年冬于北京奥运村

第一章

新时代中国农业品牌建设的“冰与火”

乡村振兴是三农工作的抓手，产业兴旺是乡村振兴的抓手，品牌强盛是产业兴旺的抓手。

千年一遇：中国农业进入品牌经济新时代

品牌源于农业，农业是诞生伟大品牌的天然沃土

品牌(brand)一词源于古挪威语“brandr”，意为烙印，在牲畜身上打上烙印，用以区分归属。

无论是美国西部牲畜身上的印记，还是欧洲地窖里酒桶上的标志，抑或是我国良渚时期陶罐上的符号，都说明品牌萌芽于农业，用于区隔物品，标明归属。

“china”也是品牌，从瓷都“昌南”音译而来。用瓷器（china）代表中国，可见中国农业文明对世界产生的深刻影响。

当今世界，特色优质农副产品，如法国的葡萄酒、瑞士的奶酪、加州巴旦木、爱达荷土豆、哥伦比亚咖啡豆、新西兰奇异果和牛奶、日本神户牛肉和越光大米、荷兰郁金香、澳大利亚牛肉、韩国的烤肉和泡菜、挪威三文鱼等，都成为一个国家或地区的名片。

农业也是诞生大企业、大品牌的源头和起点。

新奇士（橙）、佳沛（奇异果）、都乐（香蕉）、绿巨人（蔬菜）、恒天然（奶粉）、依云（矿泉水）、史密斯菲尔德（食品）、丹麦皇冠（猪肉）、泰森（肉

类）……都是世界级农业巨头。

在世界 500 强企业中，ADM（Archer Daniels Midland）、邦吉（Bunge）、嘉吉（Cargill）和路易达孚（Louis Dreyfus）四大国际粮商拥有显赫地位，控制着全世界 80% 的粮食交易量。孟山都、拜耳、杜邦、陶氏、巴斯夫、美盛、耐特菲姆、雅苒等，成为全球种子、化肥及农业科技服务领域的翘楚。我国中粮集团、中化集团也跻身世界 500 强，成为大国农业的代表。

世界最大的食品企业雀巢，其拳头产品雀巢咖啡，源于滞销的巴西咖啡豆；可口可乐，是从古柯（Coca）叶子和可拉（Kola）果实中“提取”出来的世界品牌；立顿，是从茶叶里泡出的全球大品牌；没有巴伐利亚的优质大麦，哪里会有享誉全球的慕尼黑啤酒？亨氏食品，靠番茄酱红遍全球；家乐氏，从密歇根玉米、小麦中开创谷物早餐大品牌；乐事薯片，依托爱达荷土豆的产业支撑风靡世界……

中国的农业企业和品牌同样如此：伊利、蒙牛依托内蒙古大草原的牛奶走向全球，茅台、五粮液、泸州老窖在原产地建立起自己的酿酒高粱基地，王老吉在全国建有金银花基地，农夫山泉拥有千岛湖等优质水源地，老干妈辣酱可以说是遵义辣椒结出的“果实”，文山三七是云南白药的根，红塔烟草（集团）更是几乎做到了一款产品一个基地的极致水平。品牌源头战略助推这些大品牌持续发展。

在中国企业 500 强的榜单里，新希望集团、双汇、正邦集团、伊利、温氏、双胞胎集团等农牧企业赫然在列。蒙牛、首农、三全、好想你、今麦郎、农夫山泉、鲁花……都是从大农业行业中生长和壮大的。

在北美食材流通领域，诞生了巨头型公司——西斯科（Sysco），业务涵盖鲜冻肉、海鲜、家禽、蔬菜、水果、零食以及环保餐具、厨房用品等领域，年营业额 550 亿美元，服务 20 万家客户，占美国整个食材配送市场份额的 20%。

中国，更有一个惊人的农业市场，阿里巴巴、京东、双汇、叮咚买菜、美团、益海嘉里、正大、美菜、顺丰、蜀海、一亩田、宋小菜等纷纷加入这个市场，假以时日，中国的“西斯科”一定会诞生。

在 C 端零售领域，全食超市（Whole Foods Market）是美国最大的天然有机生鲜食品零售商，2017 年 6 月，被亚马逊以 137 亿美元的高价收购。

盒马鲜生、7Fresh、超级物种、本来生活、美团买菜、叮咚买菜、百果园等新型零售企业正在中国市场创造新的商业模式和传奇。

这些，共同构成品牌农业的产业链和价值链。

最近，海天味业、牧原股份的市值先后超越中国地产标杆万科股份，成为中国产业格局巨变和品牌农业经济发展的标志性事件。

到底什么是品牌农业?

没有统一答案。使用最广泛的百度百科的“品牌农业”词条，是我们 2013 年创建的，取自当年出版的《品牌农业：从田间到餐桌的食品品牌革命》。

以下是我们对品牌农业的最新定义，同时也是对百度百科“品牌农业”词条的修订。

品牌农业，是指以品质化、标准化、专业化和特色化为基础，以市场需求为价值原点，以品牌营销为战略抓手，以高质量发展为根本目标的新型农业生产经营方式和发展模式。

福来咨询《品牌农业》三部曲

中国拥有富饶的“金山银山”

一是中国地大物博，农业资源非常丰富

中国广袤、丰富、多元的自然气候和地理地貌，孕育了世界上少有国家能比拟的自然资源和产品品类。中国是农产品大国，拥有农业农村部、原国家质检总局、原国家工商总局颁发的“地理标志”八千余件，数量居全球第一；蓬勃发展的“一县一业”“一乡一特”“一村一品”也足以说明这一点。

中国农副产品品类资源非常丰富，宁夏枸杞、长白山人参、云南普洱、广西柑橘、河北板栗、新会陈皮、绍兴黄酒、东北大米、涪陵榨菜、新疆干果、内蒙古牛羊肉、西藏虫草、青海青稞、玉树牦牛、中华猕猴桃、洛阳牡丹、苏州丝绸、茅台酒、云南白药、遵义辣椒、黄山毛峰、景德镇瓷器……数以万计的特产品类资源，蕴藏着让世界多数国家都羡慕的“金山银山”，这是做品牌的天赋和资本。

二是中国历史悠久，农产品更具文化底蕴，也更有心智优势

相比世界上绝大多数国家，中国历史更悠久、文化更厚重，源远流长的“药食同源”养生智慧，以及世界美食王国的心智认知，构成创建和培育伟大品牌的文化基因和心智优势，构成中国独有的具有全球竞争力的国家资源。

中国培育了世界上最早的水稻、粟（小米）和菽（大豆），开辟出世界贸易大动脉——“丝绸之路”，创作出世界上最早、最先进的农业科学著作《氾胜之书》

《夏小正》《齐民要术》《天工开物》等，从本源上提出“道法自然”“天人合一”的宇宙观和生态观，为全世界贡献了不可替代的农业资源、农业科技和农业哲学。

青蒿素和连花清瘟胶囊在抗击疟疾和新冠疫情过程中发挥了积极作用，显示出中国智慧和中国文化的独特价值。

三是“丝绸之路”放大了中国农业的资源与品牌优势

作为农耕时代的世界强国，“丝绸之路”上中国的瓷器、茶叶、丝绸、中医药等的输出，深刻影响了全世界，成为耀眼的国家名片。

以全球视角看，中式食品饮料（包括茶）、中餐、白酒、中药、养生和保健品、丝绸、黄酒等都拥有强大的国家心智资源。

如今，老干妈辣酱、冰糖葫芦相继在国外成为网红，宁夏枸杞更成为“超级食品”，还有了个响当当的外文名字：Goji Berry（枸杞莓）。2018 年，在美国 10 年来最严重的季节性流感疫潮中，来自中国的特色产品——枇杷膏成为美国人心中的新网红。可口可乐、雀巢股份卖中式茶饮，肯德基、麦当劳大力推油条、茶叶蛋甚至螺蛳粉。这就是中国特色的力量。

随着中国的和平崛起，拥有强大心智资源的特色农产品和食品，具有创建世界级品牌的基因，最有可能率先创造出国家名片式的大品牌。

中国品牌农业迎来了战略机遇期

2010 年，我国人均 GDP 突破 5000 美元，2019 年达到 1 万美元。全球经济规律告诉我们，当一个国家和地区的人均 GDP 达到 5000 美元时，居民消费就开始从温饱型向享受型转变，社会经济结构、产业结构和消费结构将发生历史性升级。

全球最大的市场以及全球最多的 4 亿新中产消费群体的形成，从吃饱到吃好的战略性转型，大农业、大食品、大健康产业的深度融合，移动互联、冷链物流、大数据、人工智能、5G 等技术和基础设施的广泛运用与逐步普及，生态文明、绿色兴农、质量兴农、品牌强农、供给侧结构性改革、脱贫攻坚、一二三产业融合、乡村振兴，以及创建国家现代农业产业园、中国特色农产品优势区、产业集群等政策的大力推进，为新时代中国农业的现代化、产业化和品牌化提供了最好的时代机遇和发展土壤。

2020 年，全国脱贫攻坚目标任务如期完成，取得了令世界刮目相看的重大胜利。中央强调：脱贫摘帽不是终点，而是新生活、新奋斗的起点，接下来要做好乡村振兴这篇大文章，推动乡村产业、人才、文化、生态、组织等全面振兴。2021 年，国家专门设立国家乡村振兴局。未来，高效推进乡村振兴战略、巩固拓展脱贫攻坚成果的战略抓手在哪里？我们有一个“三个抓手”的提法：乡村振兴是“三农”工作的抓手，产业兴旺是乡村振兴的抓手，品牌强盛是产业兴旺的抓手。

品牌是个纲，纲举才能目张！

品牌是质量兴农的体现，是脱贫攻坚的手段，也是产业兴旺的标志。没有品牌，农产品就无法实现从产业优势到市场价值的转变；没有品牌，消费者面对优质产品时也会“纵使相逢应不识”。所以，品牌是带动、整合和促进乡村产业发展的根本抓手，是让绿水青山成为金山银山的“金钥匙”。

粮食也要打出品牌，这样价格好、效益好 。

国家接连出台了一系列支持农村经济和农业品牌发展的重大战略举措。

2017 年 2 月，农产品区域公用品牌建设首次被写进了中央一号文件。2017 年 5 月，国务院批准，每年 5 月 10 日为“中国品牌日”。原农业部将 2017 年确定为品牌推进年，第一次把品牌创建正式作为提高农业综合效益和竞争力、促进农业增效和农民增收的全局性战略手段来抓。2018 年 6 月，农业农村部印发《关于加快推进品牌强农的意见》。

财政部、国家发展改革委、商务部、国家林业和草原局、国家粮食和物资储备局、国家中医药管理局、全国供销总社、国务院扶贫办、国务院国资委、全国工商联、自然资源部、人民银行、税务总局等部门和机构均纷纷出台支持农业产业化和农业品牌建设的文件及意见。范围之广，力度之大，前所未有。

各省、市、县品牌建设你追我赶，热火朝天，一大批农产品区域公用品牌涌现出来：宁夏枸杞、吉林大米、湖南茶油、寿光蔬菜、盱眙龙虾、横县茉莉花、勐海普洱茶、容县沙田柚、兴安盟大米、伊川小米、乌兰察布马铃薯、隰县玉露香梨、盐池滩羊、洛川苹果等，品牌建设初见成效。

各路工商企业、金融资本、网络科技企业等纷纷“下地务农”：联想从青岛蓝莓、浦江猕猴桃、龙井茶叶入手进军现代农业；恒大通过长白山矿泉水、米面油打造品牌农业；京东创办京东农场，阿里巴巴成立数字农业事业部，用人工智能、区块链、大数据和渠道资源为农业赋能；碧桂园、万科从打造社区生活服务终端品牌“碧优选”“万物市集”导入（2020 年万科还高调进入养猪市场）；格力直接投资松粮集团做大米生意；中信先后控股隆平高科和澳优乳业；深创投、摩根、鼎辉、今日资本、IDG、红杉、天图、达晨等资本纷纷投向大农业；海尔从金乡大蒜开始打造农业物联网食联生态平台；中石化在疫情期间也开始卖菜了；以盒马鲜生为代表的新零售企业，给新时代农业品牌开辟了崭新的发展路径。新华社、人民日报、中央电视台、农民日报、腾讯、神州数码、字节跳动、快手、拼多多、一亩田等，以平台优势扶农助农……

在中国大地上，农业正呈现出令人热血

沸腾的全新产业图景，这是千年一遇的战略机遇。

未来 20 年，世界看中国，中国看农业，农业看品牌！

区域公用品牌、企业品牌、产品品牌——“新三品”国家战略

2017 年 2 月发布的中央一号文件明确指出：推进区域农产品公用品牌建设，支持地方以优势企业和行业协会为依托打造区域特色品牌，引入现代要素改造提升传统名优品牌。2019 年中央一号文件继续强调：健全特色农产品质量标准体系，强化农产品地理标志和商标保护，创响一批“土字号”“乡字号”特色产品品牌。

2017 年 4 月 17 日，农产品加工业发展和农业品牌创建推进工作会议强调，大力推进农产品加工业发展和农业品牌创建，是一项必须长期抓经常抓认真抓的战略性任务。以品牌覆盖带动种养加发展，用品牌覆盖农业全产业链条，打造区域公用品牌、企业品牌、产品品牌的“新三品”。要与优势区相结合，打造区域公用品牌；与原料基地相结合，打造企业品牌；与安全绿色相结合，打造产品品牌。

在原来的“三品一标”（无公害农产品、绿色食品、有机农产品、农产品地理标志）基础上提出的“新三品”，是一种全新的品牌结构模式和发展理念，也是农业品牌建设的国家战略。

区域公用品牌夯实产业基础，奠定知名度和产品品类认知基础。这是产地、品类和文化赋予当地农产品营销的天然利器。以区域公用品牌为背书，创建企业品牌和产品品牌，做区域公用品牌中的代表，在产业中起到引领示范作用，实现良币驱逐劣币。同时，消费者也有了选择。当企业和产品品牌发展壮大后，开始反哺区域公用品牌，助力区域公用品牌的价值提升与可持续发展。

没有强有力的企业品牌和产品品牌，区域公用品牌就是空中楼阁和一盘散沙；没有强有力的区域公用品牌，企业品牌和产品品牌就是无源之水、无本之木。区域公用品牌是企业品牌和产品品牌的基础与背书，企业品牌和产品品牌是区域公用品牌的载体与主体，三位一体，相互依托，相辅相成，协同并进。

法国波尔多葡萄酒是区域公用品牌，拉菲古堡是企业品牌，拉菲是该酒庄最具盛名的产品品牌。拉菲依托波尔多优越的自然条件而品质出众，波尔多也因拉菲而自豪和骄傲。

涪陵榨菜是区域公用品牌，涪陵榨菜集团是企业品牌，乌江是其中最知名的产品品牌。三个品牌三位一体，推动了榨菜品类市场的大发展。

凡是出现市场混乱的区域公用品牌，大多是因为只做了区域公用品牌，只有“公”没有“私”。像阳澄湖大闸蟹、西湖龙井、五常大米等，消费者至今不知道应该选择哪个企业品牌。

在“新三品”中，涉及范围最大的是区域公用品牌，是一个县、一个市、一个省乃至一个国家的名片，既是农业名片，也是经济名片和文化名片。

我们经常说，从品牌上看，法国是靠“三瓶水”打天下的：香水、矿泉水和葡萄酒。虽然有点夸张，但是这“三瓶水”的品牌地位和对区域经济乃至国家经济的拉动作用确实不容小觑。

以葡萄酒为例，波尔多生产的 AOC 葡萄酒（原产地名称管制酒）占全法国的 1/3 以上，平均每公顷贡献了 30.66 万欧元（约合人民币 234 万元）产值，被喻为“世界的葡萄酒宝库”。整个波尔多地区的经济主要依靠葡萄和葡萄酒产业，在世界葡萄酒产业中具有举足轻重的地位。

新西兰奇异果、爱达荷土豆、荷兰郁金香、韩国高丽参、新潟越光大米等，无不如此。

江苏盱眙，一个县级行政区域，在盱眙龙虾产业的带动下，经济总产值达到 139.41 亿元。寿光蔬菜全产业链经济贡献值 210 亿元，农民收入的 70% 以上源于此。寿光农民的存款余额长期在全省各县（市、区）中排名第一。广西横县茉莉花，年综合产值 125 亿元，成为世界上最大的茉莉花产业基地。可见区域公用品牌或者说在区域公用品牌引领下的主导产业，对区域经济起着巨大的带动作用。

大量的中外实践告诉我们，品牌创建是农业发展到一定阶段的必然要求，是农业现代化和区域经济发展的战略抓手，是全球区域经济发展的共同路径选择。

品牌兴，则产业旺；产业旺，则国家强。

从宏观上讲，农业品牌战略，天然包含区域公用品牌、企业品牌和产品品牌战略，以及由此延伸的区域经济战略和国家产业战略。这是农业品牌与区域发展、国家战略的逻辑关系。

小贴士：区域公用品牌、企业品牌和产品品牌

◎ **区域公用品牌**，是指特定区域内相关机构、企业、农户等所共有的，在生产地域范围、品种品质管理、品牌授权使用、产品营销与传播等方面具有共同标准和行为规范，共同创建和经过授权方可使用的品牌。其基本构成是“产地名 + 品类名”，如涪陵榨菜。

◎ **企业品牌**，是指由一个企业注册、打造和权益独享的代表企业的品牌，如中粮集团。

◎ **产品品牌**，是指由一个企业注册、打造和权益独享的代表产品的品牌，如福临门。

五常大米、阳澄湖大闸蟹等
农产品区域公用品牌建设背后的“四大困局”

近年来，农产品区域公用品牌建设如火如荼、蓬勃发展，取得了一些成绩，但依然存在假冒伪劣现象严重、叫好不叫座、抱着“金饭碗”吃不饱甚至没饭吃的尴尬局面。总结起来，有“四大困局”。

一是，搭车蹭光，透支、抢吃“大锅饭”

农产品区域公用品牌具有与生俱来的公用属性，所以只要品牌稍微有一点名气，品牌“公地困局”就容易出现。产区内外，无论是否得到授权，都以品牌的名义“闪亮登场”。大量质量不过硬、品种不纯正的产品也搭车蹭光，透支、抢吃区域公用品牌这个“大锅饭”，损害品牌声誉。

农产品品牌的打造需要大量资金投入和长期的积累，所以越是小企业和个体经营者就越渴望背靠大树来乘凉。许多地方在品牌打响的同时，却陷入品牌“公

地困局”，最典型的就是阳澄湖大闸蟹和五常大米。

每年，正宗的阳澄湖大闸蟹还没开捕，冒牌的阳澄湖大闸蟹已抢先上市，外地蟹、“洗澡蟹”的数量是正宗阳澄湖大闸蟹的 5 ~ 10 倍。

五常大米家喻户晓，五常大米专卖店也开遍了全中国，可是五常大米被大量掺假已经是公开的秘密。从业内数据了解到，五常市五常大米的年产量约为 100 万吨，但市场上的实际销量却达 1000 万吨。五常市相关领导曾率队到全国各地暗访打假，但效果并不尽如人意。显然，这不是做品牌的本意。

二是，品牌“成功”了，可是消费者选择谁的问题没有解决

许多农产品区域公用品牌名声在外，可是消费者在购买时依然不知道选择谁。

超市货架上摆着烟台苹果、灵宝苹果、洛川苹果、阿克苏苹果、万荣苹果、

栖霞苹果、天水花牛苹果等国内知名的苹果区域公用品牌产品，作为消费者，怎么辨别来源、真伪和品质？哪个企业品牌和产品品牌是产区的真正代表？

消费者面对哈密瓜、库尔勒香梨、百色芒果、赣南脐橙等众多农产品区域公用品牌产品，陷入同样的困惑。显然，这样的品牌还算不得真正的成功。

三是，品牌热闹一时，大起大落，没有持续性

一些品牌建设者热衷创造虚假的品牌价值，追求表面热闹，而忽略市场实际成效。有的品牌有名无实，工作的着力点和市场实效南辕北辙，中“看”不中用，对农民致富、区域经济发展没有起到真正的拉动作用。

很多年前，“莱阳梨”的品牌价值就达到了 5.65 亿元，可是“莱阳梨”商标使用率不足 20%，梨的价格也一直上不去，60% 以上在市内销售，年销售额也只有 1.2 亿元。莱阳梨的种植面积已经由鼎盛时期的 10 多万亩萎缩到如今的 1.1 万亩，而且还在进一步减少。

品牌价值不断增长，实际销售额、销售价格和种植面积却大幅下降，这是虚假的品牌繁荣。

一些地方区域公用品牌热衷扩张面积和产量，追求规模效应和短期效益，缺乏系统规划，没有把握好发展节奏，往往导致品牌像过山车一样的大起大落。品牌名声在外，农民利益却得不到保障。河南焦作温县的铁棍山药就是这样。

2008 年 9 月，温县铁棍山药一夜蹿红，创造了每斤 40 元、种植户每亩收益 3 万元以上的神话。之后，温县铁棍山药种植面积连年扩容，由 2008 年的 3000 亩暴涨至 2011 年的 33000 亩。同时，大批山东、河北等地产的近似品种的山药，则以每斤 2.8 元的批发价格快速冲入温县市场。正宗温县铁棍山药的价格跌到了谷底，卖出了 2.5 元每斤的超低价。

温县种山药的农民哭了。

四是，品牌有名无实，体质不佳

近几年涌现出的许多农产品区域公用品牌，做了好看的LOGO，喊着谁都能用的口号，讲着与消费者无关的地域文化，设计了让人天天送礼的礼盒，搞了高大上的新闻发布会和产品推介会，一时声名鹊起。

但产业和产品的基本功不扎实：有的品种老化，产区都在吃历史的老本；品质不稳定，种养管理没有标准，成品也没有标准；品牌核心价值不清，产品差异不明，没有议价能力；销售渠道不通，不知道消费者在哪里……从品牌设计到营销动作，形式上像模像样，但内容上空洞无力。

抱不住的“金饭碗”：十万农业龙头企业的战略考验

透过热闹非凡的农业政策热、舆论热和投资热，同样可以清晰地看到众多农业企业在农业发展大潮中的跌宕沉浮：

蓝田股份、万福生科泡沫破碎、令人扼腕；

“梨业香饽饽”香梨股份主业虚无成空壳；

恒大冰泉、粮油、乳业，高调上市却又仓皇离场；

中国肉业双雄之一的雨润食品艰难支撑，雄风不在；

100% 果汁品牌开创者汇源果汁步履维艰、好梦难圆；

曾经的绩优股圣牧高科跌落圣坛先“嫁”大北农，再“嫁”蒙牛；

粮食第一股金健米业被迫“卖身”湖南粮食集团；

獐子岛海参从传奇的“海底银行”到负债百亿的“贫苦乡镇”；

康美药业和瑞幸咖啡纷纷从白马股和飞鹿股跌落神坛……

这些企业都曾经叱咤风云、光彩无限，失利或失败的原因可能各不相同，却有一个共同的特征，就是没有守住初心、守住专业，贪大求快甚至“投机取巧”，最后把企业搞得难以为继，得不偿失。

中国有全世界最丰富的农产品品种资源和食品品类，8000余个“地理标志”，400多个“特产之乡”，1128个国家级“中华老字号”，各级农业龙头企业11万家，合作社400多万家。

这是我们实现品牌强农和农业强国的重要战略资源和载体。

但这么多的资源、荣誉和资质，有相当一部分停留在历史上、回忆里，止步于原料上、基地工厂里，定格在商标上、奖台上，还有的躲在技术中和申报文件里，在最应该发挥作用的消费市场上的影响力不够大。众多品类远远没有实现从资源优势到价值胜势、从产业优势到市场胜势、从产品优势到品牌胜势的转变，依然散、乱、弱。

经过18年的市场调研和咨询经历，我们有一个判断，有一半以上的农业龙头企业仍然活在“富翁”与“乞丐”之间，抱着“金饭碗”吃不饱或没饭吃。一位知名企业家朋友形象地将其概括为：1/3无声无息、1/3奄奄一息、1/3生生不息。

忠言逆耳，知耻后勇，方可重塑。

群龙无首、市场滞后、缺根少魂
——中国品牌农业的三大“病症”

一是群龙无首，产业、产品和品牌都处在发展的初级阶段

“中国有很多农产品区域公用品牌，却很少有像样的企业品牌。”百果园董事长余惠勇在中国优质果品联合会成立仪式上痛心疾首地说。

市场集中度是产业和市场成熟的标志。

中国农业的主要矛盾，依然是千家万户的小生产与千变万化的大市场之间呈现的巨大冲突。据中央农村工作领导小组和农业农村部相关领导介绍，现在全国有 2.3 亿户农户，户均经营规模 7.8 亩，经营耕地 10 亩以下的农户有 2.1 亿户，人均一亩三分地，户均不过十亩田。

经营主体分散、弱小，市场集中度低，家庭农场、合作社发展不充分，农业龙头企业竞争力不强。这样的市场，产品质量不稳定，产业发展不成熟，品牌很难深入人心。这个现象既是因，又是果。

我们发现，龙头企业薄弱、市场经营主体缺位是我国农业品牌建设最大的软肋。相反，凡是有强大领军型企业的品类市场，一定发展得更良性、更有序。

没有佳沛，全世界大部分人不知道新西兰奇异果；没有雀巢，全球咖啡产业就要倒退多年；没有伊利，整个中国乳业恐怕很难联合起来做强做大；没有三全，中国的汤圆、水饺难以提前产业化；没有好想你，中国大枣销售也许还停留在摆地摊、称散货阶段；没有百瑞源，宁夏枸杞的品类价值和产业附加值可能一路走低。

因此，我们反复强调，农业品牌建设，除了打造区域公用品牌，还必须扶持和培育龙头企业，做企业品牌和产品品牌。

我们主张，以有担当、有能力的领军企业为主干，吸收其他企业和社会力量，形成具有强大实力的、品牌归属清晰的经营主体（品牌联合体）。

常有经营者说，这个行业挺乱，市场不集中、行业不规范、机制不健全，但现在正是整合行业重建规则、勇当老大的时候。这是中国农业特有的战略机遇。

以我国肉制品行业为例，行业前三强——双汇、雨润、金锣的加工总量，不到我国生猪屠宰总量的 5%，而美国前三家肉类加工企业的总体市场份额已超过 65%。

所以，一惯低调的牧原股份专心专注养猪，成为农牧市值王。2011 年才开始创建品牌的“湘村黑猪”异军突起，现已成为中国黑猪产业的引领者。

二是市场营销滞后，“三无企业”打市场

很多企业至今仍没有建立起在市场竞争中求生存、谋发展的观念，存在严重的政府（政策）、银行依赖症。

许多企业把主要精力放在了争取政府的支持和扶持上面，要土地、要资金、要政策，之后又建基地、盖厂房、购设备，把大部分钱和精力放在看得见的“高大上”的硬件投入上了；而看不见却更重要的企业战略发展规划、品牌创建与传播、市场渠道开拓、人才队伍建设却多被轻视甚至忽略掉了。一进市场才发现，没有好产品寸步难行，有了好产品还是卖不赢。

如果企业和政府只有生产思维和产业前端思维，缺乏市场经营思维，热衷搞宏大的产业发展工程和规划，有时虽然也能在科技化、规模化、标准化和品质化上做些工作，但是一到了农产品怎样从田间到餐桌、从工厂到市场，怎么让产品和产业价值转换成市场价值、消费价值上，就会缺少思路和办法。

熟悉政策，会找领导，千方百计争取国家财政支持，这当然是农业企业的必修课，但是企业的发展终究要靠内生的动力。农业企业必须既会找“市长”又会做市场，才能实现可持续发展。

无品牌、无渠道、无团队的“三无企业”，是很多农业企业的真实写照。企业不努力，市场徒伤悲。

那些只会吃政策饭而不会做市场的企业，注定生存维艰，难以为继。

三是缺“根”少“魂”，摸着石头过河

对中国地方政府和企业而言，现代农业、品牌农业是新事物，也是一项全新的工作，没有现成经验可寻，绝大部分都是摸着石头过河，跟着感觉走。

我们经常看到，许多地方政府做区域公用品牌的热情很高，设计 LOGO、开发布会、搞文化节、打广告，期望很高，结果却发现叫好不叫座、好看不好用。

有不少企业，产品刚打开市场就开始贪大求全，产品多而不精，力量散而不聚。走进企业展厅、仓库，产品种类多得目不暇接，少则几十，多则上百，甚至跨行业产品都有（企业负责人还常常引以为傲）。企业越小，想法越多，产品越多——这是最大的病症。全产业链、全产品链通吃，结果没有核心竞争力，看似产品琳琅满目，实则销量寥寥，企业也难以做强。

恒大集团曾高调杀入农业产业，它不缺知名度、不差钱、不乏魄力，同时推出恒大冰泉、恒大粮油和恒大奶粉，扬言要把三个板块都做成上市公司。财大气粗、巨星代言、广告轰炸、全国铺货，但开始时轰轰烈烈，最终却黯然退场。

这到底是怎么了？农业为什么这么难做？

民以食为天。作为农耕文明强国和农业发展大国，农业的司空见惯和“稀松平常”常常让我们“眼高手低”：看不见、看不起、看不懂、跟不上。农业成为“最熟悉的陌生人”。

没有现成经验不等于没有普遍规律、内在要求、发展路径和科学方法。农业行业产地依赖性强、产业链条长、投资周期长、综合风险高等属性和特征，决定了农业产业投资和品牌建设必须首先做好“顶层设计”，坚守初心，明确发展的逻辑和路径，确定生存的根基与边界，对做什么不做什么、先做什么后做什么、资源如何配置进行通盘考量和决策，想清楚才能干明白。我们称之为“战略寻根”。

一方水土养一方物。农产品品牌的差异、价值和定位多在产地、品种和文化中蕴藏（这和工业品营销大为不同），需要经营者潜心研究、深入挖掘和提炼，找到品牌的内在价值和消费集体意识的共鸣，我们称之为“品牌找魂”。

战略无根、品牌无魂，恰恰是导致绝大部分农业企业失利或失败的严重“内伤”。

第二章

根与魂：新时代中国农业品牌建设的方法

新时代农业品牌建设的王道，就是做有根有魂的事。“根与魂”是任督二脉，打通，则价值更入心，竞争更有力，事业更长久。

日本人为什么“偷”不走茅台酒

先从日本人“偷”茅台酒的故事说起。

日本人爱学习，凡是别人的好东西都想研究和借鉴。日本人这回看上了茅台酒，想“克隆”走。经过研究，他们认定酒窖里面黑色的泥巴是形成茅台酒味道最核心的东西，于是他们弄了一块窖泥偷偷带回日本，开始研究和仿造茅台酒。

窖泥里有数不清的原产地微生物，没想到的是，这些微生物到了日本“水土不服”，死的死伤的伤，结果同样的窖泥在日本酿造出来的酒完全不是茅台酒的味道。日本人终于明白了，茅台酒只能属于中国。

日本拿不走茅台酒，茅台酒在中国挪个地方行不行呢？关于茅台酒还有一个有趣的真实故事。

在 1949 年以后的很长时间里，茅台酒一直供不应求，产能已经达到极限。

1975 年，由于原厂面积太小，决定易地建厂。茅台酒的复制工作被列为国家“六五”重点科研攻关项目。

寻找厂址的工作精益求精，找了 50 多个地方，最后在遵义找到一个山清水秀、没有工业污染的地方。领导要求把茅台酒的所有流程工序、设备和原厂制酒的老师傅都带过去，连茅台酒厂的灰尘也装了一箱子带走。专家们知道，独特的微生物是决定茅台酒独特风味的关键！

在新厂址，师傅们用当地非常纯净的水，利用从原厂搬过来的窖泥和灰尘中

的微生物，严格按照茅台酒的流程工序复制和试制；一共进行了 9 个周期、69 次实验，1985 年这个项目宣布失败。怎么回事？原来，新厂生产出来的酒也是好酒，但就是与茅台酒的风味不一样。无奈，后来这个厂子生产的酒被命名为“酱乡珍酒”。

茅台的故事告诉我们一个道理，特产和农产品，因地域而生，独一无二，不可替代！这是它的珍贵性所在，也是做品牌最宝贵的资源。

高科技的苹果手机在哪里生产不重要，全球各地生产的苹果手机都是一样的。农产品不行，非常依赖产地，换了产地，产品的品质与特征就发生改变，变好变差的情况都有。

“橘生淮南则为橘，生于淮北则为枳。”由于自然环境不同，“叶徒相似，其实味不同。所以然者何？水土异也。”

法国葡萄酒专家到河北怀来察看从法国引种过来的酿酒专用葡萄的生长情况，当他看到葡萄枝叶的那一刻，竟然有些不相信自己的眼睛了，都有些不认识了……大自然造物主的力量是多么强大。

与生俱来的生态和文化，是农业品牌建设最大的基因与禀赋

黄河文化是中华文明的重要组成部分，是中华民族的“根”和“魂”；要推进黄河文化遗产的系统保护，深入挖掘黄河文化蕴含的时代价值，讲好“黄河故事”，延续历史文脉，坚定文化自信，为实现中华民族伟大复兴的中国梦凝聚精神力量。

一方水土养一方人。

农产品的品质特色是由它赖以生存的生态和文化决定的，农产品和农业品牌因产地而不同。与生俱来的生态和文化，是农业品牌建设最大的基因和禀赋。

先说生态。

农产品是大自然的杰作，因所生长的地理、气候不同而不同。地理、气候等我们统称为生态。

有的农产品只有一地或者少数几个地方出产，如榴莲、人参、芒果、沙棘、燕麦、冬虫夏草、牦牛、青稞……

尽管科技已发展到载人航天阶段，可是对一些农产品品种还是驯化不了。拿食用菌来说，很多品种运用科技手段实现了人工培育和大规模生产，可是偏偏有一种蘑菇无法进行人工培育，这种珍贵的蘑菇叫“松茸”。松菌是亚洲特有的菌类品种，产地主要在我国东北三省、云南、台湾，日本、朝鲜等地也有，产量很低且非常稀缺，对生长环境的要求非常苛刻，只能生长在没有任何人为干预的原始森林中。这样的产品比较容易做出品牌。

一方水土养一方物。库尔勒香梨，以皮薄、肉脆、汁多、味甜、酥香、爽口、耐贮藏和营养丰富等特点驰名中外。库尔勒香梨原产于新疆南疆地区，已有1300多年的栽培历史。南疆地区属典型的内陆暖温带干旱气候区，独特的生态环境和上千年的驯化栽培形成了库尔勒香梨独特的品质和极强的地域依赖性。国内各地多次引种栽培，结果都令人失望，果实坚硬、颗粒很多、糖分亦低……也许只有美丽的孔雀河水浇灌的土壤，才能种出地道的库尔勒香梨。

我们强调产地生态的重要性，是在讲农业的天生属性，但是绝对不是把运用科技提升品质、培育出的好产品排除在外。新西兰佳沛奇异果源自中国的猕猴桃，但并不妨碍佳沛奇异果畅销全世界；北京烤鸭用的樱桃谷鸭是从北京鸭改良而来的，但是这些来自英国樱桃谷农场的鸭子与纯种的北京鸭大相径庭。再说，培育好品种，也需要独特的自然条件。

农产品更多的情况是，一个品种有许多地方出产，但是只有一地或者少数几个地方出产的产品在品质上特别优异，特色格外鲜明，我们称之为“正宗”。

日本著名的“男前豆腐”，只选用价格高出一般原料四倍的北海道大豆和特殊的冲绳苦汁制作。北海道大豆由于生长地的地理气候条件好，故品质优良，是日本大豆中的精品，每千克售价约600日元。冲绳苦汁则是一种由海水提炼而成的豆腐凝结剂，由于其中含有更多的矿物质，用它做出的豆腐比一般的豆腐更硬朗，烹饪时不易碎，而且营养丰富，别有风味。这是“男前豆腐”高品质的秘密所在。

盱眙龙虾之所以受到市场的追捧，源于其国家级生态县的环境优势和“三白两多”的品种优势。“三白两多”即肉白、鳃白、腹白和肉多、黄多。这是其他地方的小龙虾比不了的，所以盱眙龙虾是小龙虾中的“白富美”、虾中贵族。

龙井茶的制作工艺可以说没有什么秘密可言，可是只有杭州的狮、龙、云、虎、梅五个一级核心产区的原料制作出来的龙井茶，才是“正宗龙井”。

五常大米也是，最具代表性的品种稻花香 2 号，也有人引种到外地，可是种出来的品质与五常大米核心产区的质量特色相去甚远。

新疆的“瑰觅”玫瑰为什么超凡脱俗？因为它挑剔产地：来自古于阗县——丝绸之路上的玫瑰专属小产区，有1500年的历史，香茅醇是保加利亚玫瑰的8.3倍，香叶醇是法国玫瑰的124.9倍。

雀巢收购云南山泉天然泉水之后，这款产品的销量并未产生太大增长。雀巢决定对其进行彻底的升级。雀巢一改国际化的高身段做法，让产品深深地根植于云南这方水土，透彻理解和借用中国文化里“一方水土养一方人”的理念，一心一意打云南特色牌。四款新品分别命名为梯田红、梅里金、三江绿、扎染蓝，每一种色彩都是云南特有的故事，有山川风物，有人文民俗，与包装上的“一方水土养一方人”的品牌故事交相辉映。产品一下子有了灵魂，“活”了起来，云南山泉迎来了本土化发展的新篇章。

上述案例说明，生态造就了产品的独特性和优异品质，生态也造就了产品的珍稀与不可替代性。这是农业品牌价值的重要源泉。

再说文化。

有人、有历史，就会有文化。

伴随农产品的诞生与发展，有关农产品的历史、传承、工艺，与农产品相关的人物、习俗、精神等，在产地和品类中蕴含，在原产地中流传，这些非物质文化与农产品的生态一样，也是农业品牌的基因与禀赋，独一无二，各具特色。

武夷山最负盛名的乌龙茶叫“大红袍”，被誉为“茶中之王”。大红袍生长在九龙窠内的一座陡峭的岩壁上，这里日照短，多反射光，昼夜温差大，岩顶终年有细泉浸润流滴。这种特殊的自然环境，造就了大红袍的特异品质，茶冲至9次，尚不脱原茶真味——桂花香。

“大红袍”的名字是怎么来的呢？传说天心寺的和尚用九龙窠岩壁上的茶树芽叶制成茶叶，治好了一位皇官的疾病，这位皇官将身上穿的红袍盖在茶树上以表感谢之情，红袍将茶树染红了，“大红袍”茶名由此而来。九龙窠岩壁上至今仍保留着1927年天心寺的和尚所做的“大红袍”石刻，成为大红袍爱好者的精神图腾和“朝拜之地”。

沁州黄是山西小米的代表，因为受到康熙皇帝的青睐，被奉为皇家贡米，赐为“四大名米”之首。福来咨询协助沁州黄小米集团以产地和历史为根基，以“黄金产区，皇家贡米”为品牌口令，为沁州黄塑造了大气、厚重、有“根”有“魂”的品牌形象。

新疆“果之初”的核桃为什么好？我们发现，生长在和田的核桃是中国核桃产区的鼻祖，原生、原种、原味。有3世纪张华著《博物志》为证：“张骞使西域，得还胡桃种。”“果之初”核桃传承1370岁核桃树王的古老血统，又经昆仑山万年沁雪滋润、每天15小时日照、昼夜20度温差等大自然的丰厚馈赠，是世界上最优质的核桃。

经典技艺与传承也是文化，是品牌的无形资产。乌江榨菜率先提炼传播“三清三洗”“三腌三榨”传统工艺，让乌江榨菜从涪陵榨菜堆儿里显得更加正宗、与众不同。

法国波尔多的优质葡萄酒是与葡萄酒文化相伴相生的。在1855年世界万国博览会上，当时的法国国王拿破仑三世命令波尔多商会将波尔多产区的葡萄酒进行等级评定，对葡萄园的种植密度、葡萄的最高产量、最低酒精含量、橡木桶的储藏时间及补种葡萄酒等都作明文规定，逐步建立了完整的葡萄酒法律与原产地保护制度。

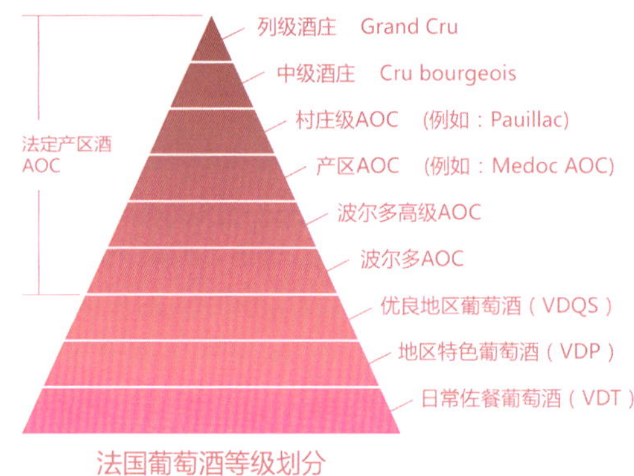

法国葡萄酒等级划分

这张波尔多葡萄酒等级表流传至今，分级法的原则至今仍被人们遵循。波尔多五大顶级酒庄也由此闻名世界。

不同的场景和美食需要对应不同的葡萄酒。葡萄酒让食物更美味，也让用餐更有品位，更让世界记住了法式红色浪漫，形成法国红酒文化的重要组成部分。

法国依云矿泉水，可能不是全球最贵的，却是最有文化魅力的。依云小镇也是最令人神往的。

传说1789年的夏天，正值法国大革命期间，有一位叫Marquis De Lessert的法国贵族逃亡到依云小镇，当时流行矿泉水疗法，他患有肾结石，决定试一试。他来到依云小镇的卡查特绅士花园，取了一些花园里的泉水，饮用了一段时间后，惊奇地发现自己的肾结石被奇迹般地排出来了。消息迅速传开，专家们对此专门做了分析，证明依云水确实有效。此后，大量的人涌入依云小镇，争相体验依云水的神奇；医生们更是将它列入药方，依云矿泉水就此“一喝成名”。

2019年11月5日下午，本书作者带队的由20位企业家、学者组成的神农研习社游学团来到神往已久的依云小镇，聆听和体验依云矿泉水的传奇故事。

如今，这个只有7000多人的小镇已经成为全球最著名的康养休闲小镇和古香古色的文物保护地，也是最好的品牌故事体验地。依云小镇的发展路径，也是中国乡村振兴、一二三产业融合值得借鉴的经

典范本。

230 年前的一泓清泉，仍日夜奔涌不息，当地人日夜排队灌水，享用这免费的依云矿泉水。作者也忍不住体验一把。

战略就要“寻根”：根深，则叶茂

一家企业、一地政府，做农业品牌首先要做战略规划和顶层设计，而且一定要从寻找战略之根开始。

什么是战略之根？战略之根是生存和发展的根基，是安身立命的事业地盘。它明确了做什么不做什么、先做什么后做什么；并在此基础上，规划产业（企业）经营使命、战略目标与路径、品牌结构、战略配称等。

战略有根，则经营不纠结、资源不浪费、竞争不乏力。根深，方能叶茂！没有根的产业（企业），想法多、做不强、长不大。

寻找战略之根，在考察、检索自己拥有哪些资源、能力、基因时，有两个重点：一是主导产业的选择，二是产业根基的挖掘与夯实。

首先把一个产业做“响”。

时间、精力以及资源总是有限的，一个区域有再多的优势产业也不要齐头并进，要有先有后，梯次推进，不然就会个个吃不饱、养不大。平均用力培育不出有竞争力的产业和品牌。

内蒙古兴安盟 6 万平方公里的土地（相当于以色列 + 荷兰），1/3 是草原，1/4 是森林，1/10 是自然保护区。兴安盟行署规划了“米、菜、油、糖、猪、禽、牛、羊”八大主导产业，但是在区域公用品牌打造上，决定优先打造兴安盟大米，

以大米作为兴安盟生态产业品牌化的“排头兵”。

确定主打产业之后，要做深入扎实的产业根基的挖掘与夯实工作。

说到内蒙古大米，很多消费者（包括很多内蒙古人）的第一反应是内蒙古不产大米呀！兴安盟大米，品质上乘但不为人知。怎么办？东北大米好，全国人民都知道。站在东北的肩膀上是一条捷径。兴安盟位于黑、吉、蒙的交界，并且处在上游，上风上水；同属大东北，兴安盟居上游。兴安盟在东北地区上游，从经济区划、地理区位、生态区域三个纬度都立得住脚。兴安盟大米的战略之根——“东北上游生态大米”脱颖而出！一下子解决了长期困扰兴安盟大米的心智认知和价值认同问题。从此，兴安盟大米找到了发展理由，也找到了战略之根。

当然还有“逆行”的例子。前面提到的茅台酒异地扩大产能“失败”，把五常大米优质品种“稻花香 2 号”，拿到五常之外的地方种植也大失风味。这些例子都说明，农业的战略之根往往与不可替代的产地、品种和文化有关。

企业也要寻找战略之根。福来咨询的战略伙伴——仲景宛西制药，20 年前是河南南阳（医圣张仲景的故乡）的一个小药厂，在企业带头人孙耀志的带领下，确立了“只中不西”（只做中药不做西药）的战略之根，并且斥巨资收购“仲景”

商标，深深根植于医圣张仲景医学宝库和八百里伏牛山优质药材，以“仲景牌六味地黄丸”为灵魂产品，一炮打响，并陆续成功推出逍遥丸、月月舒、天智颗粒等特色产品，成为引领中药产业标准化、科技化、现代化和品牌化的标杆企业。

世界花生看中国，中国花生看鲁豫。可能大家猜到了，在花生大省山东诞生了一家著名的花生油企业——鲁花。

创建于 2001 年的“鲁花”经过 20 年的发展，在金龙鱼和福临门两大巨头的夹击中，成长为中国花生油第一品牌、世界最大的花生油生产企业，其“5S 纯物理压榨工艺”荣获“国家科学技术进步奖”。

2015 年 10 月 10 日，山东省莱阳市被中国粮油学会命名为“中国花生油之乡”，鲁花与中国花生之乡相辅相成，越做越强。

所以，战略的本质是“寻根”，根深则叶茂。没有根的产业（企业），就没有扎实的利基源点，也就找不到持续发展的动力，就会想法多、易摇摆、力分散。做农业产业（企业），就是要做有根、有壁垒、有未来的事。

品牌就要“找魂”：魂立，则心动

一个国家、一个民族不能没有灵魂。

品牌也是一样，每一个品牌都要有灵魂，魂立则心动。没有灵魂的品牌，如行尸走肉，难以存活于心。品牌就是要有血、有肉、有灵魂！

什么是品牌灵魂？品牌灵魂是基于消费集体意识洞察，是直击消费者的强大心智共鸣和消费动因，是决定品牌现实与未来的竞争原力。

提起伊利、蒙牛，消费者联想到的是“天苍苍野茫茫”的“草原奶”（虽然

现在已开始脱离草原）；提起农夫山泉，消费者会想到“大自然的搬运工”的“天然水”；提起枸杞，自然联想到“好枸杞可以贵一点”的“百瑞源”……我们说，这样的品牌是活生生的、有价值的，是有灵魂的品牌。

“药材好，药才好”，不只是仲景宛西制药的宣传用语，更是企业对用户的品质承诺，是长期坚守的经营理念和品牌灵魂。

品牌灵魂，不仅存在产品中，更要存活于消费者的意识当中，是消费者意识的集体共鸣。

一个品牌的产品能够满足顾客的物质需求，这是最基本的要求；优秀的品牌继而能够与顾客产生精神共鸣，甚至超出顾客的期待。一旦做到，这个品牌就可以持续地吸引住消费者，产生黏性、忠诚度甚至品牌崇拜，成为顾客的第一选择，实现预售。

现代意义的品牌，除了我们看得见的用以区别不同品牌的名称、LOGO、吉祥物、口令等，还有让用户感知的价值、个性等，外在反映内在，形式和内容完美统一，这才是名副其实的品牌。

日本男前豆腐采用高价位的北海道大豆及冲绳岛的苦汁制作，味道浓郁，质地硬朗。同时在品牌内涵和形象上赋予豆腐“男子汉”气概的个性和形象，男前豆腐从此与众不同。

美国爱达荷土豆，除了在包装上使用统一的认证商标外，还通过各种方式让顾客知道，如果餐馆使用的是 100%的爱达荷土豆，那么就让你们的顾客知道你们使用的是高质量土豆。

福来咨询认为，文化是农业品牌灵魂的“富集地”，也是重要的价值源泉，文化往往蕴含一个地区、一个民族、乃至一个国家的消费集体意识和“市场密码”，具有经典性和恒久性。

红河哈尼梯田红米也是有历史、有文化的。在两千年前的秦汉时期，原本居住在长江上游羌族的一支沿着澜沧江向西南迁徙，最后来到哀牢山红河河谷一带，游牧、耕种，最后根据当地的地形在山坡与河谷间开垦梯田种植水稻，打造森林、村寨、梯田、水系“四素同构”的和谐生态系统，造就世界原生态农耕奇迹，成就一部非文字的巨型史书，被联合国教育、科学及文化组织授予“世界文化遗产”。基于此，福来咨询为之确立了“可以品味的世界文化遗产”的品牌灵魂和口令。

国产奶粉领军品牌“飞鹤”，源于对民族体质特征和饮食结构文化的深刻洞察，找到了“更适合中国宝宝”的品牌灵魂，赢得了千万中国妈妈的共鸣和信任。

飞鹤始建于 1962 年，是中国最早的奶粉企业之一。58 年来，飞鹤一直专注中国宝宝体质和母乳营养研究，建立全球最大的母乳数据库，分析探寻中国母乳的特点以及中外母乳的差异。与乳品科学教育部重点实验室、国家农产品加工研究所、众多三甲医院等专业团队合作，开创多项提升奶粉对中国宝宝体质适应性的技术、配方与工艺，从挤奶到加工仅需 2 小时，新鲜、易吸收，菌落总数小于 1 万（是欧盟标准的 1/10），引领行业科学、健康、高质量发展。

飞鹤奶粉连续五年荣获世界食品品质评鉴大会金奖，一年超 1 亿罐被妈妈们选择，2019 年销售额达到 150 亿元，首次超越洋品牌，成为中国市场第一，缔造了中国奶粉品牌的新传奇。

多年前，我们在做湘村黑猪项目调研时发现，

随着消费升级，市场对于高品质猪肉有迫切需求。许多消费者念念不忘小时候在农村过年时吃的猪肉，那叫一个香。但是，现在吃不到了。“小时候的味道”是一种魂牵梦绕的怀念，是蕴藏于内心深处的美好记忆，是打动消费者的“软刀子”。这就是湘村黑猪不可替代的品牌灵魂。

福来咨询创意的“湘村的猪，儿时的味儿”品牌口令，完美地把品牌灵魂传达了出来，此时的消费者已经完全没有“抵抗力”了。

品牌灵魂不是凭空编出来的，而是集体意识的共鸣、感召和满足。以品牌灵魂为核心，建立品名、个性、图腾、口令的一致性品牌体系，形成入眼入心的品牌魅力、价值认同和消费偏好。只有说到又能做到、做到又能说到的，才会最终捕获消费者的“芳心”。

新时代农业品牌建设的王道，就是做有根有魂的事

中国特色社会主义进入新时代。我国社会主要矛盾已经转化为人民日益增长的美好生活需要和不平衡不充分的发展之间的矛盾。社会主要矛盾的转化意味着党和国家工作重心的变化，意味着方针政策和发展理念的变化。

在中国社会经济高质量发展的新时代，创建品牌，谋求升级，就是要做有根有魂的事，这是新时代农业品牌建设的王道！

国酒茅台，之所以成为中国白酒第一品牌，是因为始终坚守酱香白酒的品类边界、茅台独特的生态条件与酿造工艺、1915 年巴拿马万国博览会金奖的历史荣耀，以及茅台的各种历史渊源，这是让茅台在白酒市场里牢牢占据老大地位的根和魂。

同样是茅台这家企业，脱离了根和魂，开拓新领域会成功吗？

茅台集团以茅台为品牌，推出了茅台啤酒、茅台葡萄酒，结果屡战屡败。现

在茅台啤酒出售给华润集团了，茅台葡萄酒还在苦苦支撑。这是何等的反差啊，其根本原因就是茅台在啤酒和葡萄酒行业，尤其在啤酒和葡萄酒的消费认知上无根无魂。无论茅台集团的领导和员工们怎么努力，也无法在别人的土地上扎下根来。

2018 年以来，湖南力推红茶，动作频频：打造“湖南红茶”公用品牌，成立湖南红茶发展促进会，创建红茶产业发展聚集区，筹建湖南红茶博物馆。对此，我们持不同看法。

提起湖南，跟什么茶关联最密切？当然是安化黑茶。现在湖南要力推红茶，有机会吗？可以有！但是从全省茶产业战略上来已经很难有战略机会了。因为提起红茶，消费心智中跳出来的首先是安徽祁门、云南滇红、福建闽红、广东英红、四川川红等。这也是为什么西湖龙井和信阳毛尖在绿茶品类中如此有名，延伸到红茶领域却始终不温不火，红不起来。

举全省之力打造的区域公用品牌，必须在战略高度上扎根于产业基础，既要重视传统资源，更要尊重消费者认知。黑茶才是湖南在茶产业上最大的资源、最大的价值和最大的潜在市场。放着自己的肥田不耕，去别人家的地里抢饭，难免会得不偿失、事倍功半。

就像偷不走的茅台酒一样，容县沙田柚同样也无法复制。容县是“八山一水一田”的典型丘陵山区，生态环境优越，涵养水分丰富，是种植优质沙田柚不可复制的好地方。容县沙田柚，色泽金黄，外皮细薄，果底有独特“金钱肚”，果肉脆嫩，口感清香甜蜜，回味悠长。“独有蜜香、入口无渣”是容县沙田柚的独

特品质。

不可替代的高品质正是容县大力发展沙田柚产业的战略之根，也是其市场价格远远高于其他产区 50% 以上的秘密。把根留住，通过强有力的区域公用品牌建设这个抓手，重振容县沙田柚产业雄风。

辣椒有千百种，但成就老干妈风味传奇的，却是来自云贵高原独特生态条件的贵州辣椒，尤其以遵义朝天椒、大方鸡爪辣为主，其色泽鲜红、肉厚皮薄、香辣协调，富含丰富的氨基酸和多种有益矿物元素；当然，更离不开影响全国的贵州辣文化。康熙年间，由于贵州极度缺盐，辣椒成为代盐的选择，那时的贵州就已经离不开辣了。到了嘉庆年间，贵州开始“流行”种植辣椒，历史上还有“种以为蔬”的说法。当时的贵州北部已经是“顿顿之食每物必蕃椒”。至道光年间，已形成“无辣不欢”的局面。这就是老干妈成功的根与魂。

2020 年初，中国红枣第一股“好想你”突然宣布把几年前收购的知名电商休闲零食品牌“百草

味”100% 的股权以 7.05 亿美元（约合 49.2 亿元人民币）现金出售，很多人表示不理解。

为此，我们专门写了一篇文章《好想你高溢价出售百草味的三大战略启示》，其中谈道：

这充分体现了好想你因势而变、该出手时就出手的战略把控和决断能力。好想你战略聚焦、长板加长，同时现金为王、轻装上阵，降低资产负债率，降低未来经营风险。这在新的金融环境和竞争环境下尤其重要。

聚焦主业不动摇，从老大到伟大，在新的起点上做更好的“世界枣王”和“健康食品引领者”。这是更稳健也更具竞争力的战略选择。作为中国的特产，红枣有千年的养生文化传承和庞大的目标用户基础，蕴含巨大的市场空间和想象空间。

同时，我们也给出了好想你“一个中心、两个基本点”的未来发展建议：以消费者为中心，以红枣大健康为战略之根，以红枣养生文化为品牌之魂。这个坚决不能动摇和丢弃。

品牌如人，有内涵上的东西，如思想、情感、品位等，还有外表上的东西，如相貌、身材、衣着等。只有内涵丰富、外表光鲜，内外兼修、表里如一，才能成为市场上真正立得住的品牌。许多人做品牌，比较重视品牌看得见的外部元素和广告传播，却往往忽视品牌灵魂的塑造，导致内涵空泛，与产品和消费者分离。

陕西白水是苹果大县，是世界苹果最佳优生区之一，产业基础扎实。为了打造白水苹果区域公用品牌，该贫困县曾花重金聘请影视明星许晴代言，在媒体上大力推广；可惜没有品牌灵魂，从“有机”到“健康”，从“好味道”到“好生活”，说了个遍，放之四海而皆准，白水的特色却没有体现，资源白白浪费了。

农产品市场天生高度同质化，同类产品看起来差不多。做品牌就是要把差不多的产品，转化成“差

异化的价值”，在大同的世界创造大不同。

来自内蒙古乌兰察布的兰格格乳业（原雪原乳业），在乳品行业只是个“小老弟”，凭什么能在刺刀见红的乳业市场开辟一片蓝海？

有根有魂！

兰格格的“根”是什么？草原酸奶！兰格格的“魂”是什么？“草原酸奶世家”！

想当年，伊利、蒙牛的成功也源于草原牛奶，但今天它们已经是全球化奶源，不再属于内蒙古大草原了。真正的好奶，尤其是低温酸奶，一定是草原的牛、草原的奶、草原的工艺，在草原上自然发酵，600 里草原急送。这正是来自草原酸奶之都——乌兰察布的兰格格的根，也是众多消费者喜欢兰格格的内在原因，无可替代。

未来，兰格格将坚定不移扎根草原，聚焦中高端低温酸奶，走一条有根有魂的“兰色之路”。

褚橙的个头并不大，但当你看到褚橙两个字和品牌 LOGO 的时候，就会立马感觉眼前这只橙子与众不同，因为它承载着褚时健老爷子 75 岁才开始创业的励志故事和持之以恒的工匠精神……

经常有政府领导和企业家向福来咨询诉苦：我的产品明明比别人家的好，可就是卖不出好价钱；其中不少产品还是出口型，质量标准比国内更高，可是放在国内就是不灵。

原因有很多，但归根结底：战略缺根，品牌无魂。战略决定命运，品牌决定效益。新时代农业品牌建设的王道，就是做有根有魂的事。根与魂是“任督二脉”，打通，则价值更入心、竞争更有力、事业更长久。

这是新时代农业战略规划和品牌建设的本质，也是福来咨询特有的方法论。

第三章

战略寻根：决定产业和企业命运的关键抉择

战略有根，则经营不纠结，资源不浪费，竞争不乏力。根深，方能叶茂！

没有根的产业和企业，想法多、做不强、长不大。

战略决定命运！一个组织，能走多远，取决于这个组织是否有战略的思维和能力。

管理学大师彼得·德鲁克说：每当你看到一家伟大的企业，必定有人做出过远大的决策。这个远大的决策，指的就是能够决胜未来的战略抉择。

缺乏战略，是当下中国企业、地方产业发展的一大通病！雷军说过，不要试图用战术上的勤奋，掩饰战略上的懒惰。企业的决策者、地方政府的一把手，最重要的工作便是思考战略、落实战略。

战略就是“做有根的事”

什么是战略？有人说是定位，有人说是行动纲领，有人说是价值主张……这些观点都没有错，但大多是西方逻辑和概念表述。

在中国，战略一词历史久远，“战”指战争，“略”指谋略。春秋时期的《孙子兵法》被认为是中国最早对战略进行全局筹划的著作。

孙子说：善弈者，谋局，不善弈者，谋子。战略是指组织为了实现长期的生存和发展，在综合分析组织外部环境和内部条件的基础上，做出的一系列带有“长远性和全局性”的谋划。

对于“长远性和全局性”的理解，作为世界上唯一没有中断的5000年中华文明，最有发言权。中国人骨子里有“根文化”的群体意识并代代相传。根深蒂固、香火不断、寻根问祖、宗族血亲、落叶归根，皆是中国“根文化”的体现。

“有根”才能生长延续，“有根”才能厚积薄发，“有根”才能无惧风雨、大局安稳、行稳致远。

用中国文化理解，战略就是“做有根的事”。只有明确了战略的“根”，企业经营才可能“根深叶茂、基业长青”。

福来咨询认为，战略有根，则经营不纠结、资源不浪费、竞争不乏力。根深，方能叶茂！没有根的产业和企业，想法多、做不强、长不大。

战略寻根就是找“事业地盘”

战略要有根，那战略之根是什么呢？

战略之根，是生存和发展的根基，是“安身立命”的“事业地盘”。它明确了做什么、不做什么，以及先做什么、后做什么。

先说“安身立命”，《现代汉语词典》这样解释：安身，在某处安下身来；立命，精神有所寄托。安身立命指生活有着落，精神有所寄托。

再说“事业地盘”，是指干什么。你要安身立命的“事业领域和品类边界”是什么，一定要明确，不能含糊，一旦确定下来，就必须“咬定青山不放松”。

确定“事业地盘”有两个要素，一是品类边界选择，二是市场层级选择。

品类边界选择，一是对经营的品类或细分品类范围做出的战略抉择，原则上越聚焦越有穿透力；二是市场层级选择，即选择中高端市场还是大众市场，不同的市场层级决定不同的营销模式。

2019 年，海天味业市值首次超越了中国地产标杆万科、恒大等。“卖酱油的”超过了“卖房子”的，为什么？因为有根。

海天味业的历史，可以追溯到清朝乾隆年间的“佛山古酱园”，有三百年的文化积淀。佛山酱料品质一流，在粤港澳地区及海外华人聚集区畅销已久。1955年，包含海天酱园在内的25家佛山古酱园合并重组，命名为“海天酱油厂”。围绕“以酱油为核心的调味品”，半个多世纪的坚守与耕耘，成就海天的“味业帝国”。

我们常说，中国大多数企业不是被“饿”死的，而是被“撑”死的！能做到基业长青的企业，战略之根都非常清晰，能做到专心致志，不为诱惑所动。

例如，40余年坚持“杀猪卖肉”的双汇集团，先做到全国第一，再通过收购美国史密斯菲尔德食品公司做到全球销售额第一。32年专注“面粉加工”的五得利，在国际农产大宗商品“ABCD”四巨头，国内中粮、中储粮环绕下，成为世界最大面粉加工企业，领跑全球。

地方政府在区域产业经济发展上，也同样需要“战略之根”，才能成就区域经济发展的“火车头效应”。

法国波尔多将“世界高端葡萄酒中心”作为当地的战略之根，并一直按照这一定位发展葡萄酒产业。福来咨询为横县茉莉花制订的战略之根是“世界茉莉花产业中心”，这既是横县茉莉花在全球的现实地位，也是横县县域经济未来发展的“火车头”，需要长期坚持。

我们必须承认，一个地方政府要做好区域内所有的农业产业，一家企业想满足所有人的需求，都是不可能的。战略设限——选择不做什么，才是大智慧！

战略寻根的“三维根本洞察法”

战略寻根，是由外而内的根本洞察，是围绕根本趋势、根本竞争、根本资产三个维度进行检索、思考、判断、决策的过程。

所谓“由外而内”，是指站在消费者、第三方、未来发展的角度，看自己和竞争者所处的位置及独特优势，而不是孤芳自赏、以自我为中心。

根本趋势：“望远镜”思维——顺势而为，预见未来，规划现在

判断根本趋势要用“望远镜”思维，即基于社会进步与升级，以及对未来市场需求的变化而做出的判断。根本趋势主要从国家大势、行业趋势、消费趋势三点进行深入洞察，洞察内容包含国际趋势、技术革新、市场发展等。

趋势大于优势！今天强大的优势，会被明天的趋势轻松碾压

沿着老地图，找不到新大陆。战略寻根，首先要看清未来的趋势在哪里，自己的机会在哪里。以福来咨询服务的农业食品领域为例，来看一下未来的趋势。

国家趋势有五大关键词组：生态文明、绿色发展；乡村振兴、产业兴旺；质量兴农、品牌强农；供给侧改革、提质增效；食品安全、绿色健康。

行业趋势有五个转变：高数量转向高质量、价格转向价值、同质化转向小特高、分散主体转向联合体、传统经营方式转向互联网科技。

消费趋势也很明显：追求健康品质、喜欢特色尝鲜、乐于文化消费、热爱互动分享、关注智能科技、线上购物普及……

福来战略寻根的“钉子模型”

2019 年，中国人均 GDP 首次站上 1 万美元新台阶，2020 年是全面建成小康社会、打赢脱贫攻坚战收官之年，消费需求由温饱型步入享受型，4 亿城市中产阶层成为消费升级的主力军。健康化、品质化、

个性化、多样化、便利化、场景化的产品与服务，满足“人民日益增长的美好生活需求”，必然是最大的市场趋势和机会。

移动互联、移动支付、人工智能、大数据、物联网等新技术已经成熟，强力推进各个产业的变革与升级，加速重塑传统经营观念与模式，物竞天择，不进则退。

饮料大王娃哈哈近年来的“节节后退”，根本原因在于未能与时俱进，仍然以 20 年前的成功经验和商业逻辑，大规模跟风、大规模制造、大规模铺货，沿着老地图，厮守老阵地。

联想控股进军农业，2013 年成立佳沃集团，选择高价值水果作为切入点，先是推出了蓝莓，此后还推出了猕猴桃、车厘子等。选择高价值水果这个品类，就是顺应了中国消费升级的大趋势。2018 年，佳沃蓝莓销售收入超过 17 亿元，成为中国蓝莓品牌的老大。

2012 年 1 月 13 日，联想控股进军现代农业，领军人陈绍鹏（右一）率队访问福来，与作者共同探讨联想农业的战略品牌之道。

战略并不是“以过去推导未来”，而是“以未来推导现在”

好战略一定是面向未来的，面向的是未来 5~10 年甚至更久。正如阿里巴巴总参谋长曾鸣所言：从终局看布局就是有战略，从布局看终局就是没战略。

30 年前，中国北方冬季吃不上新鲜蔬菜，“寿光蔬菜”产业顺势崛起；30 年后，作为寿光蔬菜战略品牌咨询顾问，我们认为其战略之根一定要摆脱过去“冬季大棚菜”的印象，面向未来，引领消费升级，用“健康科技”满足“高品质、特色化”蔬菜的美好生活需求，用区域公用品牌战略推动寿光蔬菜的产业升级和高质量发展。

根本竞争："显微镜"思维——先胜后战，赢在未来界定要素

进行根本竞争时要用"显微镜"思维，即根据竞争的整体格局、现状（阶段和强度），对赢得未来竞争的关键要素进行判断。关键要素包括创新技术、品牌价值、营销模式、核心人才等。

先看竞争格局，既看国内，也看国际

如果行业"有市场无品牌"、企业"小散多"，像很多区域特色农产品一样很典型，那我们就"抢先机做品牌"好了，但还要注意对标国外的同类品牌。

例如猕猴桃，中国是猕猴桃的原产地，周至、西峡、蒲江、眉县、修文等都是优良产区，却严重缺乏真正的大品牌！这个时候，你率先"优品种、提品质、做品牌"，占先发优势即可。但是，在打造品牌的时候，主要的参考系对手是新西兰佳沛奇异果。

如果竞争格局成熟，头部品牌阵营林立，自然要避其锋芒，创造差异。

有所长，必有所短。再强大的对手也有弱点，阳光普照下一定有阴影，就看你能不能深刻洞察竞争格局下竞争的关键要素。

福来咨询服务的内蒙古兰格格乳业，以低温酸奶为主要业务。从全国来看，伊利、蒙牛领跑，从区域来看，君乐宝、三元、光明等强手林立。

伊利、蒙牛靠内蒙古"草原牛奶"价值起家，但奶源在全国甚至全球布局后，必须弱化地域，"丢掉草原"，在酸奶品类中打起欧洲洋范儿。

既然伊利、蒙牛占不住草原了，"草原酸奶"就成了兰格格的战略机遇。兰格格作为内蒙古专业酸奶乳企，就要当仁不让地抢草原公共认知，高举内蒙古草原酸奶大旗。这正是福来咨询为兰格格制订的"草原酸奶"战略之根，以及"内蒙古第三、中国第一"战略目标的基本逻辑。

再看竞争现状，包括阶段和强度

行业竞争处于哪个阶段（价格、差异、品牌、资本）；主要对手是谁，主要

竞争手段是什么，强度高不高；要赢得竞争，机会在哪里。

善战者，先胜而后战。

根本竞争的关键就在于，洞察时局，把握竞争机遇。

按理说，同仁堂作为中药老字号，推凉茶产品也顺理成章，毕竟凉茶市场份额达 600 亿元，够大；同仁堂牌子，够响，分一杯羹理论上不难。但是，同仁堂忽略了竞争的两个关键要素：阶段和强度。

阶段上，凉茶已经进入终端品牌高度竞争阶段，品牌专业性要求很高；强度上，面临“双寡头”格局，王老吉和加多宝都是营销高手。面对这种竞争格局，同仁堂也无能为力。

温氏做牛奶，如果像温氏养猪一样，专注产业链前端，做奶牛养殖和华南优质奶源供应，就是一个好战略。但硬要做终端品牌牛奶，就需要掂量掂量伊利、蒙牛的分量。

最后，结合自身，判断竞争关键要素

是关键技术创新，品类或人群细分，品牌形象和差异化价值，还是关键的渠道模式差异；也可能“先入为主”就成了，还有可能是关键人才。

荷兰和以色列的农业之所以领先世界，就源于农业科技的不断创新。而同仁堂从医药跨界凉茶，显然自身不具备运作快消品的市场禀赋。

我们要懂得根据竞争格局、竞争阶段，用“显微镜”思维，避其锋芒，寻其弱点，再结合自身的优势与特色，找到赢得竞争的关键要素，从而构建自己的价值体系。

根本资产：“放大镜”思维——摸清家底，基于未来重组能力

寻找根本资产要用“放大镜”思维，即根据自身优势、能力、基因，对未来需要的核心能力进行判断。根本资产主要从产业资源、核心技术、品牌影响、区域人文、声誉产品、渠道模式、顾客认知、市场地位等因素，进行外部视野的“内部分析”，洞察和发现“真”资产，找到核心竞争力和成功基因。

2011 年，福来咨询给南方黑芝麻集团做品牌咨询，任务是打造一款新产品，提升公司的经营业绩。集团当时执行的是“糊老大”战略，主打冲调食品，除了黑芝麻糊外，还开发了玉米糊、核桃粉、豆浆粉等产品；但经过几年的投入与推广，新产品市场占比不到 5%，收效甚微。

通过调研，福来咨询发现，冲调市场老年化、边缘化，战略上行空间不足，而作为“黑芝麻糊”品类的开创者，南方黑芝麻糊飘香 22 年，堪称经典。品牌高美誉度、对黑芝麻健康营养价值的普遍认知，是南方黑芝麻集团的最大资产。基于此，福来咨询一针见血地指出：“痛在产品，病在战略！”必须从“糊”里跳出来，做黑芝麻老大，以“黑芝麻”为战略之根，开发系列黑芝麻产品，使品牌年轻化。退一步海阔天空，战略调整后，集团销售额 6 年增长了 4.5 倍，实现了跳跃式发展。

福来咨询一直强调，战略一定要基于企业基因，基因是企业成功与否的最大原因。背离企业基因的战略选择，注定走不远。

明明是“中国白酒”的基因、“国酒茅台”的灵魂，却要走“多酒种”的战略路径。茅台集团曾先后推出了茅台啤酒、茅台葡萄酒等，结果茅台啤酒连续亏损 13 年，最后被华润雪花接盘；茅台葡萄酒也是连续亏损，成为茅台集团的“心病与包袱”。

雨润曾与双汇齐名，但后来不务“肉”业，涉足地产、商业、旅游、金融等多个行业。从 2015 年开始，雨润大手笔多元化的负面效应显现，主营业务不仅没有同步提升反而不断下滑，导致大面积亏损，市值不足 10 亿元，远远落后于双汇。

万达做农业，也是一个道理。2014 年，万达投资 10 亿元在贵州扶贫，计划在贵州丹寨养猪和种植硒锌茶叶；并且准备推终端茶叶品牌。项目团队找到福来咨询，深度交流后，我们给出的建议是：茶业不是地产，农业不是纯粹商业，实力固然重要，但更重要的是你的基因，品牌茶叶不适合万达，请慎重考虑。后来，万达战略性放弃了品牌茶叶这个项目，而是发挥万达优势，集中精力做了丹寨万达小镇，风生水起。

都说熟悉的地方没有风景，但我们说，熟悉的地方才能轻车熟路。

无论地方政府还是企业，都需要通过根本趋势、根本竞争、根本资产三个维度的深入洞察，确定战略之根，找到自己“安身立命”的“事业地盘”。

控制着全球 80% 粮食交易的四大粮商美国 ADM、美国邦吉、美国嘉吉、法国路易达孚（简称“ABCD”），虽然都做粮食贸易，但各有战略取舍，地盘交错而不重合。ADM 主做玉米生物燃料，邦吉一手卖化肥、一手收粮卖粮，路易达孚偏重期货交易，平衡农产品风险，嘉吉公司重点在粮食物流、加工、开发第三世界国家市场。

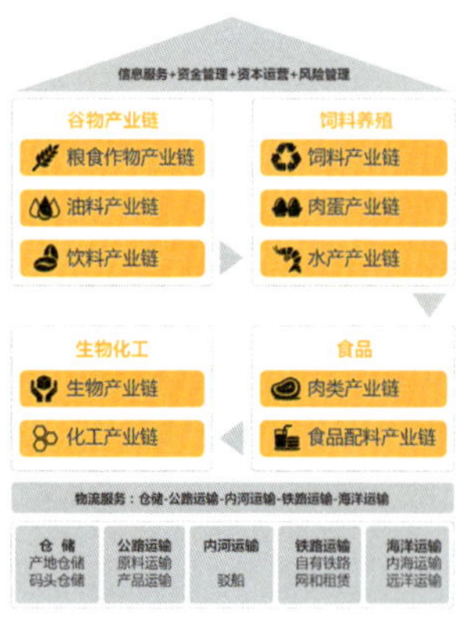

嘉吉全球粮食产业链

嘉吉公司谷物跨境贸易占全球谷物产量的 13%，在四大粮商中居首。为什么能做到这样？

首先，粮食是刚需，万年不变，吃饱吃好是全球大趋势；其次，从竞争看，率先抢占广阔的发展中国家市场是关键要素，例如，嘉吉在中国拥有的合资和独资企业多达 27 家，遍布沿海地区；最后，嘉吉自身在全球粮食产业链、金融服务、流通链上的优势，尤其是“全球物流优势”，为其全球粮食贸易战略打下了坚实的基础，成就其老大地位。

经营使命就是“战略之根”的社会价值表达

找到了战略之根，就明确了安身立命的事业地盘。经营使命，则是基于“战略之根”的企业社会价值表达。

很多企业都有自己的“经营使命”，但往往把使命做成了“企业文化”建设，而没有使之成为商业战略的具体方针，所以容易显得“虚”，将其束之高阁。

管理大师德鲁克说：“企业是社会的器官……他们不仅仅是为了自身的目的而存在，而且是为了实现某种特殊的社会目的……无论是从心理、地理、文化角度，还是从社会等角度来看，组织机构都必须是社会的一个组织部分、一个重要器官。”

德鲁克说出了企业的本质：任何企业得以生存，都是因为它满足了社会某一方面的需要，实现了某种特殊的社会目的。

所以，企业生存的本质在于企业的社会价值，战略之根是实现社会价值的基础和载体，而经营使命是基于战略之根的社会价值表达。

不管你是什么商业模式，企业得以生存，根本的原因在于对社会有用，成为社会运行机制中有效率的组成部分；否则，社会就会淘汰它。

像首农食品集团，是北京最大的农业国有企业，战略之根是立足首都的“菜篮子、米袋子、奶瓶子、肉案子”，做北京市民的“大厨房”，其经营使命是：履行国企责任，聚焦首都食品安全，保障城市生活，满足人民对美好生活的向往。

为履行食品应急保障和生活服务保障职责，首农集团构建起了环北京六环“1小时生活保障圈”、沿京津冀“3小时应急保障圈”、沿渤海“6小时应急响应圈”三道首都食品安全保障圈和

环首都“1 小时鲜活农产品流通圈”。

福来咨询服务的新疆果业集团，战略之根是“新疆特色果盘子”，经营使命是“新疆果品的整合者与引领者，推动产业升级，引领疆果出疆，带动果农增收，成为中国人的果园”。围绕这一经营使命，新疆果业集团强化疆内带动和疆外销售“两网建设”，2018 年在全新疆累计建成 106 万平方米的仓储、加工、交易设施。在疆外大力建设社区连锁店，主营新疆生鲜果品，按照“自建 + 并购”“自营 + 加盟”等模式，先后并购华中地区零售品牌“仟果季”“叁拾加”等，构建“果叔”联盟，加速推动“疆品出疆”，实现从传统渠道到线上电商运营、社区直营，从独立经营向全国合作的转变。2019 年，公司已建成全国社区生鲜零售店 1000 余家，维护和巩固商超专柜 2000 家，连锁销售渠道 1.3 万家。累计购进、销售、交易农产品突破 100 万吨。2020 年，新疆果业集团销售目标剑指百亿元。

可见，战略之根确定了，基于社会价值表达的经营使命也就清晰了，战略之下如何布局、做什么动作，也就纲举目张了。

战略目标：围绕战略之根，抢位产业老大

11 年前，在《老大：中国企业的历史性机遇》一书中，我们就强调过，老大是一种战略性稀缺资源，老大是一种不讲理的战略逻辑！成为老大，就会在品牌、资源、资本、成本、市场、消费者心智等方面形成全方位的优势富集效应，拥有行业最大的主导权和话语权。

世界最杰出的 CEO 之一——杰克·韦尔奇指出：第一重要的是做第一。大家只知道第一高峰是珠穆朗玛峰，没人记得第二高峰；中国第一个获得奥运冠军的是许海峰，第二名早已被忘记。可口可乐真的更好喝吗？不一定，但

因为它是老大，所以市场更钟情于它。这就是老大的价值，是金牌效应。

营销的本质是差异化，战略的首要目标是当老大。在群龙无首、集体沉默或者高度分散的大农业行业和品类中，谁先站起来、谁率先发声抢占消费者心智，谁就可能是老大！

在争夺老大的战争中，只有认知，没有真相；在消费者的心智世界里，世界不是平的，谁升起谁就是太阳。

抢占“中国第一股（品牌）”，实现战略高度占位和资源抢位，是大农业产业最大的战略机遇！乌江榨菜、六个核桃、好想你、仲景食品等，都是单品突破的典型，也成就了“榨菜第一股”“核桃乳第一股”“红枣第一股”“香菇酱第一股”等。

因此，以市场需求为导向，第一战略目标就是“抢位品类老大”。

佳沛奇异果、立顿茶、正官庄高丽参等国际品牌的成功进一步启示我们：老大怎么来的？抢来的！

品类是大锅饭，品牌是金饭碗！要用品牌抢占并代表品类。要么不做，要做就做品类第一、老大品牌！

老大战略的“增长三步曲”

做老大分三步：第一步在小池塘里做大鱼；第二步要做大池塘里的小鱼；第三步是做大池塘里的大鱼。

对于乳品企业而言，做不了牛奶老大，可以做酸奶老大；做不了酸奶老大，做草原酸奶老大……然后再倒过来走，成为大池塘的大鱼。这是福来咨询为内蒙古兰格格乳业制定的战略目标。

“老乡鸡”就是“小池塘里的大鱼”。2020 年新冠疫情期间，“老乡鸡”一场 200 块钱的乡村发布会引起网络围观。在此之前，“老乡鸡”的全国知名度并不高，但其在老家安徽，却是快餐连锁的老大，肯德基、麦当劳也只能甘拜

下风。15 年扎根安徽市场，年销售额超过 20 亿元，真正成为“小池塘里的大鱼”。目前，老乡鸡开始了“老大战略”的第二步——“做大池塘里的小鱼”，2018 年收购武汉永和，进军华中的大武汉；2019 年向华东的南京、上海进发；2020 年，逆势飞扬，进军全国。

好的战略目标设定会给整个公司或者组织带来方向感、探索感，会激发组织的巨大创造力和张力，引领组织积极向前。

战略路径：不走弯路是最大的捷径

中国已经步入了品牌农业的新时代，品牌是农业转型升级的发动机，是农业提质增效的助推器，也是激烈市场竞争的护身符。

但是，“农业不是唐僧肉、电商不是孙悟空”，在品牌农业的道路上，我们要时刻保持警惕与清醒。

一定要吃透农业的“大投入、长周期、高风险”特征，而且“多不得、快不得、巧不得”。没有 10 年以上的农业经营基础和经验，没有强大的资本实力支撑，全生态链、全产业链、全产品链就是一个个大坑。

苹果、雀巢、立顿这些全球巨头，做的也不是全产业链、全产品链，更多的是进行供应链整合与订单合作，并且是以终端产品为主导的产品组合。

福来咨询经常说：“做农业没有捷径，最大的捷径就是选对路径，不走弯路。”

战略目标定下来，如何不走弯路、错路？这就需要画一张路线图，将战略目标进行阶段分解。阶段分解有两个维度：业务路径和市场路径。

无论业务路径、市场路径，还是产品路径、产业路径，其核心要义都是先做成“1”，再去加后面的“0”；没有“1”，做再多布局，结果都是“0”。

也就是说，政府也好，企业也罢，不走弯路、错路，就是要战略聚焦，打造自己的“1”——“1”个核心产业、“1”个主营业务、“1”个灵魂产品、“1”个主战市场，甚至“1”个产品品规、“1”个主销渠道。

业务路径：聚焦主业，“1+N”布局

围绕战略之根，首先要明确什么是我们的“主营业务”。主营业务是企业的“核心产粮业务”，也是战略目标达成的根本。

主营业务是业务战略的“1”，要始终保持领先优势，甚至不可替代。以“1”为核心，逐步构建“1+N” 有主次、有节奏的业务体系，形成业务战略路径。

牧原股份的主营业务是“养猪卖猪”。2020 年上半年牧原股份净利润和市值均超越温氏股份成为国内“养猪第一股”，公司股价也自 2018 年底以来涨幅达 5 倍有余，其主营业务的“1”占比超过 97%。

农夫山泉作为百亿元级的“健康饮品”公司，其业务路径是非常典型的“1+N”策略。首先打造了“农夫山泉”品牌的天然水作为主营业务，树立了“1”，并且 2012~2019 年连续 8 年保持中国包装饮用水市场占有率第一。主营业务立稳后，农夫山泉紧接着推出果汁饮料业务，然后是茶饮料业务、功能饮料业务、生鲜水果业务等，形成了突破 200 亿元的“健康饮品”战略版图。2020 年 9 月，农夫山泉在港交所上市，市值一度突破 4000 亿港元，助推创始人一度踏上首富宝座。

福来咨询服务的国联水产，创立于 2001 年，主营业务为“国际贸易 2B 业务”，十年磨一剑，打造自己的“1”，成为超越欧美质量标准的高品质对虾供应商，2010 年于深圳创业板上市，成为中国对虾第一股。上市后，公司考虑对美出口受“反倾销”等因素制约，开始布局国内的品牌终端消费市场；围绕“全球优质

水产供应商”的战略之根，走中高端路线，形成 B2B 做优质供应链、B2C 做终端品牌产品的业务发展路径。2019 年全年实现营业收入 56.24 亿元，创下公司成立以来的历史新高，进一步夯实了行业霸主地位。

盱眙龙虾是福来咨询的政府客户。盱眙县以“龙虾餐饮”为主营业务，以品牌原料 B2B、速冻调味虾 B2C、盱眙龙虾小镇文旅为重点业务，形成“1+N”的业务组合和布局，实现一二三产业融合与升级，推动盱眙县域经济向更高规格、更高质量发展。

市场路径：线上做面，线下做点，上下打通

市场路径，就是选择战场在哪里、怎么扩张？是全国撒网、遍地开花，还是局部深耕、打造样板？同时，在互联网时代，还要考虑线上、线下市场的融合、打通。我们总结为 12 字方针：线上做面，线下做点，上下打通。

线上做面，指通过电商平台，面向全国市场；线下做点，指打造一个根据地市场，再进行模式复制；上下打通，指通过自己的“交易、交流”平台，完成线上线下融合。

不论线上还是线下，市场开拓过程中，聚焦都是第一法则。

线上做面：搭车电商，面向全国

说到线上市场，很多企业都有一个误区，即希望自己能够搭建一个线上销售平台，结果搭建和运营成本很高不说，客流量也无法保证。

线上做面，指通过电商平台，面向全国市场。目前，电商拥有成熟的平台电商（天猫、京东等）、垂直电商（本来生活等）、新零售（盒马鲜生、叮咚买菜、美团买菜等）、社交电商（拼多多、京喜等）、直播带货（淘宝、抖音、快手等）、社区服务商（碧优选、万物市集等）、跨界整合商（中石化等）。线上做面，不是让企业自建一个销售网站平台，而是搭车成熟的电商平台，借势其资源，面向全国市场。

合作的电商平台不在于多，而在于精——聚焦人、财、物，选择一个平台进行战略性合作，重点突破是关键。这里还是先立“1”的观念。

另外，企业官网、官微以及微信小程序商城，都是企业开拓线上市场的窗口，我们先要布好局、铺好路，未来可能会有大用。线上、线下最终要一体化，实现“交易、交流、融合”，像微信小程序等将成为重要的一体化平台。

福来咨询服务的“湘村黑猪”品牌，打下长沙、北京两大样板市场后，通过新零售电商渠道，加速全国市场布局，先后与盒马鲜生、叮咚买菜、京东、永辉、本来生活等新零售展开战略合作，率先全面进驻各大新零售平台的黑猪品牌，成为新零售的“新宠”。

线下做点：“三大战役”，决胜全国

“三大战役”指的是聚焦战、扩张战、全国战。任何一家企业资源都是有限的，只有资源聚焦才能形成强大的穿透力——小才是大，有点才有面，针尖捅破天。

线下市场的开发，需要人力、财力、物力、精力的配合，还要根据企业资源和能力、市场表现等因素综合考虑。一般来说，我们都建议先选择根据地，打造样板市场，也就是我们所说的聚焦战。

聚焦战，就是打造战略根据地，聚焦某一个或两个市场，做深、做透、做扎实，在这个区域市场内形成相对优势。它常常是企业选择的第一个主战场和大本营所在市场。

福来咨询服务的“西北王”爱菊粮油，就是扎根西安 80 多年的老牌粮油，深入民心。在西安甚至整个西北市场，比之金龙鱼、福临门也毫不逊色。

王老吉，走出广东，红遍全国，也是先从温州市场开始的；东阿阿胶，当年就是选择浙江市场作为战略根据地，为全国市场的开拓打下了根基。

电商、新零售亦如此。百瑞源枸杞，线下聚焦宁夏市场，借助专卖店 + 商超 + 旅销形式销售；线上聚焦天猫平台，集中人、财、物，开展战略合作，培育人才，总结经验，完善打法，实现“电商枸杞类目第一品牌”目标后才做的电商“全网”开拓。

根据地市场拥有如下特征：一是企业可以为这个市场提供优势资源（包括销售团队、人脉等）；二是市场销售良好，并且在与同类产品或者近似产品的竞争中优势显著；三是在市场战略布局上，可以支持企业向全国发展。

扩张战，指的是依托根据地市场的成功模式进行市场扩张。根据地市场模式经过检验，品牌和市场有一定基础后，进行模式复制——从点到面，从面连片，完成大区域市场的布局，并不断深耕，打造“产粮主战场”。

全国战，指的是企业发展有了一定基础，形成多个优势市场后，面向全国甚至全球的线上、线下进攻战，以强化品牌领导地位，进一步实现战略目标。

福来咨询服务的仲景香菇酱，把企业的所在地河南南阳作为市场开拓初期的第一个战略根据地，首先在南阳市场做实做透，锻炼队伍，摸索模式，使之成为当地绝对的强势品牌。很快，南阳样板市场的影响力就显现了出来，郑州市场紧随其后实现强劲销售，进而持续引爆河南全省。全国各地经销商闻香而动，纷至沓来，康师傅、思念、三全等不少大企业的营销精英也纷纷加盟仲景香菇酱。这就是样板的力量！

目前，仲景香菇酱已经实现全国市场的网络布局，短短数年，成为香菇酱品类的开创者和领导者、中国佐餐市场新势力，成功实现“香菇酱第一股”。

聚焦战、扩张战、全国战，打好“三大战役”，完成全国市场布局。

上下打通：“2+1”私域流量池，线上、线下融合

随着线上零售不断发展，线上、线下全渠道发展是大势，否则就将被淘汰出局。

如何打通呢？不是有线下渠道，然后建个商城、开个天猫旗舰店那么简单，而是要打造一个“2+1”私域流量池。私域流量池是结果（本书第九章“激光穿透”中有专门案例介绍），“2+1”是手段和工具，接下来重点讲解。

“2”：指两个平台，一个是交流平台，一个是交易平台。

品牌自有交流平台：品牌官方微信、微博、抖音、快手、小红书、知乎、美拍等社交媒体平台。这里建议以微信平台为主导，因为其流量最大、活跃度最高、依赖性最强，技术层面也最为成熟。

产品自有交易平台：App、微信小程序、微商城、各种平台的品牌旗舰店等电商平台。这里建议以微信小程序为主导，为什么呢？从流量私有化来看，App是最佳交易平台，但其建设、引流、习惯培养的成本太高。目前，我们手机中常用的App不会超过10个，但应用商城里有几万个App在争夺用户，可以想象其难度。

小程序是性价比最高的流量私有平台。天猫、美团上面的客户流量，都是平台的，而不是商家的，这类客户都是哪里有优惠就去哪里。但小程序中的客户是商家自己的。小程序除了独立店铺二维码以外，还有小程序码、附近的小程序、

公众号关联等各种推广方式，更有利于二次营销。

“1”：指一套打通全渠道的 CRM 系统。

大数据时代，要打通线上、线下，建立私域流量池，需要一套客户关系管理系统，即 CRM 系统。目前该系统在技术层面已经非常成熟，有很多服务商可选、可定制。基于这套系统，可实现四个目的。

其一，建立全渠道会员中心。对线上、线下和全部渠道的会员进行整合、清理汇总；同时，整合不同会员等级、积分规则，建立一个统一的、全域的、360 度视图的客户资料管理中心。

其二，客户画像。针对客户的行为特征、来源、分布、消费记录等，给客户进行打分分析，了解会员的特征，为后续精准营销做准备。

其三，会员精准营销。基于会员的精准画像，可以对老会员做精准营销，同时对于潜在客户，也可以做到有效触达。会员营销成本大幅降低，但是会员运营的效果显著提升。

其四，数据分析，不断优化。数据分析和以上三点，其实是一个循环的过程，通过对会员营销的结果进行数据分析，反馈到以上三个环节，再进行深度优化。

通过 CRM 系统，传统的“进、销、存”数据和新零售的“人、货、场”数据实现了一体化、即时化、精准化。更重要的是，“私域流量池”对于长期低成本流量运营的战略价值。

云南省打造“绿色食品牌”，借助云南 6 亿人次的旅游流量优势，通过线上做面，依托“游云南”App 的诚选商城、诚选微信公众号、小程序的交流、交易平台，将云南普洱茶、水果、中药材等特色农产品推向全国和全球；通过线下做点，在云南昆明机场以及云南景区，建设“云南省绿色食品牌十大名品展销中心”实体店。依托大数据、CRM 智能系统，

打通线上、线下渠道，实现了云南“绿色食品牌”私域流量池的打造，持续为云南的品牌农产品营销赋能。

宁夏枸杞领导品牌百瑞源，线下在全国有逾百家直营实体门店，线上在天猫、京东各平台布局电商业务。电商业务与门店业务基本上是“脱轨”的，二者各自为政，无法产生协同效应。2019 年，通过导入微信小程序，百瑞源实现线上、线下数据全面打通，将单个门店的数据孤岛连接起来。

在 2020 年初的新冠疫情期间，百瑞源虽然线下门店同样遭遇关门、断流，但各店店长、店员通过网络直播形式，全面转战线上销售。通过小程序的渠道追踪技术，既让线下门店的业绩考核更公平、精准、透明，又让线上与门店协作配合，形成“1+1>2”的合力；不仅实现线上销售 60% 的增长，线下门店的损失也降到了最低；更重要的是通过转变观念和模式，建立起了自己的直播团队和私域流量系统。

品牌结构就是战略布阵

品牌是战略载体。品牌结构是企业根据整体战略、市场环境、自身资源进行的品牌组合方式的布局。简言之，品牌结构就是战略布阵。

在企业发展过程中，随着业务和产品种类增多、兼并收购等情况的出现，必然会遇到品牌结构的问题。品牌结构事关战略、战术组合，需提前做好顶层设计规划。

典型的企业品牌结构主要有四种

以宝洁、农夫山泉代表的多品牌模式，福来咨询总结为“多子多福”布阵；

以康师傅、王老吉为代表的单一品牌模式，福来咨询总结为“母子同命”布阵；

以雀巢、娃哈哈为代表的母子品牌模式，福来咨询总结为“子贵母荣”布阵；

以中粮为代表的背书品牌模式，福来咨询总结为“母仪天下”布阵。

当然，还有混合模式。每一种模式都有其优势和弊端，也都有成功案例，没有好坏之分，只有适不适合。切忌拿着国际、国内成功大企业的模式生搬硬套！尤其是刚刚起步的初创企业和销售规模小于十亿元的中小企业。

福来咨询品牌结构图

“单一品牌”的战略布阵，更易成功

“初创企业、中小企业”聚焦在一个品牌上，是我们基于近二十年的中国企业咨询实践经验，在品牌结构方面的忠告。

成功的品牌大多都是用大量的“真金白银”在“时间高汤”里熬出来的，不是琢磨几个商标名字印在产品包装上那么简单。

每一个品牌的成长，都需要资源投入，而资源总是有限的，“优生”才能“优育”，少才是多！采用“单一品牌”模式切入，单点突破的战略布阵更易成功，母子品牌模式、背书品牌模式、多品牌模式也才有根基。

“单一品牌”的极致是“四合一”

很多企业面临这样的尴尬：企业名和品牌名不统一，企业做大上市了，股票名（企业名）与品牌名两张皮，面对亿万消费者和股民，两者的关系还要再介绍、再宣传。这无形中增加了传播成本，造成传播资源的浪费。

对于企业来说，企业名和品牌名应统一，企业即品牌，品牌即企业，这是最大的传播资源的节省。

中国红枣第一股“好想你”，其前身公司叫奥星实业，品牌叫好想你，公司上市后叫什么呢？董事长石聚彬下定决心统一名称，2009 年公司更名好想你枣业。两名统一后，“好想你”的发展实现了加速度，2011 年在深交所上市，市值高达百亿元，红遍大江南北。

当然，做好“单一品牌”模式的极致，是实现“企业、品牌、品种、股票”的“四合一”。每一个名称、每一次传播，四个维度都在为品牌资产添砖加瓦。

9 年前，湖南一家初创的养猪企业找到我们做战略品牌咨询。这家企业当时叫天源高科农业发展有限公司，董事长杨文莲坦言：除了拥有自主知识产权的“湖南黑猪”品种和一批种猪外，其他都是一张白纸。

初创企业应采用“单一品牌”模式是肯定的，那品牌应该叫什么？首先，福来咨询认为，品种应该品牌化。作为国家级优良品种的“湖南黑猪”，不具备专属性，湖南的黑猪都可以叫“湖南黑猪”，它更像是一个公用品牌，因此需要改名并注册成商标，于是“湘村黑猪”品牌诞生。

为了最大化降低沟通成本，企业也更名为“湘村股份”，品种、品牌、企业，三个名称都指向一个品牌。经过五年的努力，公司上市，股票名称叫“湘村股份”。这样，所有相关名称都统一到“湘村”这一杆大旗之下，实现了“四合一”。

无论是专业领域说品种、行业领域说企业还是消费市场说品牌、金融市场说股票，都在为“湘村黑猪”积累品牌资产，相互助攻，四力合一，为“湘村黑猪”这一新品牌的高速成长提供了强大动能。

区域公用品牌、企业品牌、产品品牌三位一体

在以上品牌结构的基础上，形成产区品牌、区域公用品牌、企业品牌、产品品牌四位一体的金字塔式大结构体系，做得较好的如涪陵区、涪陵榨菜、涪陵榨菜集团、乌江（详见第一章）。

战略配称：用根与魂统领内外资源

战略配称，就是用战略之根来统领企业或产业内外资源，夯实“基本功”，修炼“内功心法”。这是最重要的经营策略。只有基本功修炼扎实了，才有实力问鼎天下。

福来咨询为“盱眙龙虾”确定了“生态高品质小龙虾”的“战略之根”，从优品种、提品质、建标准、做品牌等方面着手，配套搭建“科技、标准、监管、流通、人才、金融”六大平台，夯实“生态高品质”这一战略优势。

农夫山泉，围绕“每一滴农夫山泉都有优质的水源”进行天然水的水源地战略布局。目前全国已布局八大水源地，包括浙江千岛湖、吉林长白山、湖北丹江口、新疆玛纳斯等。覆盖全国的优质水源地是其“天然水”品牌灵魂的强力支撑。

汇源的“战略之根”是“纯果汁”，本应该坚持定力，围绕“纯果汁”聚焦资源、配套战略、引领品类的升级与发展、持续强化战略优势，但汇源不断折腾各种新产品，偏离纯果汁路线，并将核心资源投入大农业的“跑马圈地”，结果抱着“金饭碗”却经营困难，甚至差点“卖身”。

江小白，原本是做高粱纯酿酒的，却靠表达瓶和小清新的社会化传播引爆市场，但也被贴上了“只是擅长文案营销”的固化标签，制约了其进一步发展。为

了改变品牌认知和实现可持续发展，江小白开始逐渐跳出原先的网红认知，从2018年开始，投资30亿元启动“江小白高粱产业园”“江小白酒水产业园”项目建设，进一步加大技术研发、工艺优化、老酒储存和原粮种植投入，从酿酒源头进行口感优化和品质把关。2020年全国农交会期间，江小白还与山西省朔州市农业农村局宣布共建10万亩高粱种植基地。这些都是在持续夯实江小白“传统单一高粱纯酿”的战略根基。

围绕“草原酸奶”的战略之根，福来咨询为兰格格乳业进行系列战略配套设计：召开“中国草原酸奶大会”，与乌兰察布市政府共建“中国草原酸奶之都”，建立内蒙古自治区“草原酸奶工程技术中心”，研发“草原酸奶自有菌种”等，为实现“草原酸奶老大”战略目标，一步步奠定坚实根基。

以福来咨询服务的宁夏枸杞代表“百瑞源”为例。百瑞源的战略之根是“高价值宁夏枸杞”，围绕这一战略之根，企业从种植、研发、产品到定价、渠道、推广等运营要素，进行了如下战略配称。

原料种植：高价值从源头抓起。百瑞源在贺兰山东麓、中宁县长山头、吴忠红寺堡区三大核心产区，自建12000亩枸杞种植示范基地，严格按照有机枸杞标准种植，顺利通过“德国BCS有机食品认证”“国家生态原产地产品保护认证”“国家良好农业规范GAP认证”等多项权威认证。

技术研发：科技是价值的第一驱动力。百瑞源建立了国家枸杞加工技术研发专业中心、院士工作站、劳模与工匠人才创新工作室、检测中心等。现独家拥有“宁农杞2号”枸杞新品种和30多项技术发明专利与成果。

产品创新：产品创新让价值入眼、入心。百瑞源在行业内第一个推出独立真空小包装，首创12道“开袋即食”免洗工艺，独创真空脉动干燥技术产品“锁鲜枸杞”。百瑞源枸杞实现了从 1.0 到 6.0 的迭代升级，每一次都在行业掀起一场产品“革命”，引领宁夏枸杞产业的高质量发展。

定价策略：只有优质优价，方可提质增效。百瑞源砍掉大袋低价产品，每一代创新产品都在引领价值升级，成为行业价格标杆。如“锁鲜枸杞”，礼品装定价每千克超过 1000 元，仍深受市场青睐。

渠道创新：高品位才能卖出高价值。15 年前，宁夏枸杞还在“摆地摊、夫妻店”售卖时，百瑞源率先开创了在城市核心商圈开连锁专卖店、商超品牌专柜的渠道模式，极大地提高了品牌形象和产品价值。现在百瑞源专卖店遍布银川、北京、上海、杭州等全国 20 多个大中城市。互联网新时代，百瑞源再次引领枸杞电商模式，成立电子商务中心，在天猫、京东等平台建立品牌旗舰店，年销售全网第一。

文化抢占：用文化为正宗价值背书。百瑞源创建中国枸杞博物馆，打通文化、旅游、体验和销售链条，将公共博物馆资源“私有化”，抢占文化制高点，彰显品牌的正宗与领导者地位。

品牌推广：“上天入地”证明高价值。2010 年，百瑞源成为宁夏枸杞唯一代表进驻上海世博会的品牌；2017 年成为金砖国家领导人“国宴枸杞”唯一入

选产品……抢占行业声誉制高点，赢得行业话语权，并提出“好枸杞可以贵一点”的价值主张。同时，百瑞源将“荣誉光环”工具化，在专卖店、电商、新闻、广告宣传、促销中，进行激光穿透式传播，将百瑞源“高品质高价值”印记植入消费者心智。

百瑞源发展的每一步、运营的每一个环节，都在不断夯实“高价值宁夏枸杞”这一战略之根，这才是真正的战略配称。

第四章

品牌找魂：决定品牌现实与未来的竞争原力

每一个品牌都要有灵魂！魂立则心动。没有灵魂的品牌，如行尸走肉，难以存活于心。品牌就是要有血、有肉、有灵魂！

品牌之道：攻心为上，攻城为下

品牌价值不能被创造，只能被发现

品牌与顾客是“一个愿打、一个愿挨”的关系，是“合作共舞”的关系。

你会赞许一个与你生活观念格格不入的品牌价值的主张吗？消费行为学告诉我们，一个人只能看到他想看到的，只能关注与他相关的品牌和事物。企业和政府手中没有掌控顾客的“遥控器”，顾客也不是能让你随心所欲的“提线木偶”。

如果不能在品牌和产品的创造之时，就把优势建立在顾客的心智中，那么对渠道的所有投入和动作，也只会换来与顾客的价值“鸿沟”。因此，做品牌一定是在顾客的心里有胜算了，再到市场里“攻城略地”。本末关系不能倒置，先“入心”是本，再“入市”是末，即创建品牌时攻心为上，攻城为下！

“宁夏红”为什么不红了

许多人有泡制药酒、强身健体的养生习惯，枸杞又是泡制药酒的“绝对主角”。“宁夏红”枸杞酒，曾经是宁夏人餐桌上的一张名片。这本是一个往上传承千年养生文化、往下顺应消费认知习惯的好产品，是一个可以永续经营的好品牌。但“宁夏红”做着做着就想“国际化”了，推出一款“宁夏红传杞”

的枸杞干红。在消费者的认知中，“干红”就是葡萄酒，所以枸杞干红不能在消费者心智中获得“干红”的身份认可，即便花巨资请成龙代言猛打广告，也一直火不起来，还拖累了整个企业，最后被当地钢铁企业控股。

品牌的起点和终点都在人心

按管理学大师德鲁克的观点，组织是社会的器官，就是要为社会解决问题，所以创建品牌就要首先发现顾客心中的问题和欲求，然后反过来用问题和欲求塑造价值，把握消费动机。借心学大师王阳明的“心外无物”之说，所有的品牌建设都要学会从“心”开始。

企业和政府的决策者都深陷组织之中，成员围绕着他们，日常事务捆绑着他们，这是德鲁克为我们描述的管理中的“围城现象”，造成了“企业有多大，决策者就离顾客有多远”的困境。每一位决策者都应该培养自己以顾客的内心为起点的思维习惯，只有起点正确才能终点正确。所以我们也经常对客户说：“找福来咨询，就是为企业或政府安一双洞察顾客内心的眼。”

理学家朱熹在《中庸集注》中说：“故君子之治人也，即以其人之道，还治其人之身。”这句话的原意是：一个君子教化他人的最好方式，是用对方知道的事情或道理来教化他。一个品牌不也是这样吗？品牌塑造的最好方式，就是借助顾客的观念和消费动机来塑造品牌，最终又反过来迎合顾客的观念和满足其动机。从这个角度看品牌，不仅所有的事情都是一件事，而且起点和终点也是一件事，即顾客心里的那些事儿。

就像老子在《道德经》中所言：圣人恒无心，以百姓之心为心。所以福来咨询的品牌方法论，就是让品牌始终忠实于人心的逻辑，学会坚守品牌生存与发展的底线。

品牌找魂：创建于消费集体意识的第一竞争力

品牌灵魂：以天下之至柔，克天下之至坚

“即使可口可乐公司在全球的生产工厂一夜之间被大火烧毁，只要有可口可乐的品牌在，很快就可以重建可口可乐新的王国”。这是可口可乐前董事长伍德鲁夫的名言。

可口可乐为什么有这样的自信？这源于其构建于全球消费者心智中“正宗经典”的品牌灵魂。虽然工厂可能会在一夜之间从这个地球上消亡，但可口可乐在全球消费者心中“正宗经典”的品牌灵魂还活着，只要品牌灵魂不灭，一个企业就具备“向死而生”的能力。

老子在《道德经》中说：“天下之至柔，驰骋天下之至坚。”意思是指：天下最柔弱的东西，可以驱使天下最坚硬的东西。品牌灵魂就是一家企业、一个区域农产品所拥有的“天下之至柔”，它是一家企业、一个品牌存在于消费者心智中的“柔性生存”和“软实力”。

品牌灵魂：让你先得民心，再得天下

品牌灵魂就是让你的品牌构建从顾客的内心开始。就像《孙子兵法·计篇》中提到的“七计”中的第一计：“主孰有道。”这句话放在品牌营销上是说：一个决策者最重要的是使顾客的意见与自己品牌的意见主张达成一致，让品牌与顾客“心心相印”，形成长期的价值共识，构建可持续的伙伴关系。这样你的品牌就是顺应民心的，就能够成为顾客的“心头好”，这才是塑造品牌的“王道”。

消费集体意识：品牌灵魂的诞生地

心理学家荣格在《潜意识与心灵成长》中说：“人所共知，个体与其他人或事物之间可以具有这类潜意识的同一性是一种心理事实。” 人与人、人与事物、人与商品是有“同一性”认识的。这种对商品、对价值观念的“同一性”认识，就是一个品牌建立心智优势的战略机遇。福来咨询的“品牌灵魂”之说就是建立在这一“同一性”心理事实基础上的方法论。

福来咨询认为：品牌灵魂是基于消费集体意识的洞察，直击消费者的强大心智共鸣和消费动因，是决定品牌现实与未来的竞争原力。

每一个品牌的灵魂都源于对消费集体意识的清晰洞察，这样我们才能准确决策。即什么是消费集体意识呢？

消费集体意识：不是一个人的意识，也不是所有人的意识，而是决定品牌灵魂的核心群体意识。它是核心群体共有的认知和需求，是品牌获得强大内生动力的力量源泉。

看，我们一下子就抛出了福来咨询的两个重磅品牌方法论！如果一个品牌不想成为市场中的“行尸走肉”，那就得有血、有肉、有灵魂，如此才能与消费者心灵相通、意气相投，长久地活在消费者的心里。要理解品牌灵魂和消费集体意识这两个品牌的核心方法论，并且学会通过对消费集体意识的洞察和把握，为品牌找到灵魂。

在消费集体意识中为品牌找魂的基本逻辑是什么呢？

第一，先洞察消费集体意识中都有哪些需求关键词

福来咨询认为：当今中国，正处在社会升级、产业升级、消费升级的新时代。在消费集体意识中，还有很多迫切、普遍的物质需求及精神需求未被满足，这些需求中隐藏着大量的 、诞生伟大品牌的战略机遇。

所以，为品牌洞察消费集体意识中的需求关键词就显得尤为重要，就像作

战之前，指挥官必须对战场的地理环境心中有数，哪些地形能够为我所用、哪些地形是对我方不利的，都需要做好研判。品牌的“战场”就在顾客的消费集体意识中，通俗地讲就是在顾客的心里。了解品牌所在的品类，顾客有哪些需求关键词，就是为品牌绘制一张顾客心智中的“作战地形图”，做到对“战场”态势了然于胸。

第二，把竞争对手放到消费集体意识中去分析、评判

洞察竞争对手，不能只洞察其广告、新闻、产品、终端表现等这些顾客心智之外的事物，那都是“现象”而不是“本质”。真正的洞察竞争对手，看的不是他们做了什么、有什么动作，而是洞察他们在消费集体意识中“抢走”了什么，是否在消费集体意识中对某个品类及消费动机形成了垄断。

饮用水这个品类，在消费集体意识中有“纯净、天然、营养、养生、喝开水”等需求关键词。在“天然”这个需求关键词上，农夫山泉进行了充分的抢占，其他品牌就很难在“天然”的消费动机上与农夫山泉硬碰硬。

在“纯净”的这个需求关键词上，娃哈哈纯净水长期致力于对它的抢占，代言人王力宏长期通过广告对观众说：“娃哈哈纯净水，爱的就是你！”但娃哈哈却没有说明爱娃哈哈纯净水的理由，所以娃哈哈对“纯净”这一需求关键词的抢占并不彻底，还不是铁板一块。

基于对消费集体意识的这一洞察，屈臣氏蒸馏水给顾客传递了一个“纯净”的理由，因为我是蒸馏水，所以我真的纯净。这让屈臣氏成为高端纯净水的代表。屈臣氏没有被娃哈哈常年广告轰炸的表面现象所吓倒，而是用冷静、本质的眼光去洞察消费集体意识的竞争真相，从而牢牢地把握住这个开创品牌的心智机遇，更进一步抢占“纯净”这个需求关键词。

在广告和物料上看竞争，我们看到的往往都是“纸老虎”，只有往消费集体意识看，才能看到“人心猛于虎”。

第三，我们还要把自己放到消费集体意识中去看

心理学研究发现，人自认为的长相总是比实际长相漂亮；同理，在多数决策者心中，自己企业及产品的优点也会比实际“漂亮”。所以，我们常说“不了解世界，是因为你不了解你自己”。一个决策者要摆脱这种顾影自怜的企业和产品自恋，就要形成用消费集体意识为企业自身照镜子的能力，因为一家企业、一个农产品品牌只有让顾客心里美了，才是真的美。

一个品牌的建立，包括农产品品牌的建立，就是要把品牌的要素都一股脑地放到消费集体意识中来看，从消费者的意识深层去发问，在消费者的心里找答案。这就是福来咨询品牌找“魂”的核心理念。

品牌找魂“4 问”

第 1 问：顾客是谁

一个品牌的顾客不能是所有人。《孙子兵法 · 虚实》中说：“无所不备，就无所不寡。”意思是说：在军事防备上，你不能哪都防备，哪都防备就是资源的最大化分散，这样就哪里都薄弱、哪里都防备不好。

在品牌的人群定位上也一样。如果一个品牌的顾客是所有人，那就哪个人群也顾不过来，要搞清“依托谁，团结谁，打倒谁”。如果什么顾客你都认，那才是真正的“六亲不认”。

第 2 问：消费集体意识中有哪些需求关键词

搞清消费集体意识中的需求关键词，就是为品牌绘制一张顾客心智的“作战地图”；有了这张地图，品牌建设才会有针对性、有胜算。

顾客都要什么呢？基于社会心理学家马斯洛的需求理论，我们把顾客对农产品的消费动机做以下分解：

其一，生鲜农产品。

消费集体意识中的十个需求关键词。

一是好吃：好吃是农产品的基本竞争力，多数区域农产品的名气都是吃出来的，如库尔勒香梨、哈密瓜等。

二是新鲜：当季的第一口茶、第一口水果、第一口螃蟹，等等，是消费者对自己最好的犒劳，抢“鲜”吃与吃“鲜”的，是一个需要优先考虑的关键词。就像新希望乳业——“新鲜一代的选择”，农夫 17.5NFC 果汁的“鲜榨”。

三是营养：自然赋予农产品的正能量。新疆干果、云南食用菌等，天生就有特别营养的心智认识。

四是生态：农产品生长的独特生态环境和天然无污染的品质。对日渐富足的现代消费者构成“诱惑”，“盱眙龙虾——小龙虾里的白富美”和“傣王稻勐海香米——吃出热带雨林的味道”都是对品牌生态价值的体现。

五是安全：问题产品的不断出现，使“安全感”成为这个时代消费集体意识的敏感词，所以，为消费者提供“安全感”是提升销量的“保险箱”。就像肯德基的安心油条、德青源的安全鸡蛋。

六是正宗：一方水土养一方物。成为品类中最正宗的产地，就等于捧上了可以世世代代传承的“金饭碗”，如温县铁棍山药、宣威火腿等。

七是养生：中国饮食文化讲究“药食同源、以食为养”。宁夏枸杞、吉林人参等都对人体有很好的养生功效。“养生”是农产品向大众发起的“有养”运动。

八是老大：老大是一种不讲理的逻辑，成为品类老大和产业第一，你就会成为消费者内心的最强记忆和最为信赖的品牌。如三只松鼠——全网销量第一的国民坚果零食品牌，横县茉莉花——全球十朵茉莉花，六朵来自广西横县。反过来，绑定品类老大，争做品类亚军，也是有效的价值策略。如郎酒——中国两大酱香白酒之一。

九是稀有：再大的农产品产区，对于全国 14 亿人口而言，都是小产区，都不能做到人人有份、雨露均沾。稀有就是让一部分人先吃着、尊贵着，让其他人盼望着。阳澄湖大闸蟹、茅台酒、冰岛普洱等，都有稀缺的品牌属性；“不是所有牛奶都叫特仑苏”，亦是体现稀缺和尊贵。

十是文化：农业是体验性最强的产业，独特的品类史、产地史、名人典故等，都蕴藏着强大的文化原力；文化就是在顾客吃饱、吃健康之后的精神体验和感受。你吃过哈尼梯田红米吗？吃过鲁迅笔下的胶州白菜吗？吃过乾隆爷赐名的沙田柚吗？

其二，深加工农产品。

深加工农产品的消费集体意识需求关键词将更加多元。以豆制品为例。

首农旗下的白玉豆腐，满足了客户安心的需求关键词；

金龙鱼调和油，针对的是营养均衡的需求关键词；

馋嘴猴豆腐干，把握的是顾客休闲、解馋的需求关键词；

王致和豆腐乳，对应着顾客对文化和下饭的需求关键词；

海天酱油，满足提鲜的需求关键词；

六月鲜酱油，触碰顾客轻奢品质的需求关键词；

安利纽崔莱蛋白粉，针对顾客营养保健的需求关键词；

永和豆浆粉，解决顾客方便营养的需求关键词；

福来咨询服务的爱菊豆芽，针对吃放心豆芽的需求关键词。

小小的一颗豆子经过深加工，就能调动、触碰、满足顾客各种各样的消费需求和动机。

总之，无论是生鲜产品，还是深加工产品，只有通过洞察消费集体意识，绘制“心智地图”，创立品牌才有前途。

第 3 问：竞争对手在消费集体意识中抢走了什么

在消费集体意识中，“危”与“机”是并存的。兵法说，要“立自身于不败之地而后求胜”。辨别客户心智中的危险区与“雷区”，就是让一个品牌先立于不败之地。这些危险区和“雷区”是什么呢？就是在消费集体意识中，已经被竞争对手绝对抢占的需求关键词。

正宗阿胶品类的需求关键词，当然已被东阿阿胶抢占；香梨的正宗需求关键词，被库尔勒抢占；榨菜的需求关键词，被乌江榨菜拥有。上面这些品类的需求关键词，都已经被不同的产区或企业品牌占领，说明品类有巨头，进入需谨慎。

如何洞察这些已被抢占的消费集体意识需求关键词呢？福来咨询有一个简单有效的方法，叫“代名词脱口而出法”，向顾客提出一个需求关键词，看顾客有没有脱口而出的品牌名称，如果有，那这个品牌已经成为品类的代名词。最好吃的河蟹，样本顾客说“阳澄湖”；纯正花生油，样本顾客说“鲁花”，这就说明河蟹的好吃和花生油的纯，这两个需求关键词分别被阳澄湖和鲁花抢占了。反之，你说一个需求关键词，样本顾客说不出品牌名，就说明它还没有被品牌占领，是潜在的品牌心智机遇。

如果我们发现有多个需求关键词没有被竞争品牌抢占，那如何确定哪个需求关键词将成为我们的品牌灵魂呢？这就需要我们进行第四个追问，为品牌做终极抉择。

第 4 问：我们的消费集体意识的战略机遇是什么

通过这个追问，我们要在多个未被占领的需求关键词中，选择一个成为我们的品牌灵魂。

千难万难，抉择最难！成败在此一举，这个抉择要怎么做呢？福来咨询就是要把这个看似错综复杂的问题简单化，因为只有特别简单化的方法，才能处理更为复杂的问题。这就好比世界上有不计其数的歌曲，但音符只有 7 个。福来咨询的品牌灵魂抉择方法，遵循三个基本原则：强、广、低。

强、广、低：品牌灵魂终极抉择的三原则

“强”：最强需求原则

品牌灵魂应当选未被占领的需求关键词中需求最迫切、最强的那一个。一个品牌抢占的需求关键词越强，品牌的竞争力就越强，也更能引起消费冲动。

对于沙糖橘这个品类，消费集体意识中有“甘甜、生态的、上市早的”等需求关键词。这些需求关键词从全国来看，都还没有被其他区域的公用品牌抢占。所以，在为西林沙糖桔[①] 做区域公用品牌策划时，我们把“领先的甜”作为其品牌灵魂，并以此创作品牌口令：西林沙糖桔——先天下之甜而甜。

“广”：最广人群原则

品牌灵魂应当选未被占领的需求关键词中需求最广泛、目标群体最大的那一个。我们要警惕那些被品牌过度细分的需求关键词。需求关键词被分得越细，面对的人群就越窄，容易使品牌的市场成为“食之无味、弃之可惜”的“鸡肋”。

在很多消费品类中，有许多大家共有的需求关键词还没有得到满足。在全国消费者的心智中，最好吃的桃子、李子、红薯、葡萄都是哪个品牌？显然在这些品类中“好吃”这个最基本的需求关键词，还是品牌价值的“处女地”。

举个例子，我们为仲景香菇酱确立的品牌灵魂是“营养佐餐”。传统的佐餐食品，如榨菜、辣椒酱等，在消费集体意识中，是好吃但不健康的食品，而以西峡香菇为主要原料的仲景香菇酱，在需求关键词中，其营养健康的属性是鲜明的，所以营养佐餐是既能与传统佐餐食品划清价值边界，又有广泛群众基础的需求关键词。

“低”：最低成本原则

品牌灵魂应当选未被占领的需求关键词中传播成本最低、传播效率最高的那一个。这是品牌价值上的“知行合一”，要充分考虑能与我们企业及产品的优势和特性联系上的那一个需求关键词。

也就是说，这个需求关键词在实际的品牌传播中是否易知、易证实？易知，就是如果以这个需求关键词为品牌灵魂，是能够在传播中一句话就获得顾客的理解和认同；易证实，就是这个需求关键词能够通过简单的方式被证实。

---

① 2012 年，西林沙糖桔获得“国家地理标志保护产品”认证时为此名，故沿用。以下同。

我们给兴安盟大米确定的品牌灵魂是“纯净”。在顾客的心智中，有“上游比下游的生态条件更好”的常识，而兴安盟大米是来自东北上游的大米，它的纯净在顾客的心智中是理所应当的，这就是一个消费“真理”。“东北上游，净产好米”——我们用一句品牌口令就获得了受众的理解和认可。“纯净”的品牌灵魂好不好被证实呢？地图就是最权威、最直接的证实。在中国地图上，兴安盟就在东北上游，位于东北大米“金三角”的上端。

福来咨询的品牌灵魂理论是建立在心理学和国学基础之上的，再结合我们多年在品牌农业及其他行业工作和咨询的切身体验与反思，形成的独特方法论。这套思考逻辑和作业工具，我们称为“品牌灵魂漏斗模型”。

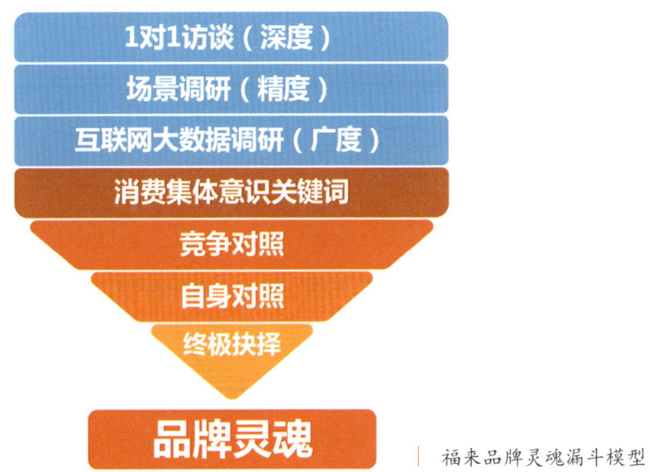

福来品牌灵魂漏斗模型

创意就是用“心智公共资产”为品牌注入“远古洪荒之力”

一个广告界最值钱的“搬运工”

“农夫山泉——我们不生产水，我们只做大自然的搬运工。”

这句广告语借用“搬运工”这个大家都熟悉的职业、心智中都有的“公共认知”和“公共资产”，把农夫山泉“天然水”的品牌灵魂恰如其分地表达了出来。

另外，一个品牌在大自然面前甘愿只做一名搬运工，体现出农夫山泉尊崇和敬畏大自然的品牌个性及价值主张。农夫山泉借助大众心智中的公共资产——“搬运工”所做的神比喻，让一句广告语入心，与消费者快速产生共鸣、达成共识。可以说，这是最值钱的“搬运工”。

创意的本质不是创造异端，而是达成共识。帮助一个品牌、一款产品与顾客达成价值上的共识、精神上的共鸣，这是创意的根本目的。

当我们为一个农产品品牌做创意时，如果心里只想着标新立异，而不去思考怎样与顾客达成共识，那么做的很可能是没有认同度和销售力的创意。这是为什么呢？因为顾客的心智是存在“信息排异”的。从消费行为学出发，只有与顾客相关的、熟悉的、一致的创意，才会被他们关注、记忆、回忆和认同。只有勇敢地与消费者达成共识、产生共鸣，才能在“大同的世界里，创造大不同”！

用品牌灵魂嫁接心智公共资产是诞生伟大创意的最佳路径

创意如何才能帮助农产品品牌与顾客达成共识？

福来咨询认为：用品牌灵魂嫁接心智公共资产是诞生伟大创意的最佳路径！

农产品品牌通过对“心智公共资产”的嫁接与抢占，能够最大限度地让品牌与顾客达成共识。心智公共资产是能够为品牌和传播赋能的集体本能、常识、价值观和记忆。

中国作为全世界唯一文化没有断代的古老文明，是全世界“心智公共资产”最丰富、积累最深厚的国家之一；而且中国是典型的农耕文明，农业中蕴含的“心智公共资产”是各大产业中最丰富的。

我们经常在古文中见到“社稷”二字，在宫廷剧中也经常听到“皇上要以江

福来思想库

和65位嘉宾一起读

品牌农业

新时代中国农业品牌建设的路径与方法

做农业最大的捷径，

就是选对路径，

不走弯路。

65 位嘉宾的联袂评价与推荐

刘 坚
国务院扶贫办原主任、原农业部副部长

中国农业迎来了难得的大发展机遇！但农业领域的市场营销、品牌创建相对滞后，多而不强，真正打得响的品牌不多。这方面，娄向鹏是专家，希望大家能够在《品牌农业》中找到满意的答案。

陈萌山
全国政协委员、国家食物与营养咨询委员会主任、中国农业科学院原党组书记

品牌化是农业现代化的重要标志，是推进乡村振兴战略实施的有力抓手。打造农业品牌，对地方政府和涉农企业来讲，是一个新课题。农业品牌专家娄向鹏长期致力于中国农业品牌建设的研究与策划，他最近的力作《品牌农业 4》一书，集理论与实践于一体，很有创新性、可读性和借鉴性，值得推荐。

刘兆彬
原国家质检总局总工程师、中国质量万里行促进会会长

用品牌搭建优质农产品和消费者认同之间的桥梁，是传统农业走向现代化的必由之路。其根在于产品品质，其魂在于市场价值实现。《品牌农业 4》是娄向鹏先生长期研究的心血，具有创新性、指导性。值得学习！

刘仲华
中国工程院院士、教育部茶学重点实验室主任、
湖南农业大学教授

中国是世界茶叶发源地，也是世界茶叶生产大国，但还不是茶叶品牌强国。中国茶叶的科技化、功能化、品牌化和国际化是必由之路。如何以品牌为战略抓手，推动中国茶叶产业的高质量发展？如何用生态和文化，为茶叶品牌寻根塑魂？农业品牌专家娄向鹏先生的最新著作《品牌农业 4》，创建性地给出了路径与方法，为大家提供了很好的借鉴和指引。

唐园结
农业日报社原党委书记、社长

人多地少的国情决定了我国农业生产长期以来以追求产量为目标，农业品牌培育成为落下的一课。娄向鹏的专著《品牌农业 4》可谓恰应其时，从品牌农业的概念到内涵，从怎样认识到如何打造，提出很多独到见解，为大家补上了这一课，很值得一读。

王国发
河北省委农办主任，省农业农村厅党组书记、厅长

农业品牌建设是推动乡村振兴的重要抓手，近年来，国家大力发展农业品牌，以区域公用品牌为主的品牌建设如火如荼，《品牌农业 4》一书应运而生。该书是娄向鹏老师多年思考和实践的成果，提倡寻根塑魂，为农业品牌建设提供了很好的理论参考和路径指南。

谢 晖
云南省委农办主任，省农业农村厅党组书记、厅长

云南高原特色农业是中国农业的价值高地。近年来，在云南省挖掘资源优势、彰显品牌价值，打造世界一流“绿色食品牌”过程中，娄向鹏老师团队做出了积极的努力与贡献。作为资深农业品牌专家，他的新书《品牌农业 4》不仅有思想性、国际性和实践性，更系统地提出了中国农业品牌建设的路径与方法，对于当前中国农产品品牌创建和农业高质量发展，深具指导意义和借鉴价值。

王云龙
山西省粮食和物资储备局党组书记、局长

山西小米区域品牌建设的实践证明，区域品牌建设是农业特色产业发展的重要抓手，必须坚持政府推动，搞好顶层设计，在充分发挥自身特色优势的基础上，学习借鉴农业品牌建设新的理念和经验，形成科学的建设思路和工作机制。娄向鹏先生的专著《品牌农业 4》集理论研究和实践总结之优势，具重要参考价值，帮你开阔眼界、把握关键、少走弯路，有事半功倍之效。

刘 平
农业农村部中国绿色食品发展中心副主任

《品牌农业 4》是福来咨询团队探索农业品牌发展理论与实践集体智慧的结晶，我读后很受启发，书中许多独到的思想与方法值得借鉴，我认为此书是发展农产品地理标志等农业区域公用品牌的指南，愿它在发展农业特色产业中发挥更大的指导作用。

张 国
农业农村部信息中心副主任

大力推进品牌强农战略，遵循品牌发展规律，创新品牌理论，丰富品牌内涵，探索品牌培育模式，铸造农业品牌精神、精英和精品，这是对农业品牌建设发展的时代要求。相信娄向鹏先生的《品牌农业 4》一书定会给你带来新的启发和思考。

赵绪春
山东省寿光市委书记

寿光作为“中国蔬菜之乡”，是冬暖式蔬菜大棚的发祥地，始终秉承“品牌兴农”的产业发展战略。娄向鹏先生的专著《品牌农业 4》，为区域如何塑造品牌，如何运营品牌，如何用好品牌，提供了一套完整可行的解决方案。特别是在当前乡村振兴的大背景下，对如何以产业振兴带动全面振兴，具有很高的研究价值，值得我们深入阅研、全面借鉴。

黄海韬
广西壮族自治区横州市委书记

横县是中国茉莉之乡，“全球 10 朵茉莉花，6 朵来自广西横县”。但如何从量的绝对优势到质的蜕变？娄向鹏老师设计的横县茉莉花品牌战略提出了颇具建设性的方案，找到了茉莉花全产业链新路径，推动了茉莉花“标准化、品牌化、国际化”进程。他的新著《品牌农业 4》具有很强的思想性、指导性和可操作性，值得阅研。

李新红
洛阳市伊川县委书记

品牌农业是农业产业高质量发展的必由之路。伊川拥有 50 万亩富硒土壤，伊川小米是国家地理标志产品，但曾“养在深闺人未识”。娄向鹏先生带领福来咨询团队，为伊川小米“寻根”“塑魂”“点睛”，让我们见证和感受到了品牌农业的力量。品牌农业正在成为伊川乡村振兴蓝图上最美的风景。祝贺娄先生新著《品牌农业 4》出版，相信会对我国农业产业的高质量发展起到良好的指引和推动作用。

鲁芳校
中国果品流通协会会长

中国是世界上最大果品生产国，也是最大果品消费国，果业品牌建设蓬勃发展，硕果累累，已经形成区域公用品牌和企业品牌双轮驱动的良好氛围和格局。娄向鹏先生是品牌专家，长期从事农业品牌战略研究与咨询，他的新著《品牌农业 4》一书理论性、实践性、针对性、可操作性都很强，读来很受启发，书中提出的“战略寻根、品牌塑魂”的独特方法论，对加强果品行业的品牌建设，促进果品产业高质量发展很有帮助，值得认真学习和借鉴。

戴中久
中国蔬菜流通协会会长、全国农产品流通企业扶贫联合体主席

这是中国品牌农业最好的时代，感谢农业品牌专家娄向鹏撰写这本《品牌农业 4》。全书记录了中国品牌农业发展历程中的点滴，总结了中国品牌农业建设的方法论，指导农业生产者向品牌要效益、向品牌要发展、向品牌要战略。

这里有对中国品牌农业最真挚的情怀和最专业的解读。可以说，打开中国品牌农业的大门，从阅读娄向鹏先生的《品牌农业 4》开始。中国品牌农业的经典之作，值得拥有。

王 庆
中国茶叶流通协会会长、全国茶叶标准化技术委员会主任委员

我国是茶叶大国，名茶种类众多，建设具有中国特色的茶叶品牌，实施国茶品牌培育工程，是推动茶产业发展的重要环节。面对高质量发展的新时代背景，我国茶产业结构持续转型升级，经济发展方式将向高质量转变，茶叶品牌也将迎来重要的战略机遇期。希望娄向鹏先生所著的《品牌农业 4》能够成为我国各茶叶主产区和广大茶企的良师益友，以品牌建设助力中国茶产业经济“十四五”时期健康、协调、高质量发展。

黄竞仪
中国优质农产品开发服务协会会长

中国农业与日俱增地从传统农业向现代农业转变，而在这转变过程中，品牌农业自然成了先导。为此，娄向鹏先生做了有益思考和探索，愿大家都能从他的专著《品牌农业 4》中受益。

刘身利
中国农业产业化龙头企业协会会长

品牌是企业竞争力的重要体现。农业品牌建设是助推农业转型升级、提质增效的重要支撑，娄向鹏及其团队根据多年实践探索，精心编写的《品牌农业 4》一书的问世，对推动我国农业品牌建设具有积极的借鉴作用。

何新天
中国畜牧业协会秘书长

品牌是现代农业的标志，是科技文化的载体，是质量安全的名片，是企业诚信的彰显。大力推进农业品牌建设，实施品牌强农战略，是建设现代农业的必由之路。娄向鹏先生有深厚的“三农”情怀，坚持不懈地致力于农业品牌建设事业，为我国农业打造了一个又一个知名品牌，不愧为农业品牌建设的先行者和推动者。《品牌农业 4》一书，是作者理论研究与实践探索的结晶，是一件铸造农业品牌的利器，是一把打开通向现代农业大门的钥匙，为产业兴旺和乡村振兴加油添力、指路导航。

任 智
中国粮食行业协会副会长、秘书长

注重品质，打造品牌，是我国粮农类产业和企业的高质量发展之道。对此，娄向鹏先生的专著《品牌农业 4》，为中国地方政府和粮农企业提供了可行的路径和有效的方法。

孔祥智
中国人民大学教授、博士生导师、中国合作社研究院院长

娄向鹏先生是农业品牌领域的研究者、开拓者和实践者，他的新著《品牌农业 4》系统地提出了中国农产品区域公用品牌和企业（产品）品牌建设的理论体系与实操方法，是农产品品牌建设的“葵花宝典”。无论地方政府官员还是企业经营管理者，都可以照着学、跟着干。一书在手，百事无忧。

朱 岩
清华大学教授、博士生导师、互联网产业研究院院长

品牌农业是现代农业的重要标志，发展农业品牌是新时期我国农业产业化的有效途径。如何立足中国农业，寻求中国品牌农业的建设方法和路径，娄向鹏先生的《品牌农业 4》会带给我们更多的启发和指导。

陆 娟
中国农业大学中国农业品牌研究中心主任、教授、博士生导师

树农业品牌、促乡村振兴！农业品牌建设永远在路上，娄向鹏的《品牌农业 4》一书对中国农业品牌建设的路径与方法有其独特的视角与观点，值得您的关注与了解。

韦斌华
广西壮族自治区农业农村厅市场与信息化处处长

品牌是现代农业的核心标志，更是现代农业产业的核心竞争力，未来 5~10 年，

全球农产品的竞争是品牌的竞争。如何帮助农民把农产品卖好，卖出好价钱，将是今后一个时期，各地党委、政府，特别是农业农村部门重中之重的任务。娄向鹏老师的《品牌农业 4》带领您走向标准化、品质化、差异化、市场化、品牌化之路，让您在茫茫市场中找到竞争制胜的方向，找到产业兴旺、助农增收的有效方法，是乡村振兴的捷径，值得研学。

叶进军
宁夏枸杞产业发展中心主任

深耕农业品牌，打造枸杞产业，造福黎民百姓，助力乡村振兴。相信娄向鹏先生的专著《品牌农业 4》能为更多的区域公用品牌建设和乡村振兴提供方向指引和方法指导。

袁浩宗
青海省玉树藏族自治州委常委、州政府副州长

玉树藏族自治州地处青藏高原腹地，平均海拔 4200 米，黄河、长江、澜沧江发源于此，有“名山之宗、三江之源、中华水塔”之盛誉。玉树藏族自治州作为三江源国家公园核心区，生态保护责任重大，作为三区三州深度贫困地区，经济发展压力巨大。因此，如何践行“绿水青山就是金山银山”的发展理念，探寻一条生态、生产、生活“三生共赢”发展之路，如何以牦牛产业为抓手，开拓一条适合玉树藏族自治州乃至西藏自治区和涉藏地区的畜牧业高质量发展道路，成为玉树藏族自治州生态和经济发展的时代命题。相信娄向鹏老师的新作《品牌农业 4》会为其提供清晰的发展思路和明确的操作路径。

李振品
来宾市委常委、忻城县委书记

忻城是“珍珠糯玉米之乡”“金银花之乡”，国家地表水质量排名第一，属典型的喀斯特地貌，山水秀美，九分石头一分土。做大做强做精产业发展是忻城实现脱贫根本之策，也是巩固脱贫攻坚成效最直接、最有效的办法。新时代的大石山区如何实现产业兴旺？娄向鹏老师团队为我县特色产业高质量发展，实现脱贫攻坚与乡村振兴有效衔接找到了战略抓手。其专著《品牌农业 4》集创新理论和实践经验于一体，值得案头常备，随时参考。

王兆宪
黑龙江省齐齐哈尔市委常委、龙江县委书记

龙江县是农业大县、玉米大县、畜牧养殖大县，多年来一直探索转变农业发展方式、加快农民致富增收步伐。娄向鹏老师的《品牌农业》《大特产》给了我们诸多有益启示，“龙江大米”“龙江小米”等老品牌重新焕发生机，“龙江华牛”“龙江沙棘木耳”等新品牌不断叫响全国。值此我国加快推进现代农业的关键时期，娄向鹏老师的“品牌农业”系列著作思考深邃、观点新颖、方法务实，值得农业地区的领导研读。

洪国正
云南西双版纳州人大常委会副主任、勐海县委书记

勐海是“西双版纳春城”“中国普洱茶第一县”，面积、产量、产值、税收、驰名商标拥有量等均为全国县级第一，“勐海普洱茶”品牌价值达 669 亿元。娄向鹏先生是品牌农业领域著名的研究者、实践者，其新著《品牌农业 4》，

为勐海品牌体系建设和“勐海茶”“勐海味”不断立根树魂、增强穿透力和影响力提供了全新路径和方法，值得期待和学习实践！

邱 枫
内蒙古自治区兴安盟农牧局党组书记、局长

品牌是产业的生命，福来咨询是农产品品牌策划的先驱，“兴安盟大米”品牌策划和建设的成功得益于娄向鹏先生带领下的福来咨询团队对农产品品牌的深刻理解，使我们在较短时间内取得了重大成果，相信娄向鹏先生的专著《品牌农业 4》，能推动更多的农产品区域公用品牌建设取得新成就。

李 鹏
甘肃省天祝藏族自治县委书记

和娄向鹏老师结缘于农业品牌研究。近十年来，他的品牌农业理论研究守正创新，年年都有丰硕成果，让我们在实践中受益匪浅，也推动着品牌农业逐渐走向成熟，造福广大群众。新书传递新思想、推出新理论、构造新模式，值得阅读学习，助力乡村振兴。

高为淼
江苏省盱眙县委副书记

娄向鹏先生是品牌农业策划“第一人”，对盱眙龙虾品牌的打造助益良多。由娄先生撰述的《品牌农业 4》，是恰如其人、恰如其言。

李唐明
广西壮族自治区容县人民政府县长

广西容县是中国沙田柚之乡。娄向鹏老师和福来咨询团队以品牌为媒，讲好了这颗“柚中之王”的故事，让容县沙田柚的牌子叫得更响、走向了全球。《品牌农业 4》所提供的方法与案例，对进一步推进产业兴旺、助力乡村振兴极具借鉴价值，值得用心研读。

陈绍鹏
联想佳沃集团董事长兼总裁

如何让特色农产品行销全国并有机会走向世界，成为经久不衰的品牌经典？如何防止劣币驱逐良币现象在农业领域不断上演？多年耕耘品牌农业的娄向鹏先生的《品牌农业 4》值得向大家郑重推荐！

于旭波
中粮集团原总裁、中国通用技术集团董事长

中国正处于从传统农业到现代农业、从农业大国到农业强国、从产品营销到品牌营销转型与升级的关键历史阶段，这是千载难逢的战略机遇。《品牌农业 4》的出版恰逢其时，为我们厘清思路、指明方向，并提供了切实可行的操作方法，值得好好阅读。

梅永红
碧桂园农业总裁、华大农业集团董事长

我以为，品牌农业，这是关乎中国农业未来的重大命题。从卖产品到卖品牌，这不只是一个从产品到服务的简单转型，而是农业结构及其商业文化的重构，是对传统农业范式一次脱胎换骨的变革。我对福来咨询团队所做的事业及《品牌农业 4》的出版充满期待。

孙耀志
仲景宛西制药股份有限公司创始人、仲景食品股份有限公司董事长

民以食为天，食以安为先。品牌是文化，品牌是诚信。品牌农业，是中国现代农业和农业产业化发展的必然，也是未来中国产业经济的热点和亮点。《品牌农业 4》一书，无疑为我们打开了通往未来的智慧之门。

石聚彬
全国人大代表、好想你枣业股份有限公司董事长

在中国经济升级和品牌崛起的过程中，现代农业是机会最多、潜力最大的产业。好想你以自己的实践证明，任何一个小产品，只要坚持不懈，用心经营，都可能创造大品牌，赢得大未来。愿娄向鹏先生和他的专著《品牌农业 4》，能为更多的农业企业打开未来之门。

余惠勇
深圳百果园实业发展有限公司董事长

品牌农业，是中国从农业大国迈向农业强国的必由之路。然而品牌建设是一项系统工程，由于农业及农产品的特殊性，其品牌创建尤其不易，也正因此，从全球范围来看，农产品品牌弥足珍贵，一旦建立，将价值连城，经久不衰！创建品牌，是每一个从事农业事业者的梦想！娄向鹏老师长期聚焦于农业品牌研究和建设，独创了具有中国特色的农业品牌建设的方法论；《品牌农业 4》是农业品牌建设方法论之集大成者，是中国农业品牌建设的“宝典”，是立志农业事业者的福音！

乔志伟
京东集团京东农场总经理

优质农产品短缺和大量农产品滞销的矛盾，既需要在种植端做优品的定力，也需要在市场端打造品牌的路径和方法。娄向鹏老师的专著《品牌农业 4》可以给你一些启示：品质是品牌的基础，品牌是长期发展的动力。

张文学
云天化集团党委书记、董事长

以工业化思维发展中国农业，将成为新时代促进双循环的重要抓手。娄向鹏先生具有深厚的理论造诣和丰富的实践经验，成功打造了众多具有影响力的农业品牌。《品牌农业 4》立足中国农业未来的发展愿景，把多年积累的经验系统、全面地进行整合、分享，相信将给从业者诸多启发。

丹志民
五得利面粉集团董事长

品牌具有强大的发展力量，作为一个拥有 14 亿人口的泱泱大国，农业永远是国之根本，但如何从满足老百姓基本需求向满足其多样化需求转变，如何从传统农业向现代农业转变，如何从产品经营向品牌经营转变，这些都值得我们认真思考、仔细研究。娄向鹏老师的《品牌农业 4》正是对这些思考的系统梳理和重要提炼，对如何用品牌驱动农业产业高质量发展具有很好的借鉴价值和指导意义。

李 忠
对虾第一股、湛江国联水产开发股份有限公司董事长

中国农业的现代化与品牌化是大势所趋，中国厨房餐桌市场的消费升级和品牌革命正在进行。传统农林牧副渔产业步入千载难逢的历史阶段，蕴含着创建伟大品牌的战略机遇。《品牌农业 4》正是一本帮助有理想的农业企业家打造品牌的战略工具，让我们一起改变中国农业的现在与未来！

石耀武
山西沁州黄小米（集团）董事长

我与娄向鹏先生合作共事十余年，受益匪浅。《品牌农业 4》是他多年来专注执着地研究农业品牌建设的思想积淀，具有较高的理论水平和较强的实战指导意义，是我们从事农业产业和农业企业工作者非常值得一读的好书！

万 征
新业集团党委书记、董事长

《品牌农业 4》作为福来咨询团队智慧与实践的凝练，对中国现代农业产业化、品牌化的阐述精辟而深刻，为我们根植新疆这方丰沃净土，打造优势品牌，引领和推动新疆现代农业的发展带来深刻的启迪与影响。

尹雪斌
中国科技大学功能农业重点实验室主任、
国家功能农业科技创新联盟理事长

在中国领创的功能农业新领域，期待娄向鹏老师和福来咨询团队用《品牌农业 4》中的“中国智慧”，助力实现享誉世界功能农业国家品牌“零”的突破！

郅书安
洛阳农发投资集团党委书记、董事长

洛阳是中国十三朝古都，黄河文明和河洛文化的中心地带，更是华夏农耕文明的发祥地之一。感谢娄向鹏老师团队为洛阳市农产品区域公用品牌规划的顶层设计方案，我们按图索骥，定会助推洛阳乡村振兴、品牌扶贫和农业高质量发展。他的新书《品牌农业 4》不仅有理论、有方法、有实践，而且以全球视野解读中国品牌农业建设，极具启发性和指导性，值得细细研读！

乔百君
中信农业产业基金管理有限公司董事总经理、投委会主席

农产品或农业服务的品牌化是个充满挑战的历程，但并非无迹可循，需要系统的理论指引及行动指南，需要更多的企业家精神、战略定力、农业情怀，要“有根有魂”。娄向鹏先生在“三部曲”基础上，又推出《品牌农业 4》，相信一定会对中国农业品牌化发展带来更大助力。自结识娄君以来，我深深感受到，他一直是品牌农业领域高屋建瓴的思想者，充满激情的传道者，言行合一的实践者。这本教科书般的手册，应该成为每个关注中国品牌农业的有心人的案头书，要一读再读。

郝向峰
全国劳动模范、百瑞源枸杞股份有限公司董事长

中国要强，农业必须强；农业要强，品牌必须强。中国农业已进入品牌农业新时代。多年来，娄向鹏先生及团队聚焦农业，深耕农业，并致力于品牌农业的研究和实战，相信《品牌农业 4》的面世，将加快中国农业品牌化进程，助推中国农业高质量发展。

王文礼
国家级非物质文化遗产铁观音项目传承人、八马茶业股份有限公司董事长

品牌是茶叶产业高质量发展的战略抓手。作为世界茶叶发源地，中国茶叶品牌建设正进入如火如荼的新时代，但也存在不少弯路和误区。娄向鹏先生是中国农业品牌领域的知名专家，他的专著《品牌农业 4》对如何找到品牌的“根

和魂”有独到见解，相信会让茶叶企业从中受益。

陈泽民
三全集团董事长、全国工商联农业产业商会荣誉会长

中国是农业大国，但不是农业强国，振兴中国农业，需要正确的思想指引和方法指导。娄向鹏先生的专著《品牌农业 4》，是目前国内第一本从市场、消费、品牌、营销角度研究中国农业的书，相信对行业发展大有裨益。

张清苗
福建安井食品股份有限公司董事总经理、
江南大学食品学院董事

我对娄向鹏先生的新书《品牌农业 4》非常感兴趣。娄先生深耕品牌营销领域多年，是营销策划界新一代领军人物。娄先生提出的“老大战略”与安井营销理念不谋而合，我很欣赏他关于“中国厨房餐桌食品品牌革命到来”的论断。相信这次的新书会提出更多创新性的品牌营销思想和方法论，带给行业更多深刻的思考。

贾合义
西安爱菊粮油工业集团有限公司董事长

农业一直是我国党和政府关注的头等大事之一。如何推动农业的品牌化，如何实现农业的可持续发展，这需要政府、农民、企业共同探索。娄向鹏先生的专著《品牌农业 4》值得阅读，愿大家都能从中得到启迪。

刘兴旭
中国心连心化肥有限公司董事会主席兼首席执行官

品牌农业是我们国家农业发展的方向。改革开放四十多年，各行各业都出了不少品牌，但农业品牌屈指可数。作为多年研究农业品牌的专家，娄向鹏先生倾其全力为国家的品牌农业呕心沥血，难能可贵。全国品牌农业创建的过程，必将是我国告别小农经济、走向现代农业的过程，相信《品牌农业 4》会成为宝贵的思想指引和行动指南，让我们共同努力。

崔继平
全国五一劳动奖章获得者、内蒙古兰格格乳业有限公司董事长

娄向鹏老师是兰格格的“贵人”，为兰格格挖掘“草原酸奶”的根与魂，在乳业一片红海中开创新蓝海，并推动与乌兰察布市政府成功打造“中国草原酸奶之都”，让企业发展有了坚实的“根”。宽度一公分，深度十公里，做一家小而美、小而强、小而久的伟大企业。这就是兰格格的发展哲学。真诚推荐，希望更多企业在娄老师《品牌农业 4》的指引下，找到自己的“根与魂”。

苑振庭
新疆果业集团有限公司董事长

新疆是优质特色果业大区，新疆果业集团承担着引领新疆果业产业化、现代化、品牌化高质量发展的战略使命。娄向鹏先生及福来咨询团队给我们提供了很有帮助的战略品牌咨询服务，他们的智慧都在新著《品牌农业 4》里了，认真研读，相信大家都能找到属于自己的路径和方法。

赵 军
神州买卖提电子商务有限公司董事长

未来 20 年，世界看中国，中国看农业，农业看品牌。娄向鹏先生新著《品牌农业 4》是福来咨询多年品牌咨询服务的又一次凝练与升华。书中既有系统深入的理论研究，展示农业品牌的世界观；又有接地气的成功实践案例剖析，提供系列切实有效的方法论。这是一本“农业品牌服务说明书”式的行动指南。值得一读，更值得深读！

宝蒙权
吉林省松原粮食集团有限公司董事长

《品牌农业 4》这本巨著的诞生，是中国农业领域中的一件喜事！当前，关注农业、关注粮食的人很多，但是真正从理论、实操、时代、文化等多个维度践行农业的人很少，因为需要大量的人力、物力、财力、精力的投入。娄向鹏先生和他的团队做到了，而且做得有深度、有前瞻性、可操作，必将对正在蓬勃发展的新时代农业产生深远的影响和积极的促进作用。

韦清文
南方黑芝麻集团股份有限公司董事长

品牌需要农业，农业需要品牌。农业可以成就品牌，这也是南方黑芝麻品牌的经验总结。农业有无数的品类，每一品类都有生长若干品牌的机会。《品牌农业 4》作为福来咨询和娄向鹏先生专注现代农业领域的研究硕果，将为你开创品类、树立品牌带来足够的视野和无限的启迪。

杨文莲
全国劳动模范、湘村高科农业股份有限公司董事长

打造中国特色黑猪品牌是湘村股份的经营使命。作为最可靠的长期战略合作伙伴，福来咨询团队为湘村黑猪战略品牌营销进行系统顶层设计，使我们不走弯路、错路，共同推动和引领中国黑猪产业的科技化、标准化和品牌化。娄向鹏先生和福来咨询团队的大作《品牌农业 4》是一本不可多得的好书，高瞻远瞩，战略与战术并重，理论与操作兼备，用心阅读，必有大益。

周志懿
新华社《中国名牌》杂志社总编辑

从娄向鹏先生与他打造的福来咨询团队的身上，我看到了作为品牌专业人士的情怀与专业精神。这本书就是娄先生和他的团队专业精神的生动反映。这是一本关于品牌方法论的大作，不只是为农业品牌建设提供了理论支撑和实操指导，更是所有品牌相关人士的专业指南。

杜建明
《糖烟酒周刊》创始人、
华糖云商营销传播股份有限公司总经理

厨房餐桌商机无限，品牌农业大有可为！娄向鹏先生是业内率先对大农业进行关注并潜心研究的专家。10 多年的厚积薄发，使这本书既有理论高度，又有实践指导意义，非常值得学习和借鉴。

吴 为
中国国家品牌网总裁

2020 年是中国全面脱贫的历史年份，在脱贫攻坚中产业扶贫贡献巨大，娄向鹏先生的“品牌农业”系列对产业品牌化洞见深邃，兼具理论性和实践性，也必将在新时代助力品牌强农、乡村振兴以及农业品牌走向世界做出更大贡献。

张桂贵
人民网强国论坛部主编

多、小、散、弱一直是我国传统农业产业的顽疾。进入新时代，农业品牌化正在成为大国农业高质量发展的核心动能，产品品牌、企业品牌、区域公用品牌也正成为构建华夏农业的价值资产。娄向鹏老师基于其多年实践和深度思考创作著作而成的《品牌农业 4》，解剖案例深入浅出、分析定位直达要义，为有志于研究提升农业品牌的人士提供了一本实用宝典。

赵 楠
快手三农运营总监

融媒体平台将助力农业品牌化的快速崛起，私域流量时代的到来，使更多小而美的区域品牌农产品通过更加简单快捷的方式由新农人自己带入千家万户，消费者也同样将享受到以个人信誉为保障的优质品牌农产品，在“短视频 + 直播带货”加持下产生的农业品牌新业态正在形成燎原之势，而地方政府及农业企业要如何借势，娄向鹏老师的《品牌农业 4》给出了全部答案。

【附 录】

神农岛：中国品牌农业高端智库平台

神农岛，中国大农业产业和品牌农业高端智库平台，党政领导和农业企业家的决策内参，农业产业链和农业从业者的交流、学习与合作平台。由福来战略品牌咨询机构和中国人民大学品牌农业课题组发起创办。

神农岛智库平台由“神农岛公众号”“神农论坛”“神农合作组织”“神农公益大课堂”“神农研习社”五部分构成。

神农岛公众号——中国品牌农业高端新媒体

中国品牌农业高端新媒体，党政领导和农业企业家的决策内参，每天上午和你分享，中外大农业产业、品牌农业、区域经济、乡村振兴（产业兴旺）思想、政策、方法和案例，目前已覆盖今日头条、百度、腾讯、凤凰网、网易、新浪、搜狐等传播平台。

神农岛陆续推出了《农产品区域公用品牌的三大纪律八项注意》《农产品区域公用品牌必须实名制》《农业品牌建设的中国道路和中国方法》《农产品品牌建设的十大关系》《恒大投资农业的硬气和硬伤》《娃哈哈：最成功的商业逻辑为何失灵了？》等重磅原创文章。

神农论坛——品牌农业领域的“达沃斯论坛”

“中国品牌农业神农论坛”由中国人民大学中国合作社研究院、中国人民大学农村发展研究所、京东农场、福来战略品牌咨询机构联合发起，联合多家国家级智库、行业协会（组织）、龙头企业、商业平台、媒体、科研机构等创立。

论坛为非营利性组织，为政府、协会、企业、媒体及专家学者等提供一个共商农产品品牌创建、农业产业化、区域品牌经济发展相关课题的高层对话、资源整合与合作平台，打造中国品牌农业领域的“达沃斯论坛”。向中华民族的人文初祖和农业大帝神农氏致敬。

2019 年 5 月 30 日（农历 4 月 26 日，神农氏诞辰日），首届中国品牌农业神农论坛在中国人民大学逸夫会堂成功举行，并发布《神农论坛北京宣言》。

第十二届全国政协副主席
齐续春

原农业部常务副部长
尹成杰

中国人民大学副校长
朱信凯

福来战略品牌咨询机构董事长
娄向鹏

2020 年 11 月 16 日，第二届神农论坛在京东集团总部召开，隆重发布《从地理标志产品到心里标志品牌的七项修炼》。

神农合作组织——为农业产业（企业）和区域经济赋能

神农合作组织是神农论坛的服务平台，联合产业研究、产业规划、协会组织、科技（研发、溯源、检测）、战略品牌咨询、创意设计、渠道网络、媒体制作与传播、资本（金融）、培训游学等优秀农业社会化服务机构，为地方政府和龙头企业提供一站式、高质量、高效率的系统顶层设计与服务。

在全国遴选，重点培育具有强势竞争力的代表区域和国家名片的 100 个农产品区域公用品牌与农业企业（产品）品牌，协助打造产业集群，为企业和区域经济赋能，推动企业和区域经济高质量发展。

首届神农论坛为 28 家发起成员组织授牌

神农公益大课堂——政府的品牌农业必修课

神农公益大课堂是“神农论坛”的延续，由中国人民大学品牌农业课题组组长、福来战略品牌咨询机构创始人、品牌农业首席专家娄向鹏领衔。由地方政府、龙头企业或专业公司申请，与神农论坛战略合作，整合全国与全球专家资源，走进各省、市、县，开展专题调研、研讨、诊断和讲座等，为产业寻根，为品牌塑魂，让地方政府和企业，在农产品区域品牌创建中不走弯路！提升区域品牌影响力和竞争力，推动地方特色产业和区域品牌经济高质量发展。

截至 2020 年 6 月，神农公益大课堂已经走进农业农村部管理干部学院、河北农业农村厅、广西农业农村厅、江苏农业农村厅、云南农业农村厅、陕西农业农村厅、宁夏农业农村厅、内蒙古农牧厅、河南洛阳、山东寿光、内蒙古兴安盟、甘肃武威、广西横县、江苏盱眙、青海玉树、广西容县等地。

江苏 · 盱眙龙虾　广西 · 横县茉莉花　山东 · 寿光蔬菜
河北 · 农业厅　广西 · 容县沙田柚　中国 · 农业农村部

神农研习社——带你建立品牌农业世界观

世界那么大，跟着神农走天下。

神农研习社是神农岛智库发起的深度学习平台，为政府及企业管理者全球定制精品游学行程及课程。独立小班，导师带队，亲临国内外特色农业产业和领先农企，还原真实的产业现状与发展历程，总结成功背后的思想、方法与路径。站在未来看现在，站在世界看自己，重塑品牌农业事业观与世界观，找到事业（产业）的根与魂，不走弯路、错路，开创更美好的未来。

2019 年 11 月 1 日至 10 日，本书作者娄向鹏带队的神农研习社欧洲游学活动圆满结束，研习社走进德国、瑞士和法国，深度走访了雀巢总部、依云总部、艾蒙塔尔奶酪工厂、普莱纳啤酒、慕尼黑谷物市场、奔驰博物馆、Cailler 巧克力、宝尚酒庄等 11 个经典项目。

|用|品|牌|改|变|农|业|

神农岛智库

福来官方微信

山社稷为重”的谏言。“社稷”一词，“社”为土神，“稷”为谷神，这就是中国人最早的国家基本概念和底层逻辑。所以，中国的农业一定是文化的农业。

《黄帝内经》里说“五谷为养，五果为助，五畜为益，五菜为充，气味合而服之，以补精益气。”这是中国膳食与养生一体的文化发端；在《敕勒歌》中有“天苍苍，野茫茫，风吹草低见牛羊”的内蒙古牛羊；在曹操的诗句中有“何以解忧，唯有杜康”的杜康酒；在新疆的民歌里有《吐鲁番的葡萄熟了》；在鲁迅《在仙台》中有系着红绳的胶州白菜。中国作为以农耕文化为根基的古老国度，无论是农产品区域公用品牌还是农产品企业品牌，都不缺乏文化和故事，只是缺少发现文化和故事的心灵与眼睛。

“心智公共资产”就是农业品牌的最大文化原力

对这些自古以来被大众熟识的“心智公共资产”进行嫁接和抢占，就是为我们的品牌和产品注入文化的原力。如果在创意中，我们应用的文化、故事、图形、词语、道理都是顾客熟知的，与顾客相关且观念相一致的，那我们不就和顾客达成共识了吗？所以，这种“心智公共资产”给予品牌的文化原力，一定胜过所有创意人的脑力，也一定胜过所谓的标新立异。

从我们的长期实践来看，用发掘、抢占“心智公共资产”的方法做创意，可以让你的广告宣传“一触入心，感同身受，借用原力，高度共鸣”。按孔子的教诲，勇于放下自己标新立异的胜心，而敢于用品牌去嫁接、传承心智公共资产的品牌创意，就是创意上的“从善如流”，只要是好的，就是我的，就应为我所用。

位于河南洛阳的伊川是获得“国家地理标志产品”的小米产区中地理位置最靠南的，同时伊川还是“华夏第一相”“华夏厨圣”伊尹的家乡，更重要的是，据《吕氏春秋》记载，伊尹曾盛赞伊川小米。基于这些文化心智资产，我们抢占“厨圣”这个文化原型和“心智公共资产”，将“厨圣”变为伊川小米的私有品牌资

产，创作“伊川小米——厨圣点赞的千年名粟”的品牌口令，在让“厨圣伊尹”为伊川小米“打工代言”的同时，又借助“一代名宿”中的“名宿”这一公共词语，塑造伊川小米的“大咖”形象。

让品牌充分嫁接“心智公共资产”的六个维度

“心智公共资产”有“上下五千年”的历史积淀，它林林总总、包罗万象、浩如烟海；它“取之不尽，用之不竭”。怎么用品牌嫁接“心智公共资产”呢？首先，福来咨询“六角星”创意模型将嫁接“心智公共资产”分为六个出发点和六个嫁接维度，组成福来咨询创意的三十六计。为了言简意赅和便于理解，这里只讲蕴含“心智公共资产”的六个维度。

1. 词句诗歌：大众熟悉的词语、短句、诗词、歌曲等

《茉莉花》是中国“第二国歌”，是代表中国文化的世界级公共资产，2008 年奥运会颁奖仪式的背景音乐就是它。福来咨询为横县茉

福来六角星创意模型

莉花区域公用品牌创作的品牌口令，就嫁接抢占了《茉莉花》这首歌曲中最有传唱度的一句——“好一朵美丽的茉莉花”，将这句大众最熟悉的歌词改造成横县茉莉花的私有品牌资产和超级品牌口令——“好一朵横县茉莉花”，让你不管是听到还是看到，都会念念不忘，还会去传唱，实现一句顶一万句的传播效应。

2. 熟人熟物：被大众熟悉的人物、职务、动植物、物品等

四川出产的张飞牛肉，品牌命名传承蜀地的三国文化，抢占“张飞”这一脍炙人口的公共资产。

红牛饮料的品牌名称“红牛”，就是抢占红牛这一熟悉的动物，并且“红”有激情、活力的寓意，符合红牛作为功能性饮料的品类属性。

3. 经验常识：大众共有的经验和思想观念

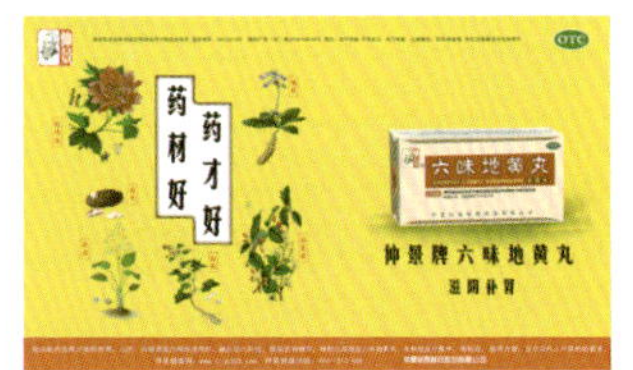

仲景牌六味地黄丸的“药材好，药才好”的品牌口令，嫁接了大众对中药“七分原料，三分炮制”的经验常识，一句口令让顾客心悦诚服。

4. 竞争对标：占领和借助消费品类中的老大，实现竞争对标

青花郎品牌口令“青花郎，中国两大酱香白酒之一”，巧借酱香品类酒老大茅台，争做品类老二。

壹号土猪就是通过品牌命名，抢占土猪品类领先者的品类竞争资产。

5. 功能隐忧：人所共有的物质需求与问题

福来咨询策划心连心聚能网复合肥时，打造“能量聚到根，吸收更充分”的超级信任状，一句话让农户对化肥养分流失的消费隐忧迎刃而解。

德清源安全鸡蛋，通过品类名称的价值化，巧妙地嫁接和解决了消费者对鸡蛋不安全、不健康的消费隐忧。

6. 情感寄托：人所共有的情感关系和归属

“湘村的猪，儿时的味”是我们为湘村黑猪打造的品牌口令，一句话就让肉

香既上舌头，又上心头。

洋河蓝色经典——“男人的情怀”的品牌口令就是对男人“内心情愫”这个公共资产的抢占。

让品牌与“心智公共资产”融为一体的五种方法

“心智公共资产”如何嫁接六个维度，为品牌所用呢？这就需要懂得用品牌嫁接这些公共资产的法门，我们称之为“嫁接五法”。

1. 同词嫁接法：用品牌和产品的核心词语嫁接六大维度中有相同词语的“心智公共资产”

“横县茉莉花”的品类词语“茉莉花”，与“第二国歌”《茉莉花》中的名句——“好一朵美丽的茉莉花”，都有同样的词语“茉莉花”，经过创作微调，“好一朵横县茉莉花”的品牌口令就出炉了。用“心智公共资产”做创意，就要充分地心中无我，心中全是“心智公共资产”，这样在宣传上才会有满满的文化原力。

2. 同意嫁接法：用品牌及产品的主要价值和意义，嫁接六大维度中有相同意义的“心智公共资产”

史丹利化肥产品中加入了“腐植酸”，肥料颗粒都变成了黑色，肥效也比原来更具威力。我们为其创作的品牌口令是“史丹利——小黑粒，大威力”。广告如何创意呢？我们找到了全球动漫和电影当中的大 IP——“金刚”。“金刚”是一头体型巨大、富有威力的黑猩猩，与我们的品牌口令具有同样“黑色、大威力”

的意义和内涵。我们就用“金刚”这一全球超级“心智公共资产”，为史丹利创作了品牌图腾，用全球 IP 释放品牌大威力。

3．同音嫁接法：用品牌和产品的关键字，嫁接六大维度中同音的“心智公共资产”

我们将新疆新业集团旗下的于田玫瑰花项目的品牌命名为“瑰觅”，就是通过“瑰觅”与“闺密”的同音嫁接来的，让“瑰觅”玫瑰花成为每一个女生的“闺密”。

4．同脉嫁接法：在品牌和产品中寻找共同产地与共同文化脉络的“心智公共资产”

仲景宛西制药的“仲景”品牌就是应用同脉嫁接方法中的典范。张仲景是名垂青史的“医圣”，是南阳人，而宛西制药也是南阳的企业，所以，这家中成药企业与张仲景在中医药发展史上属于同脉，在地域上属于同乡，这才是品牌与企业“双”脉相连的好名字。

5．同形嫁接法：这一方法主要用于品牌的视觉创意，是用品牌和产品富有的外形特点与六大维度中有同样形状的“心智公共资产”嫁接

我们为容县沙田柚创作的品牌 LOGO——“容”字标，就是用容字中的“口”字部分与柚子的轮廓进行的同形嫁接。

品牌命名：先有名至实归，后有实至名归

品牌：名在，市场就在，发展才在

1927 年“Coca-Cola”刚刚进入中国时，它的中文译名是“蝌蚪啃蜡”，国人读起来非常拗口，名字的含义也让人一头雾水，独特的口味和古怪晦涩的名字导致产品销量持续低迷。

直到 20 世纪 30 年代，负责拓展全球业务的可口可乐出口公司在英国登报，以 350 英镑的奖金征集中文译名。旅英学者蒋彝从《泰晤士报》得知消息，以译名“可口可乐”应征，被评委一眼看中。

“可口可乐”是广告界公认的最好的品牌中文译名——它不仅与英文的音节一致，而且体现了品牌核心概念“美味与快乐”；更重要的是，它简单明了，朗朗上口，易于传播。

德国哲学家海德格尔说：“唯有词语才让一切物，作为它所是的物显现出来，并因此让它在场。”意思是：“词语在，你周围的事物才在。”假如“马”这个词语在地球上消失了，那你拿什么向别人描述马这种动物呢？所以，当“马”这个词语消失了，马这种动物也就在人类的思想意识中消失了。同样，当一个品牌名称在消费者心智中消失了，你的企业就在人类的精神世界中消失了，这就是“词语在，你周围的事物才在”的道理。

品牌名称就是为品牌创作专属词语，专属词语的优劣直接关系到一家企业发展的好与坏。

品牌命名，不仅是品牌的叫法，更是品牌的活法

从可口可乐的案例中我们可以看出，为品牌创意名称可不是写两个字、起个

名字这么简单。福来咨询把为品牌创意名字叫作“品牌命名”。为什么这么叫呢？

福来咨询认为：品牌命名，不仅是品牌的叫法，更是品牌的活法。为品牌命名就是借助“心智公共资产”，让品牌一开始就能叫得响、记得清；同时，命名也是第一次用品牌灵魂为品牌赋予意义，是品牌对受众的第一次心灵感召和价值呼唤。

一个差的品牌名称未必会让一家企业消亡，但一定会影响一家企业成就伟大。无论是为品牌命名还是给人起名字，都是为品牌和人注入意义。我们经常会说“名正言顺”和“师出无名”，可见如果名不对，无论说话还是做事，都会不顺利、会出问题。这就是名字的威力。

中国红枣领导企业——“好想你”，大家都很熟悉，事实上，这家企业原来的名字是河南新郑奥星实业，后来通过品牌命名对自己的品牌专有词语进行战略升级。“好想你”是一句大家津津乐道的问候语，是地地道道的“心智公共资产”，同时“好想你”表达了一个品牌以客户和消费者为最终目的的价值观念和社会意义。“好想你”的董事长石聚彬先生的口头禅就是“好想你啊”，一句“好想你”，真是“关系”“业绩”都给你呀。

我们反复强调，农产品区域公用品牌必须实名制，因为区域名称就是最大的公共资产和传播价值（详见本书第七章）。

用“心智公共资产”为你的品牌命名

怎样为品牌命名呢？这就需要用品牌名称嫁接公共资产，从六个维度来思考。

1. 词句诗歌

搜索引擎“百度”，就是源于辛弃疾的词《青玉案·元夕》中的名句“众里寻他千百度……”。

桃李面包的品牌命名，就是嫁接了“桃李满天下”的成语，让一个品牌天生就有知名度。

“番茄的理想”是福来咨询为一款番茄汁创作的品牌名称，就是对“番茄”和“理想”两个熟词的抢占，传达企业“用番茄的理想，做最理想的番茄”的价值观。在东航的飞机上，你可以亲自品味。

2. 熟人熟物

全球食品巨头雀巢的品牌命名，就是对“鸟窝”这一自然事物的嫁接。

粮油品牌“金龙鱼”，就是对金龙鱼这个鱼类名称的创意嫁接。

3. 经验常识

生鲜电商“本来生活”的品牌命名，嫁接了“事物本来的味道和品质是最好的”这一大众心智中的经验常识。

“果之初”是福来咨询为新疆新业集团旗下的和田核桃产业创作的品牌名称，它嫁接的是大众认为本味更好的经验常识。

4. 竞争对标

“一号店”就是对电商品类老大地位的抢占。

“极草” 就是对虫草品类老大地位的抢占。

5. 功能隐忧

长寿花玉米胚芽油的品牌名称嫁接了“吃好油，更长寿”的功能主张。

福来咨询为宁夏枸杞产业的领先品牌“百瑞源”创作了“锁鲜”这一技术品牌的命名，“锁鲜”就是对枸杞更“鲜”、更有活性的功能传达与抢占。

6. 情感寄托

“思念”水饺的品牌命名嫁接了佳节团圆吃饺子、思亲的情感体验。

“华为”，中华有所作为，是对爱国的情感嫁接。

我们对“湘村黑猪”的品牌命名，是对大众心里那一份乡土乡情的抢占。

品牌口令：一句话令客户心动和行动

品牌口令，一开始就让你的品牌资产升值

“天苍苍，野茫茫，风吹草低见牛羊。”这是一句大家耳熟能详的诗歌。当我们想到草原，心中就会自然浮现这句诗歌。这句诗是描写大草原的第一“写照”，有文字的美、生态的美、物产的美。这句诗的无形资产有多高？5个亿？10个亿？价值连城。

“天苍苍，野茫茫，兴安盟牛肉格外香”是我们为兴安盟牛肉区域公用品牌创作的品牌口令。当我们把“天苍苍，野茫茫，风吹草低现牛羊”这句心智最强草原诗歌与兴安盟牛肉“嫁接”，一上来就让兴安盟牛肉站在了“巨人”的肩上，为兴安盟牛肉赋予了文化的巨大原力，品牌资产坐地飞升。

福来咨询认为：品牌口令，是基于条件反射原理向受众发出的消费行动指令或价值观念指令，是以品牌为主语、以品牌灵魂为消费行为牵引、以心智公共资产为最佳载体的品牌核心话语。

品牌口令就是对顾客“说梅止渴”

我们都很熟悉曹操“望梅止渴”的典故。曹操通过让将士们望梅，实现了让大家止渴的目的。将士们并没有吃到梅子，为什么就满口生津止渴了呢？这就是心理学家巴普洛夫为我们揭示的条件反射原理。吃过梅子的人，体验过梅子的酸爽，对梅子的味道和酸爽口味形成了记忆。这之后，你再遇到梅子，哪怕只是一张图片、一句话，也会对梅子的刺激做出反应，分泌唾液。

基于条件反射原理，品牌口令就是通过话语让顾客产生条件反射，“说梅止渴”中的“说梅”就是品牌名称，“止渴”就是一个品牌给予消费者的好处。举个例子，区域公用品牌盱眙龙虾，本来与网络热词“白富美”是没有关系的，当我们为盱眙龙虾创作“盱眙龙虾——小龙虾里的白富美”这个品牌口令，经过一定时间的传播后，受众就会对盱眙龙虾形成“白富美”的条件反射，产生认同和消费冲动。

品牌口令不是让顾客听我们的命令，而是让顾客听到品牌口令，产生话语上的条件反射，这个条件反射会对顾客发出“命令”，刺激消费行为的产生。

下面我们通过“六角星”创意模型，谈谈品牌口令如何嫁接公共资产。

1. 词句诗歌

我们的客户西林沙糖桔，有上市早、甜度高的特点，还是西林乡亲们脱贫的民生果，所以我们就在口令的创意上为西林沙糖桔抢占了范仲淹《岳阳楼记》中的“先天下之忧而忧”的名句，以此创作品牌口令：西林沙糖桔，先天下之甜而甜！用千古名句，把西林沙糖桔上市早、甜度高的特性准确生动地传达出来了。

2. 熟人熟物

在容县沙田柚的策划中，我们发掘了乾隆皇帝为容县沙田柚赐名这一史实，创作了“容县沙田柚，乾隆爷的沙田柚”，用乾隆皇帝为容县沙田柚“代言”。

3. 经验常识

农民购买化肥有两个常识：其一，外国的肥料好；其二，用的人多的肥料更可靠。基于对农民消费经验常识的洞察，我们为史丹利创作了——“史丹利化肥，世界农民都在用”的品牌口令，用世界农民带动中国农民。

福来咨询创作的“仲景香菇酱，真香真营养”的品牌口令，就是基于消费者对香菇“香”和“营养”的经验常识创作出来的。它可以让消费者在听到或看到它时立刻对仲景香菇酱形成价值共识。

4. 品类竞争

在大米品类中，东北大米是绝对的老大，而兴安盟位于东北上游，兴安盟大米——“东北上游，净产好米”的品牌口令就是我们从品类竞争的角度出发，比附东北大米这一公共资产。

5. 功能隐忧

“怕上火，喝王老吉！”准确把握了顾客心中“怕上火”的隐忧，并对这一隐忧进行了充分抢占。

“经常用眼，多吃佳沃蓝莓”的品牌口令，就是抓住了消费者被“手机”“电脑”一“屏”障目的生活常态与心里隐忧，成为最“养眼”的水果。

6. 情感寄托

新疆果业集团（品牌：西域果园）是新疆农业的“航空母舰”。福来咨询为其创作了“西域果园——中国人的果园”的品牌口令，体现了用新疆好产品满足国人消费升级的情怀。

“隆安火龙果，为中国火龙果代言”是我们为南宁隆安火龙果公用品牌创作的品牌口令，让隆安一颗颗“红心”的世界级优质火龙果成为火龙果中的“国家队”。

品牌图腾：品牌的第一形象载体

大多数成功品牌，都有一个伟大的品牌图腾

在城市的大街小巷，我们经常能看到一个穿着红黄衣服的小丑形象，他就是麦当劳的品牌图腾——麦当劳叔叔。这个幽默的形象是带给大家快乐饮食的载体，也成了速食文化的代表性图腾。

在商业社会中，我们把最具代表性、差异化、个性化的品牌形象载体称为“品牌图腾”。读图时代，品牌图腾是塑造品牌的重要因素，它的功能是吸引眼球、传递价值、影响行动，让大众的每一次消费都成为对品牌膜拜的累积。

和麦当劳叔叔有异曲同工之妙的还有通用磨坊的绿巨人、熊本县的熊本熊、天猫的黑猫、三只松鼠、金龙鱼等。因为有了这些生动的形象，人们才更愿意去接近和消费这些品牌。

图腾是一种象征，本质就是建立一种崇拜

弗洛伊德在《图腾与禁忌》中提出：“原始民族通过施术，利用控制心理作用的规律来操纵真实事物。”这种操纵就是建立某种崇拜，通过图腾来区分你我，操控氏族群体。图腾的两大特性：第一是识别性，可以通过图腾标志物来区分个体与群体；第二是象征性，即图腾所携带的意义传递出精神内涵。

中国有五千年的农耕文明，龙成为华夏文明的象征，从最初各氏族共享的神话图腾，演变到王族独享的皇家图腾，成了帝王与皇权的政治图腾。他们通过龙

的特殊意义来控制、操纵、影响、维护地位，这种特殊的地位就是一种至高无上的品牌特权。

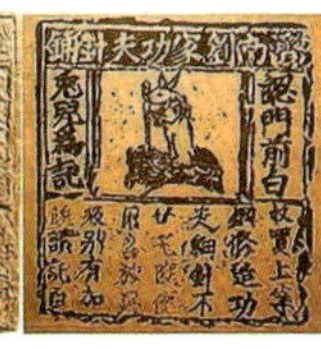

在民间，中国最早的商业图腾是宋代济南刘家针铺的“白兔为记”，通过一个生动的白兔传递出“购买上等钢针，认白兔儿为记”的价值主张。

中国是世界农业文明的重要发源地之一，源远流长，地大物博，孕育了丰富的自然资源和物产。地理标志、生态原产地、农业文化遗产等都给了农业品牌创意极大的发挥空间，可以从众多的元素中汲取设计灵感。在服务宁夏大米时，福来咨询专家组选取“黄河古灌区世界灌溉工程遗产”的石头地标作为原型，来创作宁夏农投集团宁夏大米的品牌图腾，既体现了宁夏大米的独特生态价值和文化价值，又抢占了公共资产。

品牌图腾能让品牌迅速可视、可感、可知

从传播学的角度来讲，人体就是个完整的信息接收系统，由“感受刺激—神经传导—大脑活动—肌体反应”四个环节组成。图腾可以针对这四个环节触发四大行为感观。

发现感：读图时代，图腾最易识别。图腾释放信号，引起感官刺激，第一时间完成信息传达，提高品牌传播效率。每当看到印有猫头的快递车，就知道那是天猫快递来了；看到绿底白色双尾美人鱼，就知道那是星巴克。

价值感：入眼之后是入心，图腾携带的意义传递出价值主张、购买理由，由神经系统传导到大脑，和顾客产生兴趣。在街道上看到麦当劳叔叔，就会会心一笑，快乐感油然而生。福来咨询为西域果园确立的果叔图腾，去掉了十多个其他民族的卡通形象，只留下维吾尔族大叔的形象来代表西域果园，体现纯正新疆水果的品牌内涵。

参与感：刺激信息引起共鸣，拉近品牌的距离，激发受众的肌体反应和参与感，做出尝试性消费，增强客户体验。三只松鼠把松鼠与坚果的互动展现得淋漓尽致，已经成为坚果的代名词，让人看了就想吃。无独有偶，南方黑芝麻的母子图，在幽静的灯光下，小摊旁的大妈给小孩盛糊的动人瞬间，既传递出“一缕浓香，一股温暖”的品牌理念，也勾起大家吃黑芝麻糊的欲望。

传颂感：图腾成为人们谈论、转述、推荐的话题，也成为品牌的资产，依照品牌资产路线图来管理其潜在价值。例如消费通用磨坊绿巨人的产品，在推荐给别人的时候就会说包装上有个绿巨人。这就是品牌资产，可以在传播中发挥想象力，围绕绿巨人做创意，形成差异化竞争。

品牌图腾的本质是抢占公共资产

马斯洛在《人本主义心理学》中提出：“已知论——人们更愿意接受本来就熟悉的东西。”

从心理学和美学的角度我们得出品牌图腾的方法论：找到一个人们熟知的形象，这种形象与人们集体潜意识里应外合，品牌就获得了这种公共资产的“洪荒之力”。所以，打造品牌图腾的本质就是抢占公共资产。

福来咨询根据多年经验，总结出品牌图腾设计的四个角度和六大形式。

品牌图腾设计的四个角度

1. 品牌名称

从品牌名称出发创意图腾，依靠心理本能，发挥视觉常识，更易识别、记忆。例如天猫，其图腾就是猫，在线上、线下都始终围绕“猫头图腾”做创意和传播，简化的“猫头”已经从一个具体的形象变成一种“品牌容器”。

国外用名字做图腾的典型案例是雀巢咖啡的“鸟窝”。雀巢靠婴童辅食产品起家，1868 年，其创始人亨利 · 雀巢用了一个鸟妈妈的温馨画面来代表公司的精神。鸟妈妈喂养鸟宝宝的画面有安全、信任、温暖、慈爱、自然、营养等多重意义，生动且传神，使用至今，成为经典。

福来咨询自己的图腾“福字标”，围绕福文化设计了福来咨询品牌字体，采用弘一法师的书法，空灵中传递出“爱出者爱返，福往者福来”的价值理念。

2. 品牌灵魂

品牌灵魂图腾化，直接传达购买理由。如万宝路的牛仔——传递男子汉的气概，农夫山泉的“大水滴”——传递“天然水”。福来咨询为服务多年的史丹利化肥打造明星产品——劲素，为了体现产品溶解快、吸收快的特点，我们找到了象征速度的“豹子”，把它改造加工，形成了化肥界的劲素风景线。

福来咨询也为许多区域公用品牌打造了诸多优秀案例，兴安盟大米的“米中净界图”就是其中之一。为了体现“东北上游，净产好米”的品牌灵魂，我们把兴安盟和东北优质大米产区的地理位置标了出来，星空、雪松、

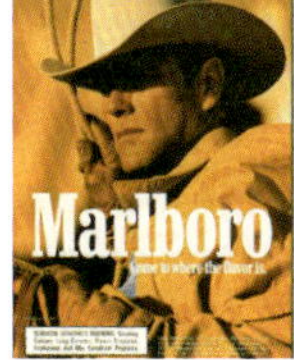

狼嚎，黑龙江、吉林、兴安盟，东北大米“金三角”，兴安盟独占上游。

3．行业属性

消费者在购买产品时，先有品类再有品牌。从行业属性切入，易产生关联性。例如爱达荷的土豆先生这一品牌形象，调皮可爱，将品牌灵魂、品牌个性通过活泼生动的“土豆先生”展现给消费者，增加了品牌的亲和力。

福来咨询为兴安盟牛肉创意设计的图腾——阿尔山脚下的生态牛谷，抢占牛角公共资产，体现牛的行业属性；并融合阿尔山草场优势，把生态价值传递给消费者；黄紫的色彩搭配，让图腾更醒目。在服务新疆羊肉企业阿斯曼时，福来咨询将最能够代表新疆羊肉特色和品质的多浪羊的形象符号化，一只形神兼备的小彩羊成为阿斯曼的品牌图腾，由企业独占并私有化。

西林沙糖桔的品牌灵魂是“更早上市的高原甜”，所以我们采用了一个奔跑的橘子人作为品牌图腾，以此来体现“先天下之甜”的理念。

4．文化资产

文化无国界、易共鸣，且更具公信力。文化资产是品牌图腾重要的创意角度

之一。如国酒茅台的经典飞天图腾，源于敦煌莫高窟的千年壁画艺术。贺州八步三华李标志，以贺州出土的国宝级青铜器“麒麟尊”为原型，再与贺州的“贺”字进行同构，这样标志既有“贺李”的吉祥寓意，又有“麒麟尊”的文化原力。

品牌图腾设计的六大形式

1. 标志图腾

标志的本质是代表品牌，是向社会传递信息的一种服务。这种现象初始于农业社会对牲畜的烙印。

中国汉字源于象形文字，本身就是一种图形标志。福来咨询为枸杞第一品牌“百瑞源”设计了馆阁体的书法，厚重而有文化内涵；为陕西知名品牌爱菊粮油设计的爱心标，传递用爱用心做粮油。麦当劳的黄色大 M、苹果手机的缺口苹果，这些标志都对应了名字，让人过目不忘。

2. 色彩图腾

色彩的本质是建立品牌的整体视觉优势。色彩拥有波长效应，往往比图形更具视觉冲击力。例如蒂芙尼珠宝的粉蓝、依云矿泉水的粉色、史丹利化肥的黄色，都为品牌建立了视觉优势。用色如用兵，不在于多，而在于精。

伊川是河洛文化核心区。福来咨询为洛阳伊川小米设计的品牌图腾是盛满小米的青铜器，品牌色彩则采用了青铜器的青绿色，既体现了产品的历史厚重感，也和其他小米品牌实现了差异化。

3．卡通图腾

卡通的本质是要成为品牌形象可爱的代言人。卡通要发挥专属性高、关联度高的特点打造品牌 IP，例如熊本县的熊本熊、象征着力量和智慧的通用磨坊绿巨

人、象征着下雨天也不结块的莫顿盐业打雨伞的小女孩、仲景香菇酱采蘑菇的小姑娘、广西横县茉莉花的花仙子……有了品牌卡通，就有了一个可以长期重复投资的品牌资产。

因为横县茉莉花品牌的成功打造，横县又把甜玉米的品牌策划交给了福来咨询。项目组找到了狗熊掰玉米的典故，抢占狗熊的公共资产，创意设计了横小熊的形象——方正的形体、黑黄的色彩搭配、憨态可掬的表情成为甜玉米品牌的“熊一哥”。

福来咨询为乌兰察布马铃薯设计了“乌兰”和“察布”两个卡通图腾。“乌兰”在蒙语中是红色的意思，刚好代表红皮土豆品种；“察布”在蒙语中是山崖的意思，则代表传统黄皮土豆。两个卡通体现行业属性的同时又融合了蒙古族服饰特点，强调了公用品牌的地域性。

4．产品外形图腾

产品是品牌最大的媒体，也是消费者体验的最终接触点，产品体验决定品牌的最终命运。例如可口可乐的曲线瓶，是玻璃厂的一名工程师借鉴《大英百科全书》中可可豆荚的造型设计出来的，这种玻璃瓶在黑暗中仅凭触觉即能辨认，甚至摔碎在地上也能一眼识别，成为包装设计的经典。

福来咨询为酸奶品牌兰格格确立了酸奶大蓝罐图腾。瓷罐酸奶是人们小时候的记忆，是儿时的味道，经过福来咨询之手成为草原酸奶之都的象征。

绝对伏特加酒瓶的设计灵感来源于瑞典的一种古老药瓶，颈短肩圆。用全透明的水晶玻璃材质，把品牌信息直接印在瓶身上面。这种独具个性的包装设计传

递出纯正、净爽的品牌价值，使其在众多品牌中脱颖而出，成为酒瓶中的艺术品。

5. 彩条图腾

彩条的本质是抓取眼球，建立强大的视觉牵引力。如 7-11 店头的红绿条、巴宝莉的格子、F1 赛车的黑白格子旗。福来咨询为心连心化肥创作的心电图，以多方连续的表现形式，让品牌拥有强大的象征性和仪式感，可以形成感官营销大师马丁 · 林斯特龙在《感官品牌》中提到的“品牌粉碎效应”。

6. 人物图腾

人物图腾的本质是现身说法、以身代言，拉近品牌与受众的距离。在世界各地我们都会看到一位花白胡须老人的笑脸。这位和蔼可亲的老人就是著名快餐连锁店“肯德基”的招牌和标志——哈兰 · 山德士上校，已成为肯德基国际品牌的最佳象征。

褚时健的褚橙、老干妈的辣酱、湘村黑猪的抱猪娃，创始人或主题化人物（万宝路牛仔），都具有特殊意义和吸引力。

福来咨询为沁州牌沁州黄小米设计的“护米人”图腾，源于创始人石耀武先生。他几十年如一日守护名米，开创中国小米品牌，成为行业代表人物，更成为正宗沁州黄小米的信任标志。

品牌图腾打造的核心是要寻找到公共资产、改造并占有公共资产，在公共资产的局部做微创新。在大同中寻找小差异是设计品牌图腾的大秘诀。公共资产私有化，用最低的成本创造和累积最大化的品牌资产。

包装设计：让自己把自己卖出去

包装是最大的媒体，也是最重要的自媒体

福来咨询研究终端购买行为发现，移动中的顾客，看包装的有效时间是 1 秒；停顿的顾客，看包装的有效时间是 3 秒。从顾客视线扫描到做出购买行为，只有短短的 3 秒钟，我们称之为“3 秒定律”。

农产品的包装设计，首先需要明白要解决什么问题，要卖给什么人，在哪卖。福来咨询根据多年的品牌农业实践，总结出农产品包装设计的“15 字方针”和“四被法则”。

包装设计的“15 字方针”

1. 策略性思考

先做对，再做好，就是策略性思考。

福来咨询认为，包装设计策略就是要紧紧围绕战略之根与品牌之魂来构思，搭建设计路径。

收尽奇峰打草稿，设计就是找参考。

通常我们会用 2/3 的时间进行调研和思考，1/3 的时间动手操作，重点研究行业内外的成功案例，找寻参考和启发。同时，形成和根与魂高度一致的自有设计风格。

2. 市场化设计

包装要实战，设计要有销售力。

把包装做成一个媒体，抓住 3 秒的黄金购买时间，跳出来、打动人，提高复购率。

福来咨询为西域果园设计的产品包装，第 1 秒通过整

体形象抓人眼球；第 2 秒通过透明袋子让购物者看到里面的大枣、核桃等内容物，刺激购买；第 3 秒通过包装上的文案给出购买指南、购物说明。

3. 唯美式表现

爱美之心，人皆有之。包装要美观，要符合大众审美。

农产品包装设计属于大众消费品，所以包装设计要符合大众审美的倾向。构图、色彩、点、线、面都要遵照一定的法则，如构图的黄金比例、色彩波长的视觉效应等。

以农夫山泉为例，其灵魂产品的瓶体设计圆润大方，瓶标上的农夫山泉字体醒目，笔画极简且极致。很可能，农夫山泉是借鉴了依云矿泉水的包装设计。

最具争议的案例当属椰树牌椰汁的包装，多年如一日，信息直接，文字满满，整个版面无一浪费。在我们看来，椰树的包装基本符合“策略性思考、市场化设计”原则，但“唯美式表现”不足，美观度有待提升。

包装设计的“四被法则”

包装的首要任务就是建立货架优势、获得优先选择权。要想达到这个目的，就必须做到“四被”：被看到、被拿起、被买走、被传颂。

被看到：品牌资产排序，提高注意效率

“食色性也，性则色也。”农产品设计从视觉开始。

包装设计首先要解决产品在货架上“醒目”的问题。这是最关键的一步，也是最难的一步。首先要考虑包装的整体性优势，福来咨询服务的兰格格酸奶蓝瓷瓶，建立包装整体差异化之后再把品牌资

产进行排序：哪个信息最大？最能吸引眼球？其次是谁？再次是谁？

被看见的方法主要有三种。

首先是字要大：购买者只要来到货架，就有了了解和购买的可能。这时候包装的作用就是在品类中跳出来。首先要放大品牌和品类的名字，这是最大的差异化。王老吉红罐上的大黄字绝对显眼。

福来咨询为东福大荒地大米设计包装，把“大荒地”和“新米”的品牌灵魂做了视觉捆绑，放大字体置于包装上 1/3 处，确保在终端让受众第一眼看到。

其次是色要艳：色彩拥有波长效应，往往比图形更具视觉冲击力。美国知名农业机械商约翰迪尔的绿车身、黄轮胎，成为注册商标。福来咨询服务的史丹利化肥，黄色是品牌色，在乡村田间地头远远地就能被看到。

最后是图要靓：农产品的包装设计讲求的是产品的食欲性，看了就想吃，这是根本需求。福来咨询研究发现，如果食物的外表足够吸引人，通常会提高 30% 的选择率。这反映了一个基本的心理学规律：视觉优于其他感觉。

我们经常在超市看到康师傅红烧牛肉面，都会被包装上大块的牛肉和劲道的面条所吸引，虽然知道图片仅供参考，但消费者就是买这个账。

福来咨询为容县沙田柚设计的包装，正面放了品牌图腾乾隆爷，在乾隆爷的背后放上大大的沙田柚实物照片，仿佛透过图片就能闻到柚子的蜜香甜。

福来咨询创作的史丹利劲素化肥，为了体现强劲快速的功效创意了豹子的图腾，集爆发力与速度于一体：用化肥颗粒组成的豹子头印在包装上，既展示了产品起效快、溶解速的特点，也体现出化肥的颗粒状属性。多豹并排，在农资店里十分抓眼球。

被拿起：传递购买理由，激发购买兴趣

入眼之后要入心，购买者拿起包装之后，要快速建立沟通。俗话说“夜长梦多”，必须通过包装的文案、图腾、价值支撑等，让顾客在最短的时间产生兴趣，同时还要给出购买详情，让包装当媒体、当导购。

乌江榨菜洞察到消费者对榨菜卫生性的顾虑后，提炼了三清、三洗、三腌、三榨的工艺，并把三榨的价值写到品类名里；同时把乌江和涪陵榨菜进行视觉捆绑，包装正面采用了京剧脸谱作为品牌图腾，体现了“中国好味道”的国粹理念。

被买走：包装媒体化，包装功效化

包装就是一张促销海报，可以引起消费共鸣，产生消费冲动，在最短的时间内让受众做出尝试性购买。

作为全新品类，福来咨询为仲景香菇酱设计的包装就是一张广告单和说明书，在包装的背面我们提炼了六种吃法，以此来对应食用场景，引导消费；同时把伏牛山国家地质公园的区位图和名称、国家生态原产地产品的认证标识以及西峡是中国香菇之乡的产区优势都醒目地体现出来，地道食材形象跃然纸上。地方政府

曾为此每年奖励企业 100 万元，以表彰对西峡香菇产业的带动。

被传颂：用了都说好，口口相传，介绍给更多的人

从生理学上讲，包装信息通过视觉系统传递到大脑的海马体暂存，再由海马体传送到大脑皮层进行长期储存，当购买者想再次购买此类产品时，大脑皮层就会再次被激活。

包装上的品牌图腾也提高了口口相传的效果。举个例子，你吃了西域果园的干果想推荐给别人，会说去买西域果园的干果，就是包装上有个维吾尔族大叔的那个品牌；但如果没有这个记忆点，那他很可能就会买其他产品。

包装设计的首要目的是市场行销。设计大师原研哉说：“设计就是解决某一个生活的社会问题。”我们认为，包装设计就是要解决自己把自己卖出去的问题。

品牌海报：嵌入顾客心智的价值地图

在信息爆炸的环境中，海报要想脱颖而出，必须回答以下四个问题：你是谁？你长什么样？你好在哪？为什么好？

福来咨询根据多年的实践经验，总结出品牌海报设计的三大法则。

别绕弯子，有话直说

有话直说就是要求我们围绕品牌的根与魂，直截了当地把品牌的核心内容说出来；不要绕，一绕弯子观众就蒙了。

文案大师伯恩巴克有句名言：我有个最厉害的花招，让我们实话实说吧。当一个品牌卖点够特别，只要清楚地传达卖点就够了，比拐弯抹角更有效。

就如王老吉凉茶的海报，右方是一个顶天立地

的大红罐，既是包装也是图腾，左边口令："怕上火，喝王老吉"，红色勾白边的粗黑体，一目了然。

福来咨询为心连心化肥制订的战略之根：中国高效肥！在海报上直接明了，现在已经成为心连心的超级口令，同时也是一套独特的经营逻辑，让心连心在农化领域里实现了差异化竞争和高价值增长。

话不在多，要说到点子上

啥都想说，等于啥也没说

大卫奥格威说："广告是推销术，不是抚慰，不是纯粹的艺术，不是文学，不要自我陶醉。"海报是属于远距离传播，受众观看时间一般不会超过 3 秒。要一语中的。

鲁花花生油，把荣获国家科学技术进步奖的"5S 纯物理压榨工艺"毫无保留地放大运用到了海报上，把富含油酸、亚油酸、维生素 E、不含胆固醇作为强支撑点，满满都是干货，长期坚持，成为品类第一。

海报通常只说四件事——品牌名称（你是谁）、品牌图腾（长什么样）、品牌口令（好在哪）、价值支撑（为什么好）。

品牌名称：品牌名称是最重要的信息，要排在第一位。字体设计要清晰、辨识度要高，可以在笔画上做小创新。如蓝月亮的"月牙"，可口可乐的飘带，容县沙田柚的容字章等。另外，字体要能够注册，不能有版权问题。

品牌图腾：图腾是海报的核心要素，它告诉受众品牌长什么样子，起到吸引眼球、传递价值的作用。它让消费者每一次的消费，都成为对品牌的顶礼膜拜，形成品牌资产的积累。

品牌口令：口令往往是对顾客的承诺，是品牌价值的体现，要朗朗上口，易记、易传播。字体多数是放大应用，强调视觉冲击力，如"困了累了，喝红牛"。

价值支撑：价值支撑解决信任度，通常字体采用黑体或宋体即可，放在口令下方，有时也会做成价值图标。如王老吉支撑文案："传世 185 年、独家秘方、正宗凉茶。"在海报右上角是一个正宗凉茶图标。

福来咨询为仲景香菇酱设计的海报提炼了一个精彩的支撑点——"300 粒香菇，21 种营养"。我们把这个支撑点做成一个价值图标，放在口令旁边，生动地传达了产品为什么好。

说的形式要让人眼前一亮、过目不忘

如何做到呢？Z 字形、字显眼、色鲜艳、图抓人

Z 字排列：根据人们的阅读习惯，信息排列一般从左到右、从上到下。首先是品牌名称，要占据最显眼的位置，一般是左上方或右上方；其次是品牌图腾，放置在名字旁边，方便图文对照；名字的下方是口令，口令下方是支撑点。这样的排版就形成"Z"字形的视觉流程，最大化地提高了信息传播效率。

福来咨询为横县茉莉花设计的海报，首先映入眼帘的是茉莉花仙子，像仙女下凡一样手托茉莉花，让人赏心悦目；左边依次是品牌标识"横"字标、品牌名称"横

县茉莉花”、口令“好一朵横县茉莉花”、信任状“全球 10 朵茉莉花，6 朵来自广西横县”。这样直接的构图方式，干净利索，让受众一口气读完，过目不忘。

字体显眼：字体显眼才能跳出来，有了注目率才会有销售率。福来咨询为兴安盟大米设计的专有字体，厚重又具有隶变之风，充分体现了东北上游的疆域感；口令字体则选择粗黑体，使主次清晰。

颜色鲜艳：戴博拉·夏普在《色彩和设计的心理学》中提道：“人们不是用头脑而是用情感来对色彩进行反应的。”所以，海报色彩一定要专、要艳、要纯。要慎用渐变色，使用之后稍有偏色就会造成灰旧的感觉。颜色也不宜调得花哨，免得文字信息放在上面形成干扰。

福来咨询为兰格格酸奶确定了“格格蓝”的品牌色彩，在北上广的终端、在内蒙古的高速路，兰格格的蓝色海报都给人留下了深刻的印象。

图腾抓人：海报通常会放产品包装、品牌图腾、内容实物三种图片。不管放哪种，都要遵循“抓人、清晰、唯美”的原则。不要只在电脑前看，要考虑到海报贴到终端的效果，还要强调农业天然的属性特征。

我们服务的熊材食品，采用一只憨厚的熊猫作为品牌图腾，几乎占据海报的一半位置，围裙和筷子则是厨房的象征，尖尖的脑袋传递“不怕路远山高，只为纯正的乡土味道”的“地道食材”这一品牌灵魂，以及“仗筷走天下”的执着与豪情。

第五章

灵魂产品：每个伟大品牌都有一款灵魂产品

灵魂产品是战略之根的引擎、品牌灵魂的载体、产品组合的主心骨、财务报表的主角。没有灵魂产品的产业和企业，往往是一盘散沙，效益低下。

现代营销学之父菲利普·科特勒说：一个伟大品牌的核心是产品。

更进一步说，一家伟大的企业之所以伟大，是拥有持续创造“灵魂产品”的能力。

那么什么是灵魂产品呢?

灵魂产品是“根与魂”的扛旗手

灵魂产品，是战略之根的引擎、品牌灵魂的载体、产品组合的主心骨、财务报表的主角。

美国苹果公司的品牌灵魂是“人性化创新、与众不同”，其灵魂产品：Mac 电脑、iPod 播放器、iPhone 手机、iPad 平板电脑，每一款都在为苹果商业帝国的战略、品牌、业绩、市值添砖加瓦。

伊利乳业的品牌灵魂是“草原纯正牛奶”，早期的灵魂产品，像伊利纯牛奶、金典有机奶，奠定了伊利“中国乳制品第一股”的领先地位；如今的灵魂产品安慕希风味酸奶已成为年销售额突破两百亿元的大单品。伊利已形成四大百亿灵魂产品矩阵领衔的庞大产品群，2020 年实现千亿元目标，向“全球乳业龙头”的宝座一步步迈进。

当然，打造灵魂产品最经典的案例是可口可乐公司，其品牌灵魂是“正宗、经典”可乐。早期的

玻璃瓶装可口可乐，已经成为美国消费文化的符号。其后的美汁源果粒橙，则是可口可乐去碳酸化“健康战略”转型的灵魂产品，2011 年销售额已达 10 亿美元。

还有亨氏公司的番茄酱、婴幼儿米粉，双汇集团的王中王火腿肠，鸿道集团的加多宝凉茶，蒙牛的酸酸乳、特仑苏，旺旺的旺仔牛奶，等等。这些灵魂产品，不但是企业生存和发展的支柱，而且承载着企业的战略意图，体现品牌的价值与形象，甚至深刻影响行业发展。

一款灵魂产品，可成就一个伟大品牌。

一瓶飞天茅台，喝出了茅台集团的万亿元市值狂欢；一瓶农夫山泉天然水，成就了农夫山泉饮料王国；一颗圆生菜，成就了亚洲生菜大王浩丰公司，肯德基、必胜客都离不开它；一包洽洽香瓜子，成就了中国炒货第一股；一罐露露杏仁露，成就了植物蛋白饮料龙头——露露股份；一袋南方黑芝麻糊，打造了经典的南方黑芝麻品牌……

福来咨询为云南高原彩食品精心打造的灵魂产品“菌骨鲜”，源于云南高原野生菌的独特资源优势，也是成就高原彩天然调味料引领者的战略支点；为北京熊材食品全案策划的灵魂产品“宫廷五趾黄鸡”，则延续了地地道道的清朝宫廷基因，也是周恩来总理当年接待尼克松的招牌菜，是熊材食品打造“中国地道生鲜食材”品牌的“灵魂”。

区域公用品牌也一样。一道十三香小龙虾，成就了盱眙龙虾“小龙虾美食发源地”的行业地位；一杯茉莉花茶，奠定了横县茉莉花的世界产业中心地位；一瓶云南白药粉，打开了云南三七产业的千亿元市场空间。

由此可见，灵魂产品能够担当产业（企业）经营使命，建立并巩固战略根基与行业地位，在顾客心智中印刻品牌灵魂，为品牌创造核心顾客，支撑主要经营业绩，为其他产品带来声誉和赋能。没有灵魂产品的产业和企业，往往是一盘散沙，效益低下。可以说，“灵魂产品”就是产业和企业的战略之根、品牌灵魂、产品梯队的“扛旗手”。

请高度重视灵魂产品，只有伟大的灵魂产品，才能成就伟大的品牌！

灵魂产品的使命和任务：1 托 1、1 托 N

多“子”未必多“福”，灵魂产品是企业的“1”。

在产品设计上，有“多子多福”思想的大有人在。每当我们走进企业的展厅、仓库，产品种类往往多得目不暇接，少则几十，多则几百，甚至跨行业产品都有。看似琳琅满目，实则没有灵魂产品，一年下来销量不佳，更谈不上打市场、做品牌。

成功的企业，如蒙牛、农夫山泉等，虽然产品也多，但它们不是一上来就推出一堆产品，而是选集中资源打造灵魂产品“1”，遵循“1 托 1、1 托 N”的规律，有先有后、有主有次地设计产品开发路径。

“1 托 1、1 托 N”是灵魂产品的使命和任务。

1 托 1：是指集中资源、聚焦发力，首先打造 1 个在全国有影响力的灵魂产品，通过这个“1”，将母品牌的“1”塑造起来。

1 托 N：当母品牌因其灵魂产品有了一定的知名度和影响力之后，企业就成为可信赖的品牌，再通过这个母品牌的“1”托起“N”个产品线，实现快速拓展。

雀巢公司作为拥有 153 年历史的全球食品巨头，也是以一款婴幼儿食品起家，将其作为初创期的灵魂产品“1”，风靡整个欧美国家和地区，从而奠定了雀巢公司商业帝国的根基。

本书作者娄向鹏考察雀巢总部，与亚洲大洋洲非洲区总裁斯蒂芬交流

雀巢品牌家族

雀巢公司真正实现全球化，则是通过又一款灵魂产品——“雀巢咖啡”一炮打响。雀巢公司发明了世界第一款速溶咖啡，成为其全球化的“1”。在中国，大家最熟悉的莫过于雀巢速溶咖啡了。实际上在强大的母品牌下，雀巢公司的产品早已覆盖饮料、营养品、宠物食品、矿泉水、巧克力糖果、调味品等，旗下已经拥有 2000 多个品牌。

“金龙鱼”是世界粮油巨头益海嘉里旗下著名的品牌，其“米面油”的产品战略非常清晰，但在中国开拓市场时，其并不是“米面油”产品全线铺开，而是从最初的食用调和油开始，一步步逐渐发展成为拥有米面油系列产品的大家庭。互联网零食品牌三只松鼠，通过灵魂产品“碧根果”建立网上松鼠世界；淘宝是阿里巴巴商业帝国的地基；QQ 是腾讯王朝的第一功臣。可见，成功的产品战略一定要聚焦灵魂产品，树立起“1”是第一要务。

缺乏灵魂产品是战略短板。企业越小，往往想法越多，产品也容易越多。俗话说得好，儿多不养家。对企业来说，需要的是聚焦、聚焦、再聚焦，打造支撑战略、强化品牌、收获利润的战略性灵魂产品。

选择灵魂产品的“五星标准”

既然灵魂产品肩负企业发展战略，代表品牌形象，能为企业贡献大部分经营业绩，而且深刻影响着行业发展，那什么样的产品能担此大任呢？福来咨询经过多年实践，总结出企业选择灵魂产品的“五星标准”。

第一，战略一致性。符合战略之根方向，体现企业核心优势。产品是企业的战略工具。灵魂产品的推出，除了为企业谋求新的利润增长点，还一定要为巩固和加强企业安身立命的事业地盘服务。

南方黑芝麻股份“黑芝麻、黑营养”的“根与魂”，决定了其灵魂产品一定是“黑芝麻健康食品”的方向，而不是市场容量更大的非黑芝麻类产品，这就叫“知止”，明确战略边界，知道不做什么。

第二，品牌灵魂力。符合主流消费需求和民心所向，与品牌灵魂保持一致，抓住主流需求。抓到的市场才是大市场，不要担心现有市场有多大。

主流需求成就大品牌。灵魂产品最好是主流的大品类，有广泛的群众基础，不用大投入去教育市场，而是用独特的灵魂价值去收割市场。

德青源是安全鸡蛋的代表，鲁花花生油是“5S 物理压榨”的健康油，都有着深厚的民俗习惯和消费基础……

区域公用品牌也是一个道理。作为小龙虾美食发源地的“盱眙龙虾”，成为国民级小龙虾品牌，也是基于中国小龙虾消费是一个千亿元级的超大市场，小龙虾餐饮消费已经成为一种都市时尚生活的元素。

第三，品类统治力。不怕市场混乱，就怕市场太成熟。有品类无品牌，市场混乱，群龙无首，这是坏事，也是好事。因为这样的市场有现成的消费认知、消费习惯和市场基础， 只是缺乏领导品牌。当然，前提是产品力要过硬。

我国有很多品类缺乏全国性领导品牌，如山西老陈醋、辣椒、鲜食玉米、西瓜、杂粮、羊肉、土鸡、粉条、茶叶等，这些都是灵魂产品相对更容易成功的“薄弱战场”。

第四，差异竞争力。差异化突出、产品力过硬。新产品开发应该讲究“人无我有、人有我优、人优我特”。产品没有特点，体现不出价值，结果必然同质化；大家差不多，只能拼价格，容易形成恶性竞争。

大家都在做纯净水时，农夫山泉高调宣布放弃纯净水，只做“天然水”，并打出了“我们只是大自然的搬运工”的价值理念，非常打动人心。

第五，落地可行性。要有资源、有技术、有能力。既然是灵魂产品，就要考量产品原料是否稳定，技术、品控、生产是否成熟，仓储物流能否满足，渠道、终端、团队、推广资源是否协同，等等。如果存在硬伤，则不可勉强。

团队能力和推广资源跟不上是“秋林格瓦斯”曾经大张旗鼓全国化，结果元气受损，最后不得不退守东北的主要原因。

开发灵魂产品必须“先胜而后战”

如果没有符合标准的产品可选，那就需要开发灵魂产品，或者在现有产品基础上再开发。如何开发灵魂产品呢?

第一，灵魂产品是“根与魂”的扛旗手，肩负战略、品牌、经营等多项使命，这是灵魂产品开发的硬指标。

第二，要从消费者出发，毕竟产品打动消费者、产生购买行为，才能形成企业价值创造的闭环。用比竞争对手更好、或用与竞争对手不同的方式满足消费需求，“先胜而后战”是灵魂产品开发的核心理念。

如何做到呢?

我们提出灵魂产品的“三得”开发意念：看得见、感得到、信得过。你产品的优势和不同，要么能被看到、要么能被感受到、要么有证据可证明，三种方式中至少要做到一种。

看得见：让消费者一眼看出不同

新西兰佳沛“阳光金果”，作为高品质的猕猴桃新品种，每个 8 元左右的小贵价格，依然阻挡不了中国消费者的青睐，因为它做到了“一眼看出不同”。佳沛的 “黄心”颠覆了传统“绿心”猕猴桃的认知，让人眼前一亮；同时，它还有“个大、皮薄、卖相好”的差异外观，更坚定地支撑了其营养密度值达到 18.7（是苹果的 10 倍多），不愧为“水果之王”。

在统一“鲜橙多”主导的果汁饮料市场，作为可口可乐健康饮料战略的灵魂产品“美汁源”果粒橙后来居上，也是典型的赢在“一眼看出不同”的产品开发。一颗颗果肉在里面，真材实料看得见。2011 年起“美汁源”突破 10 亿美元销售业绩，成为可口可乐公司第一个在新兴市场研发、

生产的超 10 亿美元的大单品。

福来咨询服务的心连心公司是中国高效肥领导者，近两年正在打造的灵魂产品“黑力旺”，在产品开发上也属于此种类型。作为科技创新型腐质酸肥料，“黑力旺”以“黑色颗粒”打破传统“白色”肥料认知，让最相信眼见为实的农户一眼就能看出“黑科技”的不同。目前，“黑力旺”已经在全国市场获得广大农户的认可。

要让消费者一眼看出不同，除了在产品的外型、包装上做文章，还有名字、符号等视觉传达手段。例如阿克苏“冰糖心”苹果、“吕粮山猪”猪肉、海尔“防电墙”电热水器等。

对于地方特色农产品，要打造灵魂产品，首要就要“突出特色”，在外型、色泽、名称、价值上做文章。例如“盱眙龙虾”，重点突出其“三白两多”——腮白、腹白、肉白、黄多、肉多这个不可复制的特点。

感得到：让消费者通过体验感知到不同

消费者的体验能不能达到预期，甚至超出预期，是形成品牌偏好的关键。如果你不能一眼就让消费者看出不同，那最好能让消费者感受到不同。

例如“湘村黑猪”，同样是特色黑猪肉，为了让消费者深切感受到“儿时猪肉香”的品牌灵魂，终端推广统一执行“清水一煮就很香”的标准体验动作。

福来咨询的客户宁夏百瑞源公司正在打造的灵魂产品“锁鲜枸杞”也是一款“感得到”大不同的产品。通过科技创新，“锁鲜枸杞”不仅提高了枸杞的营养价值、延长了保鲜时间，而且感观上“个大、色鲜、饱满”特性突出。在其品牌连锁店，顾客通过品尝，确认锁鲜枸杞的口感“更鲜、更甜、更肉”，不仅锁住

了新鲜、营养，口感也有极大提升，附加值同步提升了 3 倍以上。

这个不同并非品类通用属性的，而是具有专属个性的。火锅有麻辣和清汤两种口味，这不算不同。但像巴奴火锅一样，做到“毛肚”这个灵魂产品最好吃，尝一尝便有强烈感受，那就是可感知的优势和不同了。

信得过：通过某种方式能够证明你的不同

看不到不同，也不容易感知出优势，那就要寻找佐证，证明你的优势。

例如，做瓶装水，你说的那些矿物盐、微量元素，消费者看不到，喝完也不可能立刻精神焕发，所以也喝不出不同，怎么办？只能去证明你的不同。农夫山泉做了很多广告，证明自己在水源地建厂、证明水源地的环境有多好，用 pH 试纸证明自己是弱碱性，对人体健康更有利。

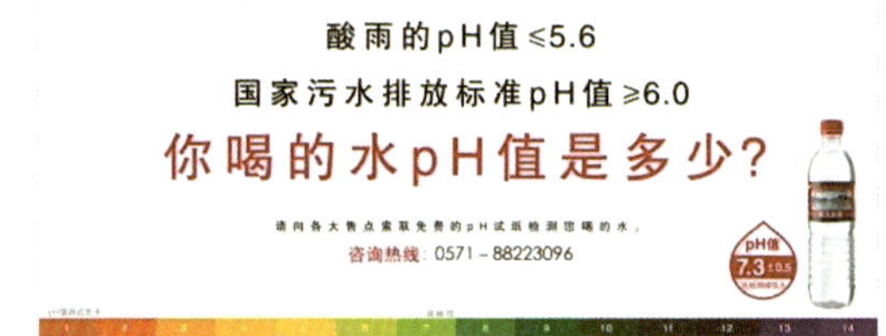

有的产品讲“销量能绕地球几圈”，是在证明自己有多么受欢迎；有的产品讲“畅销全球多少国”，是证明国际品质值得信赖；有的产品拿出“欧盟有机、日本有机”双认证，是证明更高标准的生态安全品质；还有的提供“某某明星、某知名网红同款产品”，则是证明属于潮流爆款。

通过“有图、有证、有真相，权威、数据、全球化”等不同角度去证明产品的差异化和独特价值，从而降低消费者的选择成本和风险。

看得见、感得到、信得过，意念在前，生产在后，先胜而后战！一款优秀的灵魂产品，一定是在设计出来之前就已经卖出去了。

灵魂产品就要卖高价

菲利普 · 科特勒说，营销不是卖产品，是卖价格。

所谓卖价格，尤其是优质农副产品，就是要产生溢价，卖得比别人贵，还要让消费者领情，愿意付款。品牌农产品就要优质优价。低价先易后难，高价先难后易。低价吸引客户容易，但稳定客户难；高价吸引客户难，但稳定客户容易。

既然是企业的灵魂产品，表达企业的战略意图，经过品牌和产品的系统策划与打磨，自然是要卖高价。要如何去定这个高价呢？

福来咨询有三种价值导向定价方法

贵一到三倍定价法。前提是人无我有，价值独特。当你的产品在品种、品质、特色、工艺、外观上，别人无法复制，通过对比、体验、证明等方式，又能让消费者感觉完胜对手，这时候你可以采用“贵一到三倍定价法”。

对品牌化特色农产品同样适用。像广西玉林的容县沙田柚，作为沙田柚的发源地，不可复制的区位环境，乾隆爷赐名的正宗沙田柚，决定了其价格比其他地区贵 1 倍以上仍供不应求。

还有，定义智能手机的 iPhone 刚出来时比其他非智能手机贵 3 倍以上，红心火龙果刚引入国内时比白心的贵 2 倍左右，德青源生态安全鸡蛋比普通鸡蛋贵 1 倍左右……

价格带高位定价法。前提是人有我优，优质优价。在某一高价值品类中，竞争对手多而不强，鱼龙混杂，而若你的产品更正宗、品质更有保障，这时便可采用“价格带高位定价法”。

广西百色的“西林沙糖桔”，因为“高海拔、低纬度”，相对于全国沙糖橘产区具有“糖度更高、上市更早”的优势，定价上自然占据整个品类的“头部价位”。

福来咨询为某品牌的五常大米定价时，根据绿色和有机标准市场上三个主流

价格带：6~10 元、11~15 元、16~20 元，决定将最高的、最低的都排除，绿色的定价 14.8 元 / 斤，有机的定价 19.8 元 / 斤。切忌过高定价，否则曲高和寡。

对标贵一点定价法。放大差异，对标溢价。某一品类，市场中有主流品牌，而你的产品在品质上有优势，就可以对标主流品牌价位，比它贵上 20% 左右（根据品类价格敏感度掌握），使产品贵得可以接受。但一定要讲好自身的差异价值。

百瑞源枸杞，对标其他品牌贵 20%~30%，品牌口令也是“好枸杞，可以贵一点”。湘村黑猪定价对标品牌白条猪，采取“贵 50% 策略”。贵在什么地方呢？“青草拌粗粮，乡村自然长。”

产品组合：以灵魂产品构筑未来

产品是战略工具，产品组合是战略部队。如果这支部队没有灵魂产品，就像部队没有灵魂，注定没有未来。

世界 500 强企业中，单项产品销售额占总销售额 95%以上的有 140 家，占 500 强总数的 28%；主导产品销售额占总销售额 70% ~95%的有 194 家，占

38.8%；相关产品销售额占总销售 70%的有 146 家，占 29.2%；而无关联多元化的企业则是凤毛麟角。

可见，“产品越多越好”是个错误观念。强大的企业，强在“超级单品”，而非“超多单品”。

作为产品组合中的灵魂和坐标，灵魂产品是形成产品组合深度和广度的原点，是产品组合形成战斗力的核心。对产品线过长、单品过多的企业，我们认为做产品规划时应该“做减法，立主干”。

产品组合不是越多越好，那应该如何理解并设计产品组合的深度与广度呢？

产品组合的深度，是一款灵魂产品打下的深度。一款灵魂产品支撑一条产品线，生产多种品规产品，这是产品深度，是战略之根下同一类产品的战队组合。

灵魂产品通常是抓主流市场的主打单品。为了获取更大的市场效益，企业可以根据细分人群、场景、渠道、市场、竞争等需要，围绕灵魂产品，推出其他规格、包装、花色的产品，形成一个以灵魂产品为核心的产品线战队。

蒙牛纯牛奶 240mL 利乐枕是蒙牛液态奶板块的第一个灵魂产品，围绕这一款灵魂产品，蒙牛推出了针对低端市场的百利包、针对城市市场的利乐砖、主打家庭消费的利乐枕箱装、主打节庆礼品的利乐砖礼盒装和主打流通市场的百利包箱装。这些不同品规、包装的组合，构建了蒙牛纯牛奶的“超级战队”，也为后面百亿级单品“特仑苏”的出现奠定了基础。

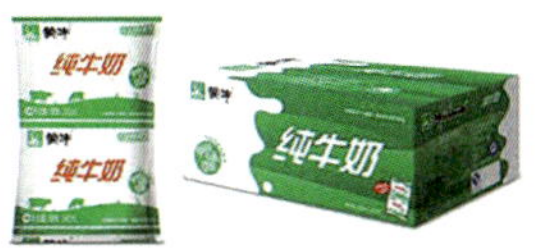

海天味业的“金标生抽”和“草菇老抽”是海天酱油的两款灵魂产品，畅销 60 年，数十亿瓶口碑保证，国民酱油的典范。正是这两款国民酱油的带动，才形成了今天“畅销、经典、老字号、特色、特惠”等九大系列 50 多个品规的海天酱油产品线。2019

年，海天味业收入197.97亿元，同比增长16.22%，净利润53.53亿元，同比增长22.64%，其中，酱油实现营业收入116.29亿元，同比增长13.6%。

产品组合的广度，是多个灵魂产品支撑的广度。多条产品线，需要多个灵魂产品，形成多个灵魂产品线战队，这是产品广度，是企业战略之根下的产品大类组合，也可理解为产品“联合战队”。

“金龙鱼”的粮油战略由“米、面、油”等大类产品合围而成。截至2020年，“金龙鱼”品牌系列产品组合广度已经涵盖食用油、大米、面粉、挂面、米粉、豆乳、调味品、餐饮粮油等八大领域。

但要知道，“金龙鱼”的小包装油产品线，由1：1：1“调和油”领衔，由大豆油、菜籽油、玉米油、花生油等产品组成。金龙鱼的小包装大米产品线，由“原香稻”领衔，由东北大米、射阳米、丝苗米、油粘米等产品组成。“金龙鱼”的小包装面粉产品线，由“饺子专用麦芯粉”领衔，由多用途麦芯粉、高筋麦芯粉、自发麦芯粉等产品组成。每一个产品大类，都有一款灵魂产品领衔。

产品组合的广度，是多个灵魂产品的广度。“金龙鱼”的调和油、原香稻、饺子麦芯粉这三个灵魂产品，主导三条产品线，形成了“金龙鱼”产品组合的广度。

2014年，“鲁花”开始对标“金龙鱼”，由花生油向厨房食品战略扩张，首先选择调味品，推出了灵魂产品“鲁花自然鲜”酱油。在海天、李锦记、厨邦等巨头环绕下，通过5年时间，“鲁花自然鲜”酱油占据高端酱油13.5%的市场份额，排在高端酱油第四名。

“鲁花”酱油在强势品牌林立、竞争强度极高的境况下，依然凭借灵魂产品形成有效突破。可见，没有灵魂产品的支撑，产品组合的广度将是一盘散沙，无法形成战略竞争力。

产品组合的深度与广度扩张，“节奏和协同”

很重要。

产品组合上不要贪多求全，产品推出要讲究节奏，尤其在企业发展初期或中小企业，先聚焦灵魂产品，树立“1”是战略要务；围绕“1”先建产品小战队，扎稳根基后，再根据细分市场逐步丰富成大战队。一个产品战队，完成市场、品牌的阶段性战略任务后，再推出第二个产品战队。产品组合上，欲速则不达。

协同性，也是产品组合的重要考量要素。一是战略协同，产品要服务于一个战略目标；二是资源协同，包括原料资源、关键技术、渠道终端、团队能力、生产营销、目标顾客等，利于降本增效、提升整体运营竞争力。

当年恒大大手笔砸下70亿元，进军大农业领域，粮油、乳业、畜牧三箭齐发，结果轰轰烈烈开场，凄凄惨惨收兵。除了“短周期、快回报”的地产逻辑与“长周期、慢回报”的农业逻辑相冲突这一根本原因外，其在产品组合的节奏与协同上也犯了“大干快上”的冒进主义错误。首批上市产品就推出六大类数十个品规，并且产品线缺乏灵魂产品的打造和引领。知易行难，教训深刻。

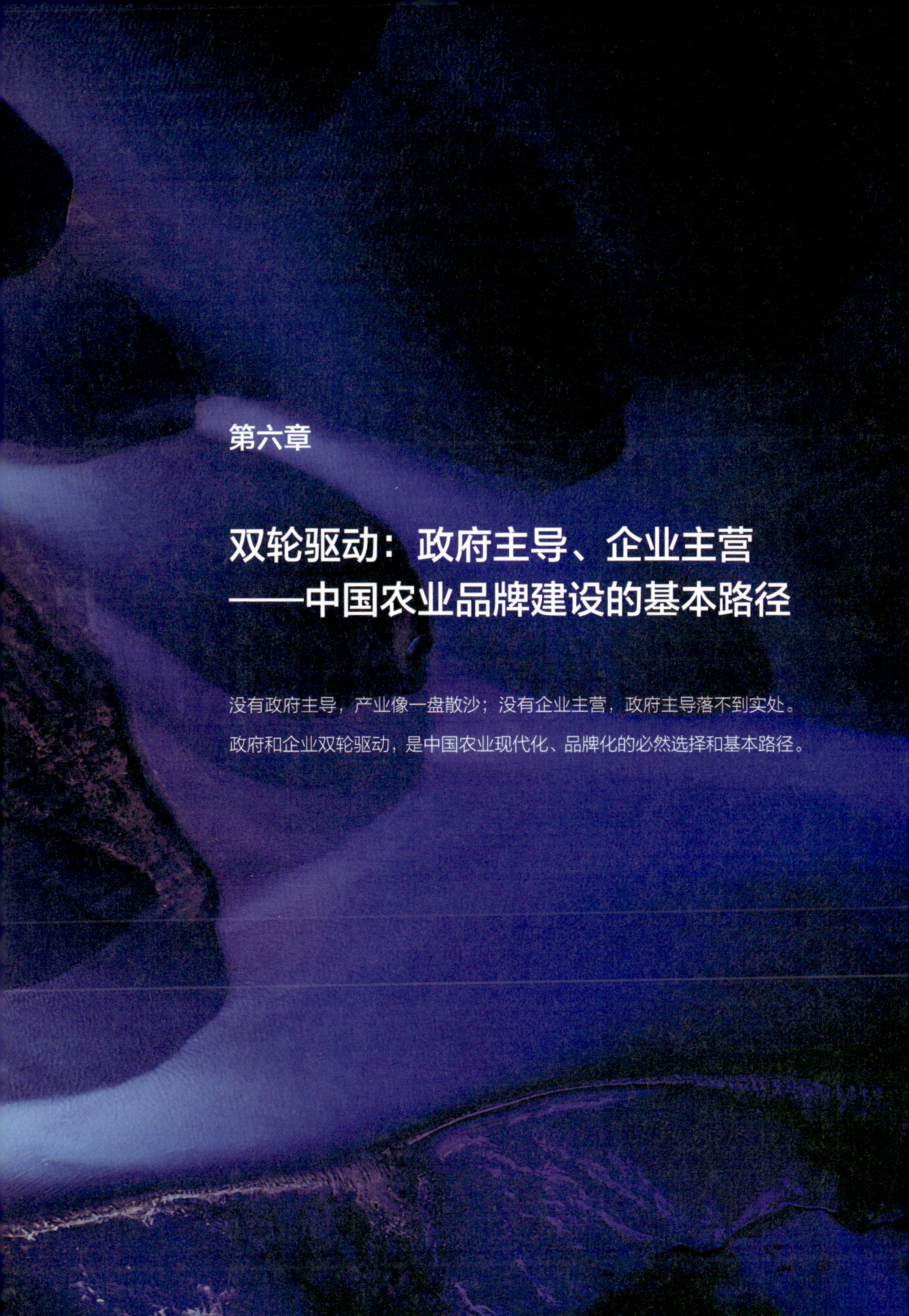

第六章

双轮驱动：政府主导、企业主营
——中国农业品牌建设的基本路径

没有政府主导，产业像一盘散沙；没有企业主营，政府主导落不到实处。

政府和企业双轮驱动，是中国农业现代化、品牌化的必然选择和基本路径。

大国小农的基本国情，决定了政府绝对不能缺位，必须主导

中国是农业大国，千千万万小农户，共同构筑了国家繁荣稳定的基石。

据第三次农业普查数据显示，我国小农户数量占到农业经营主体的 98% 以上，小农户从业人员占农业从业人员的 90%，小农户经营耕地面积占总耕地面积的 70%。当前，农业农村发展进入新时代，但大国小农仍然是我国的基本国情和农情。

我国建设现代农业的前进方向是发展多种形式适度规模经营，培育新型农业经营主体；同时，也要看到小农户家庭经营是我国农业的基本面，这是农业发展必须长期面对的现实和前提。

在中国国情中找到特色发展道路

大国小农，每一个产业的背后，往往是成千上万的生产者，龙头企业普遍薄弱，规模小，效率和效益不高，质量不稳定，产品可追溯率低。这与产业后端的已经部分现代化的加工业、食品业和先进的大商业不匹配、不适应，做出的产品很难打造品牌。同时，产销首尾不见面、产业不贯通，客观上也为食品安全带来了一定的隐患。

在发达国家，分散的农户可以成立协会类联盟组织，解决组织化、规模化和集约化的问题。在中国，协会类组织虽然也发挥了积极的推动作用，但由于机制

及资源配置的限制，大部分还不具备真正的市场化服务功能（这也正是协会组织未来大有可为之处）。因此，很多时候需要政府出面，让小农户参与进来，把小农户带动起来。

中国农业正在经历有史以来最短时间内最大规模的品牌创建活动，这是一项紧迫任务，更是一个复杂工程，不可能一蹴而就，需要多方共同努力。

在中国，想在农业上做大事，必须由政府主导

农业本身投资大、周期长、见效慢、风险多，做农业面临多重挑战。政府有能力、有手段、有资源、有政策，拥有统筹协调能力，也有权威性、公信力和凝聚力，这是独具魅力的中国特色，也是必须掌握的规则。在中国，想在农业上做点大事，必须由政府主导。

安吉白茶在发展初期，茶企、茶农等都没有实力，做品牌的意识和愿望也不迫切，于是建设品牌的重任就落在了安吉县政府身上。安吉县政府站在品牌建设的最前端，对安吉白茶的产业发展、品种优化、质量监控等进行了顶层设计，针对农户和茶企制定优惠政策，鼓励全县农户和企业发展白茶产业。

同时，安吉县政府带领茶企和茶农走出安吉，参加各种茶叶展览、评比，在一次次获奖的同时，安吉白茶的品牌知名度也在慢慢提升。在政府的主导下，相继完成了“安吉白茶”商标注册，并由国资发起成立安吉茶业集团有限公司，打造竹乡、白帝、采茶妹等产品品牌，进一步推动和引领白茶产业的发展。

中国是全世界人参种植面积和产量最大的国家，但产业附加值和品牌做得最成功的却是韩国。韩国举全国之力打造高丽参，用户品牌叫作“正官庄”。中国人参企业5000余家，却没有一家可以和“正官庄”抗衡。

很多人可能不知道，“正官庄”背后的企

业主体韩国人参公社，1899 年创立，是专门掌管高丽参制造及输出的官方机构，所出产的“正官庄”高丽参更是由韩国政府直接监制，其品质得到国际的认可与信赖。

如果您看过《猫和老鼠》，定会对其中诱人的黄色大孔奶酪印象深刻。这种大孔奶酪的原型就是瑞士埃蒙塔尔奶酪。

为了保护瑞士奶酪的传统特征，瑞士法律规定一个地区只能生产该地区的奶酪。“艾蒙塔尔奶酪”就是爱蒙塔尔地区的公用品牌。爱蒙塔尔奶酪以大著称，是世界上最大的奶酪之一，整块就像大车轮，制作一块就需要 1200 升牛奶。在艾蒙塔尔奶酪厂周边有 2500 家农户、3 万头奶牛，每天提供生产奶酪所需的新鲜牛奶。每一头奶牛都有一个单独的条形码，直接链接瑞士数据库，实行卫生监测，保证每一头奶牛的健康状况，从奶酪源头做好品质追溯。

本书作者娄向鹏带队考察艾蒙塔尔奶酪体验中心

数百年来，爱蒙塔尔蜂窝奶酪因立足美丽而纯净的阿尔卑斯山谷草场和独特而固执的传统发酵工艺，享誉世界，成为欧洲游必到打卡之地。艾蒙塔尔奶酪几乎就是瑞士奶酪的代名词，也是欧洲最为著名的奶酪之一。

中国大国小农的国情，决定了想在品牌农业上做大事，政府必须主导，立足全局，做好产业发展规划和战略品牌顶层设计，通过搭建科技、标准、监管、流通、金融、人才等产业平台，优化品种、提高品质、建立质量标准、夯实产业基础，提升产业竞争力，打响农产品区域公用品牌，组织对接市场与渠道资源，做企业和农户想做而做不了、做不好的事情。

但是，路径何在？方法何在？抓手何在？

没有强有力的经营主体带动，农业品牌建设就会成为“空中楼阁”

市场是品牌的最终战场。一切没有消费者埋单的品牌建设都是自娱自乐。只有实现与消费者的链接，最终从农民到市民、从地头到餐桌、从产品到品牌，才算实现“惊险一跃”。

政府主导，但不能越位。政府公共服务的职责决定了其不能代替企业进行市场经营。主体企业必须承担起农业品牌市场营销的主角责任，打通区域公用品牌到用户品牌转化的“最后一公里”。

龙头企业弱小分散是产业不兴、品牌不强的最大问题

我们发现，凡是出现问题的农产品区域公用品牌，多是因为缺乏一个在品牌产权上明晰的、在市场经营上具有强大实力的企业法人主体。

主体企业缺失，导致品牌使用混乱，搭车蹭光现象严重，区域公用品牌人人使用、人人不珍惜，最终劣币逐良币。

五常大米很好，买哪个品牌呀？盱眙龙虾好，谁家最正宗？这种现象比较普遍，原因就是产业和品类没有“带头大哥”进行市场主导，没有建立和落实在一个企业法人式的经营主体上。灵宝苹果、西湖龙井、阳澄湖大闸蟹、赣南脐橙、清远鸡等都属于此种情况。

还有些区域公用品牌成立了专属企业主体，像盐池滩羊产业集团、安溪铁观音集团、宣威火腿集团等，但企业不够强大，担当不起振兴区域公用品牌的重任。

阳澄湖大闸蟹名气在外，但想吃只真正的阳澄湖大闸蟹真的很难。就连国有主体企业推出的“阳

澄湖牌”阳澄湖大闸蟹也未必真能“保真”。

根据《中华人民共和国渔业法》《中华人民共和国自然保护区条例》和《水产种质资源保护区管理暂行办法》等有关规定，从 2018 年 1 月 1 日起对阳澄湖中华绒螯蟹国家级水产种质资源保护区实行全面禁捕。

“真”成为阳澄湖大闸蟹产业的最大困局，也成了其他大闸蟹产区的战略机遇。

强大的区域公用品牌势能，不能转换成用户品牌强劲的消费动能，这样的区域公用品牌建设往往事倍功半，停留在上半场。

没有主体企业，或者主体企业偏弱，无法把分散的农民组织并带动起来，无法实现品牌与消费者最终链接，产业蓝图规划绘制得再美、基础打得再好、口号喊得再响，都可能成为无法达到的空中楼阁、成为“美丽的神话”。这是很多区域农业品牌之所以举步维艰的症结所在。

涪陵榨菜区域公用品牌和乌江榨菜企业品牌的成功，首先源于政府很早就组建了重庆市涪陵榨菜集团这个国有控股的市场经营主体，并通过体制和机制创新，持续激活企业，一步一步把产业做强做大，成为“中国榨菜第一股”。

山西沁州黄小米集团是在“沁县沁州黄开发服务中心”的基础上改制组建，三十年如一日，培育新品种、探索新技术，守护小米文化，拓展全国市场，成为中国小米第一品牌。同时，带动和推动沁县小米产业做优做强，成为富民强县的支柱产业。

产业要兴旺，品牌要强大，首先要有品牌产权明晰、善于市场经营的企业法人主体。有了实力强大的主体企业，乡村振兴和品牌强农工作就有了抓手，工作才能落到实处，也才能实现从产业优势到市场胜势，从产品优势到品牌胜势的伟大跨越。

政府主导、企业主营，中国品牌农业进入双轮驱动新时代

这几年，我们把全国各省以及世界上主要的发达农业国家都走了一遍，就是在探索中国农业品牌建设的路径和方法。

新时代，需要新思维、新突破。

农业品牌建设进入“政府企业双轮驱动”新时代

政府企业双轮驱动模式是指创建农业品牌必须由“政府主导”和“企业主营”两个轮子相互协力、共同驱动。

双轮驱动首先是从政府主导开始，因为区域经济要发展，要依托特色产业。这个特色产业是什么？怎么规划与发展必须由政府来主导。

政府主导：在农业品牌建设中，政府要起主持和引导作用，做好顶层设计、资源整合和服务平台搭建等，做企业和农户想做而做不了、做不好的事情。

政府主导两件大事，一是产业选择与培育，二是区域公用品牌打造。主要工作有：产业规划，战略寻根，品牌找魂，整合资源，搭建平台，夯实基础，传播推广，品牌管理，市场主体培育与组建等。

企业主营：这里说的企业，是指联合体企业，它代表产业和品类进行市场经营，是产业和品类中的中坚力量和“带头大哥”，是农产品区域品牌建设的载体和主体。

政府主导、企业主营，双轮驱动模型

什么是联合体企业

联合体企业是指在政府主导或引导下，由龙头企业、中小企业、合作社和家庭农场组成，以区域公用品牌为基础，以分工协作为前提，以规模经营为依托，以利益联结为纽带，以企业品牌和产品品牌为抓手，形成实体化、法人式的一体化新型经营主体，代表产业和品类进行市场经营，是农业品牌建设的“航空母舰”。

联合体企业实质上形成了价值共同体，责任一体、利益一体、荣辱一体。

2018 年，福来咨询发起主办的“农产品区域品牌联合体模式”发布会

没有政府主导，产业像一盘散沙；没有企业主营，政府主导落不到实处

农业品牌创建过程中，政府和企业各司其职，互为依托；发挥所长，相互配合；共同驱动，缺一不可。政府企业双轮驱动，才能走得稳、走得顺、走得好。

双轮驱动模式，找到并抓住了农业品牌建设的两大核心力量：政府和企业，不再偏颇和偏废一方，实现了从互怼到互爱，共同打好品牌农业这张牌。

同时，又找到了两个抓手，解决了两个问题。

农产品区域公用品牌，符合农业根植于产区的规律，解决了对区域内的企业和农户的产业公共服务与价值赋能的问题。

联合体企业品牌，让产区内的经营主体不再“吃大锅饭”，担起“主导产业，代表品类”的重担，解决了消费者面对区域公用品牌不知道选择谁的问题，将产地价值、产业价值变成品牌价值、市场价值。

政府企业双轮驱动模式的价值和意义

一是践行国策，顺接“培育新型农业经营主体”国家大势

2017 年 5 月，中共中央办公厅、国务院办公厅印发《关于加快构建政策体系培育新型农业经营主体的意见》，正式提出“农业产业化联合体”。

2017 年 10 月，农业部等六部门联合发文《关于促进农业产业化联合体发展的指导意见》。

2019 年 2 月，中共中央办公厅、国务院办公厅印发《关于促进小农户和现代农业发展有机衔接的意见》。

这是三个对中国农业发展至关重要的文件，建议深入研读。系列文件共同要求引导新型农业经营主体多元融合发展，鼓励农民以土地、林权、资金、劳动、技术、产品为纽带，开展多种形式的合作与联合，带动农户发展规模经营。

农业产业化联合体一般由一家牵头龙头企业和多个新型农业经营主体组成。各成员保持产权关系不变，开展独立经营，在平等、自愿、互惠互利的基础上，通过签订合同、协议或制定章程，形成紧密型农业经营组织联盟，实行一体化发展。

我们提出的联合体企业及联合体企业品牌，是在国家倡导的“农业产业化联合体”新型经营主体基础上的实践、延伸和深化。其组建方式，产权关系可以不变，也可以相互参股、控股，可以是民营（如“好想你”枣业）、国有独资（如寿光农发集团），也可以是混合所有制（如新疆果业集团）。总之，目的只有一个，要有实力和能力承担起振兴品牌农业的大任，要一个形象、一个声音、一个品牌、一个标准，形成“拳头”，一致对外。

顺大势，好做事，利用国策原力，充分为品牌农业企业的运营赋能。

联合体企业（品牌），既是区域公用品牌的战略抓手和载体，又从区域公用品牌超越出来，不再“吃大锅饭”，解决了产业内部产业分散、主体弱小、走不出去、正不压邪等问题；同时也解决了产业外部消费者无法辨识和选择的问题，让搭车蹭光、假冒伪劣不再横行。

二是规避误区，从根本上消除旧思路、旧模式的弊端

我们说旧的农业品牌建设的思路和模式，不是一个历史的时间节点，而是理念之分、方法之分，更是工作质量和工作成果之分。

同样做区域公用品牌，旧的思路和方法只重视把规模做大，把区域公用品牌的知名度做响，以为品牌名称、品牌LOGO、品牌口号就是品牌的全部。战略无根、品牌无魂；不重视培育和提升产业基础，品种、质量、管理等遗留问题很多，工作方式粗放。

一些区域公用品牌在市场上落地不够，中看不中用；发展路径、渠道策略、产品组合、传播推广、战略工具等零打碎敲，不成系统，没有落地……品牌建设难有实效。

农产品区域公用品牌建设，品种第一、品质第二、品牌第三。当下，中国几乎每类农产品的市场都严重同质化，供大于求，只有高质量、有特色的产品才有可能受到市场青睐。

有些地方在建立农产品区域公用品牌的同时，忽视联合体企业的作用，没有在区域公用品牌的基础上，把品牌主体进一步“明晰化”，打造联合体企业品牌。只有建立强势的联合体企业品牌，才能实现产业中有代表、品类中能选择。

例如，消费者在涪陵榨菜中可以选择乌江或辣妹子。在这种品牌格局下，无良企业很难有机会在区域公用品牌里“混饭吃”。

三是顶层设计，事先有预判，从此不再“摸着石头过河”

中国农业的现代化、品牌化是千年一遇的新生事物。在这场产业要素突变的革命中，政府和企业都迫切想要知道，如何才能不走弯路、错路。

政府主导企业主营的双轮驱动模式是在实践中摸索出来的，研究总结了大量中外实践，尤其针对中国农产品区域公用品牌过去工作中的问题，提炼出有针对性、现实性和可行性兼备的模式。

双轮驱动模式不仅是工作方法的不同，重要的是它从顶层设计做起，站在区域产业经济发展的高度和角度，既重视产业布局和规划，又注重品牌和市场；既做区域公用品牌，普惠企业和农户，又突出重点，扶持有担当的经营主体，打造联合体企业品牌，科学而实效。

一句话，政府和企业双轮驱动，是中国农业现代化、品牌化的必然选择和基本路径。

产业集群：政企联合打造品牌农业可持续发展的“大生态”

在农业现代化进程中，品牌建设是重要的战略抓手，而产业集群则是区域品牌基业长青的沃土和根基。

区域品牌与产业集群，一表一里、一虚一实，相互依存、相互促进，已经成为越来越多的国家和地区的发展路径选择。

党的十九大提出实施乡村振兴战略，并且写入党章，这是党中央着眼于党和国家的事业发展大局，对“三农”工作的一个总部署，也是新时代“三农”工作的总抓手。

产业兴旺是乡村振兴的源头和基础，是以农业为基本依托，将资本、技术等资源要素进行跨界集约化配置，使农业生产、农产品加工和销售、餐饮、休闲以及其他服务业有机地整合在一起，解决产业聚集的关键问题，形成产业集群式发展。

党的十九大后，农业政策以实施乡村振兴战略为统领，在推进“三区划定”（粮食生产功能区、重要农产品生产保护区、特色农产品优势区），引导产业进一步合理布局和做大规模的基础上，重点支持产业集群和要素集聚，加快一二三产业融合发展。

2020 年 5 月，农业农村部、财政部公布了 2020 年优势特色产业集群建设名单，其中，河北鸭梨产业集群、内蒙古草原肉羊产业集群、广西三黄鸡产业集群、广西罗汉果产业集群、山东寿光蔬菜产业集群、安徽徽茶产业集群、河南伏牛山香菇产业集群、黑龙江食用菌产业集群、湖南湘猪产业集群、福建武夷岩茶产业集群、云南花卉产业集群、西藏青稞产业集群、青海牦牛产业集群、新疆库尔勒香梨产业集群等 50 个产业集群入选。

政府扶持是产业集群式发展的基础，联合体企业是产业集群发展的核心

政企联合，按照“规模种养、就地加工、产销衔接、品牌发展、错位竞争”的思路，构建区域主导产业集群培育工程，打造品牌农业可持续发展的“大生态”。

“栽下梧桐树，引来金凤凰。”特色主导产业集群一旦形成，会给整个产业和区域带来巨大的竞争优势。这种竞争优势主要包括规模经济优势、交易成本优势、品牌溢价优势、技术创新优势。

国外有很多成功的区域特色农业产业集群案例，如美国中西部的玉米产业集群、荷兰威斯兰地区的花卉产业集群、法国波尔多的葡萄酒产业集群等。

我国不少地方也出现了特色农业产业集群现象，如人们所熟知的内蒙古乳业产业集群、乌兰察布马铃薯产业集群、郑州速冻食品产业集群等。

各种特产之乡、产业之都，以及国家推动的中国特色农产品优势区、国家现代农业产业园、国家农业科技园区等，其发展路径、核心标志和最终目标，也是要打造特色鲜明、资源聚集、竞争有力的产业集群。

产业集群构建三大法则：三产融合、横纵延伸、错位竞争

区域经济的繁荣和兴旺，需要众多优秀企业、数个主导产业来支撑。但是，区域经济的繁荣不只是做加法，这只是外在，其内在逻辑是，区域经济能否繁荣和兴旺还要看由企业和产业构成了什么样的生态。

只有科学、健康、可持续发展的生态集群，才会让区域经济繁荣强大。这叫“大家好，才是真的好”。

三产融合：此处的三产，一产泛指农业生产，二产指农产品加工业，三产指农业相关服务业。通过一二三产业融合，实现农文旅结合，农工商、农科教一体化，把农业服务、农副产品、农耕活动、休闲娱乐、养生度假、文化艺术、科普教育等有机结合起来。

错位竞争：从一个企业联合体品牌到多个多层次品牌，错位经营、竞合发展、共生共荣。如阿胶市场中有“东阿阿胶”（高端）和“福牌”阿胶（大众），云南普洱茶有“大益”和“七彩云南”，河南速冻业有“三全”和“思念”，等等。

横纵延伸：做农业产业，一定要建立横向和纵向两种思维。横向延伸业务线，包括核心业务、支持业务、配套业务、衍生业务四个层次。纵向延伸产业链，如种养加产供销，全产业链多点增值。横纵思维，有宽度、有深度，培育多主体、多品牌，集群式发展，发挥产业价值的乘数效应，以解决农业规模不经济的问题。

“好想你”枣业建立国内首家红枣博物馆，举办红枣文化节，推出了“好想你”红枣种植示范园、红枣养生苑、枣木雕刻园……如今，“好想你”中国红枣城已经成为著名的旅游景点，大大提高了新郑红枣产业和“好想你”的知名度，让“好想你”成为河南乃至中国的一张名片。

中国台湾地区“梅之乡”信义乡的青梅产业，已由原来的单纯农业种植，发展成为种植业、农产品加工业、休闲观光业和文化创意产业紧密关联的新兴产业链，成为全球游客打卡地。

一枝独秀不是春，百花齐放春满园

产业集群，须实现从产品的“点”到产业的“链”，再到整个区域经济的“面”。产业集群形成后，产业兴旺、乡村振兴自然水到渠成，带动整个区域经济繁荣强盛和可持续发展。

产业集群是产业发展的高级阶段，不是每个区域都有资源和能力实现，更适合产业资源比较丰富的区域。

波尔多是世界葡萄酒之都。在波尔多纵横 113000 公顷的葡萄园上，遍布 13000 多个种植者（酒庄或葡萄园），分为 57 个独立的 AOC（原产地监控命名）区，每年出产 8.5 亿瓶葡萄酒，占全法国同类酒产量的 1/4。这里出产的葡萄酒各具风格，纵是一园之隔，风味亦会不同，这是波尔多葡萄酒闻名世界、令人着迷的原因之一。因此，诞生了众多著名酒庄，如拉菲、玛歌、柏图斯等。这就是由企业集聚产生的区域产业集群效应。

漯河—— 一座中原内陆小城，因独特的食品工业魅力而闻名天下。漯河诞生了全球最大的猪肉加工企业双汇集团，共有食品工业企业和生产单位 6600 多家，年加工肉制品 320 万吨，产量亚洲最大。2003 年，中原食品节诞生，2008 年，中原食品节升格为中国（漯河）食品博览会，成为这座食品名城的“金名片”。受双汇集团所带动起来的产业集群影响，目前，全市已培育具有一定规模的优势农业产业化集群 21 个，全市年加工转化粮食 600 万吨，占全省的 15%；年加工生猪 1600 万头，占全省的 23%；鲜冻猪肉出口占全省的 90% 以上，占全国的 1/4。

山东寿光立足设施蔬菜，打造区域公用品牌，构建产业集群，被誉为“中国蔬菜谷”，是中国最大的蔬菜生产基地；同时拥有全国最大的蔬菜集散市场，建成全国蔬菜质量标准中心，具有自主知识产权的蔬菜良种多达 70 个以上。每天发布的“寿光蔬菜指数”成了全国各地菜价的“风向标”，甚至能左右韩国泡菜的产量。寿光蔬菜产业的全产业链经济贡献值 210 亿元，农民收入的 70% 以上来自蔬菜，成为全市人民的“命根子”。

产业集群建设不能一蹴而就，要分三步走

第一步，打品牌。通过区域公用品牌塑造，把产业基础夯实和品类发展壮大，让区域品牌的名片先亮出来、传播出去，建立强有力的心智认知。同时，把外部优势资源对接和引进，为产业、企业和农户赋能。

第二步，抓主体。以联合体企业为主干和支点，发挥市场引领和推动作用，打造超级用户品牌，实现区域公用品牌与用户品牌的共生共荣。

第三步，建集群。三产融合，农文旅结合，互联网 + 科技 + 农业，带动多个经营主体和企业品牌，形成产业链和产业集群发展。

其主线脉络是“打品牌、抓主体、建集群”，梯次递进，产生“滚雪球效应”，推动区域经济进入良性发展和进化轨道，最终形成中国或世界产业之都（集群），成为拉动区域社会经济高质量发展的战略引擎。

第七章

区域公用品牌建设：政府主导的区域经济发展大戏

作为党政一把手，一定要有“功成不必在我”的格局和胸怀以及“功成必定有我”的担当和魄力。在民主的基础上，勇担责任，集中决策，高效落地，大胆作为。

当前，作为乡村振兴、脱贫攻坚和区域社会经济高质量发展的战略抓手，农产品区域公用品牌建设在全国蓬勃发展。但思路、模式和方法始终没有大的突破和改变，旧的问题依然存在，并且还在重蹈覆辙。

80% 以上的农产品区域公用品牌建设存在问题

目前，全国（不含港澳台）拥有县级行政区划单位 2800 多个，地市级 330 多个，每个县市区都有自己的特色农产品和地理标志产品，都有打造区域公用品牌的必要。从现在的实践来看，80% 以上的农产品区域公用品牌建设存在问题，走了误区和弯路。

做品牌营销，首先要弄清楚基本原理。《大学》云：物有本末，事有终始，知所先后，则近道矣。因此，有必要先从概念上科普一下农产品区域公用品牌。

什么是农产品区域公用品牌

农产品区域公用品牌是指在一个具有特定自然生态环境、历史人文因素的区域内，由相关组织所有，由若干农业生产经营者共同使用的农产品品牌。该类品牌由“产地名 + 产品名”构成，原则上产地应为县级或地市级，并有明确生产区域范围，在生产地域范围、品种品质管理、品牌授权后方可使用。

以上是百度百科对“农产品区域公用品牌”的含义界定，其中明确“产地

名 + 产品名”是农产品区域公用品牌的基本核心要素。

盱眙龙虾、横县茉莉花、兴安盟大米、乌兰察布马铃薯、伊川小米、平泉香菇、隆安火龙果、烟台苹果…… 均遵循了农产品区域公用品牌的基本逻辑。

中国农业的现代化、品牌化，是千年一遇的新生事物，对很多区域，乃至整个国家，都是一个新课题，新任务。

区域公用品牌建设到底怎么做？必须找到适合中国特色的路径和方法。

区域公用品牌：一定是政府主导，为产业和企业赋能

区域公用品牌建设，不单是品牌或产品策划，也关系产业乃至区域经济的未来发展，这是全局性、领衔性、基础性的工作，必须由政府主导，做好区域公用品牌的顶层设计。顶层设计决定区域公用品牌的命运与前途。

政府主导，对内“打基础，搭平台”，做好品种、品质、品牌的“三品”战略，对外讲好品牌故事，做好市场化宣销，充分为产业和企业铺路赋能，全心全意为企业和农户服务。

以福来咨询服务的兴安盟大米为例。兴安盟位于内蒙古自治区东北角，出产大米品质上乘，但鲜为人知。说起牛羊肉哪里的好，说内蒙古肯定没有争议。但是说到内蒙古兴安盟大米，很多消费者的第一反应肯定是内蒙古不产大米呀！

没有认知的兴安盟大米区域公用品牌，如何给企业做背书和赋能？

如何在不产大米的消费者心智中创建新品牌？

东北大米好，全国人民都知道。站在东北“肩膀”上是一条捷径。福来咨询研究发现：兴安盟位于黑、吉、蒙交界，并且处在上游，上风上水。

兴安盟 = 东北上游，兴安盟大米的战略之根——“东北上游生态大米”脱颖而出。从此，东北大米分两种，一种是正统东北大米，一种是东北上游生态大米（兴

安盟大米）。

借东北大米的心智公共资产，让兴安盟大米“新品牌一夜成名”，快速成为消费者熟悉的“老朋友”。兴安盟稻谷收购价提升了 30%，还上了国内很多一线城市的大型超市货架。疫情期间，很多地方还出现了断货现象。这是过去想都不敢想的。

兴安盟的领导用八个字精彩概括：“一炮打响，一夜走红。”

区域公用品牌建设必须是一把手工程

有人笑言：农产品区域公用品牌建设，书记或县、市长亲自抓，成功率是 80%；副县市长抓，成功率是 60%；局长抓，成功率是 20%。虽为笑谈，但不无道理。

中央明确要求，党政一把手是第一责任人，五级书记抓乡村振兴。县委书记要下大气力抓好“三农”工作，当好乡村振兴“一线总指挥”。

实施乡村振兴战略是一项系统工程，不是仅凭哪一个或哪几个部门就能干得了的，党政主要负责同志尤其是县委书记要作为第一责任人，把乡村振兴变成一把手工程。

主要领导的参与度决定区域公用品牌的成功度

只有党政一把手高度重视、深度参与，才能把多个相关部门融合在一起，拧成一股绳，实现高效决策，快速推进。

区域公用品牌建设，事关乡村振兴战略和区域经济高质量发展，有诸多大事要办，过程中难免遇到决策流程、财政支持、资源整合等方面的困难和问题，这就需要一把手打破常规，亲自参与，敢于作为。这也是对每一位党政一把手远见、担当、勇气和魄力的考验。

现在有些地区，对专业公司的咨询方案有两个“不良”习惯：习惯于请各个部门、各级领导都对方案提意见；习惯于请各路专家进行第三方评审。

这种决策机制从出发点上看，无可厚非，体现民主性，但现实操作中存在比较突出的问题。由于信息不对称，很多人不了解情况，角度、立场、目的又不同，审美千差万别，对市场的理解千奇百怪，会说一些“不着边际”的意见，或提一大堆“正确的废话”，如果决策人缺乏足够的决断力就会很麻烦，很容易意见不统一，议而不决、反复折腾、贻误时机、难有作为。这个时候 ，一把手是关键。

关键时刻的关键决策，是一把手的天职

特殊时期，特殊任务，特殊政策，特事特办。

作为党政一把手，一定要有“功成不必在我”的格局和胸怀以及“功成必定有我”的担当和魄力。务必要亲自参与重要环节，在民主的基础上，勇担责任，集中决策，高效落地，大胆作为。

福来咨询服务的广西横县茉莉花项目，就是在县委书记的高度重视和亲自参与下，保证高效推进并快速取得成效。

横县县委书记黄海韬从举办全县品牌农业大讲堂到引进“外脑”，都亲自出席和推动；在横县茉莉花品牌建设上，也亲自参与每一次重要提案、决策，并且与福来咨询项目组认真雕琢细节。

在黄书记的直接推动和深度参与下，横县茉莉花品牌的建设工作速度快、成效大。在第三届中国国际茶叶博览会上，签约总金额达 9.325 亿元，成为当届茶博会上最闪亮的明星，奠定了“世界茉莉花产业中心”的地位。

近两年，云南省大力度打造世界一流“绿色食品牌”，农业高质量发展取得显著效果。这场云南农业大刀阔斧的“绿色革命”离不开云南省领导的谋划、指挥和推动。

从顶层设计和总体规划，到实施推进的具体举措，再到过程中解决难点痛点，省领导全程主抓。一年多的时间，省领导召开领导小组会议 13 次，专题研究和安排部署，形成了高位推动、上下联动的工作格局。这是高效实施的第一动力。

“产业兴旺”是乡村振兴的抓手，“区域公用品牌”是产业兴旺的抓手，在区域公用品牌建设上，从省级到市县级，党政一把手亲自抓，力度、效率、效果才能最大化保障。

政府主导的七大任务：定产业、调结构、优品种、提品质、创品牌、搭平台、立龙头

任务一：定产业，原则是有主有次、有先有后、有明有暗

在区域公用品牌建设过程中，我们发现不少县、市有多个产业，还都有一定的产业基础，面对这种情况怎么办?

目前，从省域、市域到县域，许多地方采取打造全品类全域性的区域公用品牌模式。客观地说，这种品牌模式的确存在重大误区。

欲速则不达，作为一方政府首先要梳理产业现状，明确区域经济发展的主导产业，找到战略之根，根深才能叶茂，区域经济发展底牌才能稳定。因此区域经济区域公用品牌建设必须坚持“有主有次、有先有后、有明有暗”的原则。

有主有次，就是明确主导产业

在众多产业中，选择最能代表区域的主导产业，聚心聚力，按公用品牌的标准优先建设，形成龙头带动效应、光环效应和眩晕效应。如何选择主导产业，福

来咨询认为标准有三个。

一看产业有没有可能做成全国老大、省域老大或者行业老大。成为老大才有定价权和话语权。能不能做成老大，不光看产业的体量、未来扩展性，还要看全国竞争格局，甚至全球竞争格局。

二看产业生态条件、品种品质有没有特色，能不能做出附加值。只有做出附加值，才能带动地方经济和农民增收，从而保证产业可持续和良性发展。

三看产业是否符合未来的发展趋势。例如桑椹产业西移、玉米鲜食化、生猪产业北移等，顺大势才能做大事，趋势大于优势，站在风口上，顺风顺水好发展。

河南省西峡县拥有“菌、果、药”三大主导产业，但是从20世纪90年代开始，该县把以香菇为主的食用菌作为富民“一号工程”重点发展，后来居上，成为“香菇第一县”。

宁夏回族自治区则在众多特色产业中首先聚焦枸杞，打造中国枸杞之都，成为世界好枸杞的典范。

有先有后，排好队列，梯次发展

资源总是有限的，再多的优势产业也不要齐头并进，要有先有后，梯次推进，不然“个个吃不饱，个个养不大”。

兴安盟农牧业条件得天独厚，是国家重要的绿色农畜产品输出基地。兴安盟行署规划“米、菜、油、糖，猪、禽、牛、羊”八大主导产业，在区域公用品牌

打造上，联手福来咨询，优先打造兴安盟大米。

通过兴安盟大米带动兴安盟大生态战略，为其他产业赋能，还吸引了伊利集团的战略合作。2019 年底，兴安盟 · 伊利集团绿色健康产业创新示范区项目正式签约，项目总投资 300 亿元，在高端乳制品、高端矿泉水、高端牧场等领域进行全方位、多层次的合作，未来形成 1800 亿元以上的全产业链经济贡献值，直接带动就业 6 万人。内蒙古自治区领导、伊利实业集团董事长潘刚出席签约仪式。

有明有暗，明确承担使命

产业发展有明线，有暗线；有的是树形象，有的是撑盘子。使命明确，目标清晰，不要相互干扰，模糊区域品牌认知。

广西南宁下辖的横县，百万人口，产业众多，茉莉花、甜玉米、双胞菇、大头菜等产业在全国都能排到前列，重点打造哪一个？

通过充分论证，基于茉莉花的千年文化基因，以及横县不可替代的产业优势，福来咨询制定了以茉莉花为主，将横县打造成“山水古横州，东方茉莉城”的战略定位。通过茉莉花提高横县的品牌认知度和美誉度，进而带动其他产业（暗线）和区域经济整体发展。

任务二：调结构，原则是“1+N”，主次分明，三产融合

调结构，就是基于战略之根重构业务类型和权重。对此，福来咨询提出非常“1+N”模式，也就是“1”大核心业务、“N”大重点业务，打通一二三产业，实现融合发展。

“全球十朵茉莉花有六朵产自横县”，横县茉莉花在全国乃至全球都是绝对的“老大”，但这个“老大”是隐形的，品牌不显现，溢价能力不强，跟世界级产业（如荷兰郁金香、保加利亚玫瑰）还有不少差距。如何让横县茉莉花从幕后走到台前？

我们对横县茉莉花进行业务重构，制订非常“1+9”业务模式。“1”就是茉莉花，是战略引擎。有了这个“1”，后面的“9”才有意义。通过标准化、品牌化和国际化，实现横县茉莉花从花茶原料生产中心向世界茉莉花产业中心升级，从普通原料向品牌原料和要素品牌跨越。

“9”指九大产业。按照全产业链思维，以横县茉莉花为载体，延伸出茉莉花茶、茉莉盆栽、茉莉食品、茉莉旅游、茉莉日化、茉莉餐饮、茉莉药用、茉莉体育、茉莉康养等产业群，将横县茉莉花的产业价值发挥到极致。

福来咨询为乌兰察布马铃薯区域公用品牌服务时，规划了“1+2+N”业务模式。“1”就是核心业务，做强种薯。乌兰察布种薯供应全国 26 个省市区，种薯是业务的主体。

“2”指“两翼”，做优鲜食薯 + 做精加工薯。“N”指依托马铃薯主粮化战略，进行马铃薯原粉、淀粉、薯泥的加工，开发马铃薯健康美食。乌兰察布马铃薯“1+2+N”的业务规划，实现了乌兰察布马铃薯从高数量增长到高质量发展，夯实了高品质特色马铃薯的产业地位。

任务三：优品种，原则是基于地域基因，培育自有品种

品种第一，品质第二，品牌第三。特色品种对于农产品区域公用品牌来讲，是市场竞争的起点，是创立品牌的源头，是核心竞争力所在。

谈到品种，北京鸭的教训值得警醒

樱桃谷鸭是英国樱桃谷公司从北京引进原种经过改良培育出的新品种，其以“生长快、肥肉率低、饲料转化率高”的优势，在商品鸭领域打遍全世界无敌手。连大部分北京烤鸭店用的鸭也是樱桃谷鸭，原种的北京鸭，由于品种退化，商品化率很低。可喜的是，首农集团和中信集团联手，花费 15 亿元全资收购英国樱桃谷鸭，这样中国每年 25.5 亿只鸭子不用再交数亿元的专利费了。

五常大米好，但并不是所有五常产的大米都那么好，最能代表五常大米的是“五常稻花香 2 号”。褚时健老人说起他的橙子滔滔不绝，但是他说得最多的还是品种和质量：产品如果不好，我名气再大，消费者也不会持续购买。

乌兰察布是我国第一个马铃薯脱毒种薯试验基地，其特色马铃薯品种干物质含量高，芳香物 45 种，口感又香又沙，是神舟飞船宇航员出舱第一餐的标配。这才是成就乌兰察布“中国薯都”的“秘密武器”。

柚子以容县沙田柚最负盛名，虽然广东、福建、重庆等地大量引种栽培，但味道还属原产地容县的好，独有蜜香、入口无渣，深受消费者青睐，成为柚中之皇。

优品种是区域公用品牌的内在要求

内蒙古兴安盟行署携手中国工程院院士、杂交水稻之父袁隆平，成立兴安盟袁隆平水稻院士工作站，开展对现有水稻品种选育及优质高产水稻品种的研发，为兴安盟大米区域公用品牌的建设提供了强大的信“芯”。否则，兴安盟大米的品牌建设就没有根基。

华盛顿苹果每年以 24 亿美元的销售额领跑全美，是全球知名区域公用品牌，

其最新研发的新品种宇宙脆，红皮黄肉、口感清脆，果肉有质感、甜度高，切开后褐变过程缓慢，储存过程中味道和口感均不易变化，将取代嘎拉、富士、金冠等老品种苹果。这是其持续保持领先优势的“撒

手锏”。

优品种要从战略和长远的角度考量

优秀品种是先进生产力的代表。真正成功的区域公用品牌必须以特色品种和优势产业为依托。如果没有，必须做长远的战略考量和布局。

新西兰奇异果并非产自新西兰本地，其品种源自中国，然后经过几十年如一日的优化改良，其产品和产业从无到有、从有到优，并且还培育出中国本土没有的新品种——金果和红果。现在新西兰佳沛奇异果成长为全球最著名的水果品牌，很值得各地方政府和涉农企业学习。

优品种是最花功夫的地方，必须在这个起点上动真格的。

任务四：提品质，原则是技术管理双加持

中国农业最短的短板是什么？

有的人说是技术、规模或者品牌，福来咨询认为，中国农业最缺乏的是社会化大生产的组织与管理。

中国农业太分散，缺乏组织，难以标准化，品质不稳定。一家一户分散的小生产与消费大市场，以及高度发达的现代商业环境严重矛盾。这个矛盾的解决程度某种意义上决定农业现代化的程度。

只有通过技术和管理的加持，构建标准化体系，实现农产品标准化，品质提升才会有保障；同时，通过提升品质，能够倒逼产业升级，保障产业走得更远。

普洱市在建设普洱茶品牌时，着力打造名山普洱茶品牌，发起成立了景迈山企业诚信联盟。联盟执行了高于国家标准的联盟企业标准，产品农药残留项目由33个增加到104个，并且要求不得检出，污染物限量项目由2个增加到8个。

管理出品牌，从此，从景迈山走出来的普洱茶第一次有标准、有标识、有监控、有检测，可识别、可查询、可追溯、可信任，让消费者第一次明明白白地消费高品质的景迈山古茶林普洱茶。

品质背后是科技化、组织化和管理化的水平。这些产业端的基础工作，很多是企业做不了的，特别需要也只能依靠政府主导，否则提品质就容易成为一句空话。

任务五：创品牌，原则是文化富集，市场第一

许多人的农产品品牌观念还停留在种养思维、产品思维和广告设计思维上，品牌普遍缺少灵魂，入眼难入心，容易导致人、财、物浪费，广告传播无实效。

区域公用品牌的打造，面对的不仅是一个一个的普通消费者，还有行业、媒体、企业、互联网平台以及 BTB 客户等，因此要有自己独特的逻辑。

文化资产是区域公用品牌灵魂的“富集地”

区域公用品牌的灵魂从哪里来？福来咨询认为，文化是区域公用品牌灵魂的“富集地”和重要“源泉”。文化往往具有经典性和恒久性，蕴含丰富的价值信息。

以福来咨询服务的容县沙田柚为例，它的品牌灵魂是什么？深入研究沙田柚的产业文化史，我们发现容县是沙田柚的“鼻祖”，有史料为证：清朝乾隆四十二年（公元 1777 年），乾隆皇帝巡游江南，官人夏纪纲把家乡容县沙田村出产的蜜柚献给皇帝，乾隆吃了连声赞好，并赐名“沙田柚”。此后，容县沙田柚被列为贡品。

显而易见，“正宗发源地”便成了容县沙田柚的品牌灵魂，品牌口令——乾隆爷的沙田柚，则把乾隆皇帝携带的公共历史文化资产直接嫁接，让历史文化为品牌赋能。

需要说明的是，文化是重要源泉，但不是唯一。区域公用品牌策划，还需要用外部思维和市场思维，进行战略品牌顶层设计。

柳州市三江县是侗族自治县，民族文化、建筑文化和茶饮文化丰富多彩，但福来咨询在为三江茶叶做区域公用品牌咨询时，勇敢跳出单纯的文化思维和内部

思维，站在产业竞争和用户价值角度，从三江茶叶比一般茶叶早上市（春节前就能喝到）的独特优势，赋予其“早春茶”的品牌灵魂，并直接植入区域公用品牌的名称中去，品类品牌化，品牌品类化，建立基于区位和生态的“永恒价值”，为三江茶叶开辟新时代高质量发展的品牌高速路。

地理标志≠注册商标，地理标志是一种认证，商标法保护才是真正的保护

区域公用品牌设计确定后，第一个任务就是名称和标识组合的证明商标或集体商标的注册，这是首要任务。

很多人误把地理标志当成注册商标，出现大量区域公用品牌被抢注、没注册的现象，如陈集山药、白水苹果被民营企业注册成普通商标，私有化了。这样的区域公用品牌存在很大的隐患。

任务六：搭平台，原则是政府搭台，企业唱戏

搭平台是指在地方政府的主导下，聚焦区域主导产业，为企业和农户提供良好的政商环境和服务平台。

政府搭台，企业唱戏

要围绕“根与魂”进行内外部资源的整合与配置，这是区域公用品牌经营的王道。

寿光市围绕“高品质特色设施蔬菜”的战略目标，搭建科技、标准、监管、人才、销售、基金六大平台，构成寿光蔬菜智慧农业体系，并成功创建“全国蔬菜质量标准中心”。

江苏盱眙是小龙虾之乡和小龙虾美食文化的开创者。湖北潜江也是小龙虾主产区，规模比盱眙更大。它们都要搭平台，但二者搭平台的战略目的和目标是不同的。

盱眙搭平台，要解决小龙虾高品质发展的问题，因此与中国水产科学研究院合作，构建“三白两多”的品种优势，打造小龙虾中的“白富美”，支撑高质量发展；同为小龙虾之乡的湖北潜江，它的平台围绕继续扩充产业规模，以量取胜的战略展开。

聚焦主导产业，政府主导搭建好六个平台

科技平台：优质品种的确定、研发、申报、认证和保护；深加工产品（原料）的研发；科研机构的合作；科技人才的引进；科研中心的组建、申报；技术培训等。

标准平台：建立产品质量标准、追溯体系、监管体系及农业大数据等，保证产品品质稳定性。

监管平台：借助政府的权威性和公信力，做好监管工作。既要守好地理边界，更要守好品质边界。只有符合地理标志产品规定范围，以及符合“种、管、采、收、加工”等统一标准，才有资格使用品牌授权标。

销售平台：整合、搭建检测、交易、电商（直播）、冷链、物流等销售服务链条，组织城市推介会、农业及行业展会；同时，在新零售、专卖店、大批发、旅游区、机场店等销售渠道建设上有政策、有扶持；有条件的地方可以成立联合体企业。

传播平台：搭建统一的区域公用品牌传播推广平台，带动并赋能企业品牌和产品品牌。

金融平台：与金融机构合作，为新型经营主体开展融资、担保、信贷等金融服务，有条件的可成立产业专项发展基金，支持公共事业、品牌策划、传播推广、渠道建设等。

政府主导，还要学会借力第三方平台。例如神农合作组织，由政策研究、产业规划、行业协会、科技、标准、品牌战略咨询、创意设计、渠道网络、媒体传播、投资等优秀农业服务机构组成，旨在打造有强势竞争力的区域或国家级名片品牌（详见附录）。

任务七：立龙头，原则是三力合一，成立联合体企业

立龙头就是成立联合体企业。政府力量代替不了企业的市场经营。企业必须承担市场中的主角作用，在政府主导或支持下组建联合体企业，主导产业，代表品类，解决消费者不知道选择谁的问题。

联合体企业的组建要坚持“政府主导、社会参与、团队参股”原则，可以是民营企业，如仲景食品，也可以是国有企业，如洛阳农发集团，还可以是混和所有制企业，如涪陵榨菜集团等。

为促进乡村振兴、农业投资及现代农业发展，洛阳市政府于 2018 年 11 月独资发起成立洛阳农发投资集团有限公司，承担洛阳农业服务平台及农产品区域公用品牌建设的任务，并与伊川县政府共同成立公司，推进伊川小米品牌建设和产业高质量发展。

农产品区域公用品牌建设必须实名制

近年来，在农产品区域公用品牌建设的浪潮中，出现了大量“隐姓埋名”的品牌，它们不说产地、不说产品，起一个很文学、很艺术但是“不知所云”的名字登台亮相，给区域公用品牌建设造成了混乱、带来了隐患，起到了错误的示范作用，导致走了弯路、错路。

烟台苹果、盐池滩羊、盱眙龙虾、福山大樱桃、横县茉莉花、兴安盟大米等，都是“产地 + 产品”命名，我是谁，我从哪里来，体现得很清楚。这是农产品区域公用品牌建设的基本逻辑。

农产品区域公用品牌在产地上不实名，是关系本质规律的大问题，直接影响品牌建设的成效，容易造成三大严重问题：传播成本增加十倍，违背基本品牌规律，工作缺乏抓手。

无产地名称、无品类属性的农产品区域公用品牌，要花费很大力气去告诉消费者：我从哪里来，我是卖什么的，极大地增加了品牌创建的传播成本。在媒体成本极高、信息碎片化的传播环境下，品牌创建成本至少增加十倍以上。

品牌名称与产品终身相伴，是最重要的区域公用品牌要素之一。规范的农产品区域公用品牌由“产地名 + 产品名”组成，如洛阳牡丹、容县沙田柚、乌兰察布马铃薯、五常大米、伊川小米等。产自哪里、卖的是什么，都实名制，清清楚楚，明明白白。

“橘生淮南则为橘，橘生淮北则为枳。”农产品讲究产地、基因和血统，独特的产地生态、自然禀赋和历史文化，是农产品区域公用品牌的宝贵资产。

产地是农产品品牌成败的第一要素。产地决定环境、产地决定特色、产地决定文化，这是农业产业的根本特性。

产地和品类是价值源泉、市场引力，更是资产沉淀。无产地、无品类的区域公用品牌会成为虚无缥缈的“空中楼阁”，带来三个虚无：品牌价值虚无、品牌投资虚无、品牌资产虚无。阳澄湖大闸蟹因阳澄湖而值钱，枸杞只有宁夏的才可以入药，五常大米如果改成“五环大米”，就失去了意义和价值。

中国作为文明古国和农业资源大国，每一个地域名称都价值连城，蕴含着巨大的自然生态、历史文化信息和能量，这是区域公用品牌的核心资产和价值金矿。如洛阳、淮安、洛川，各不相同、各具特色，不可替代。

抛弃地域名，打造没有地域名称的品牌，让品牌与产地失去第一关联，就会没有历史渊源，没有文化传承，这样的品牌没根、没魂、没来头、没说头，严重违背了农产品区域公用品牌的根本属性。

所以，地域名称不是品牌的负担，而是区域公用品牌最大的品牌资产，不能放着宝贵资产不用，再另起炉灶，幻想打造一个全新的品牌，是舍本逐末。

农产品区域公用品牌不实名，还会导致政府工作、企业经营和消费选择都失去抓手。

农业农村部指导开展的百强农产品区域公用品牌评选和农业品牌目录制度中明确规定，参选品牌须由“产地名 + 产品名”构成。对此，我们高度赞成。

从国际上看，无论波尔多葡萄酒、新潟越光大米还是加州巴旦木、华盛顿苹果、爱达荷土豆，都是产地、品类和品种的产物，而且都是实名制。

区域公用品牌建设，应从命名规范化开始。

农业农村部中国绿色食品发展中心领导，在首届神农论坛上发言时强调，农产品区域公用品牌不要贪大求全，要做精、做优、做细，不能超出地域、超出品种，起名字也不要听起来很好听、很文学、很艺术，就是不知道卖什么的。“地域名 + 产品通用名”是基本要求。

在农业农村部指导、中国农业大学主办的“2020 中国农业品牌政策研讨会”上，中国农业大学原校长提出要“一个孩子一个名字”，这是“区域名 + 产品名”

的形象比喻。

本书作者娄向鹏在“2020 中国农业品牌政策研讨会”上强烈倡议：农产品区域公用品牌必须实名制！要“真名、实名、地名”，杜绝“艺名、假名、虚名”。

中国人民大学品牌农业课题组组长娄向鹏：

区域公用品牌须“实名制”

近年来，在农产品区域公用品牌建设的浪潮中，出现了大量“隐姓埋名”的品牌，他们不说产地，不说产品，起一个很文艺的名字。品牌不实名，是关系到本质和基本规律的大问题，直接影响品牌建设的成败。

这是农产品区域公用品牌命名的基本原理和底层逻辑。

至于实名制带来的不能商标注册的问题（商标法规定，县级及县级以上地名不能注册商标），我们的建议是注册图形商标，图形商标 + 品牌名称 +LOGO，三位一体，同样可以实现赋能、认证、授权及监管功能，像云南省绿色食品品牌、河北农品（只赋能、不进行认证和授权）等。绿色食品、有机食品、地理标志，包括新西兰银蕨叶认证、澳大利亚种植袋鼠认证，均是此逻辑。

河北农品

区域公用品牌授权的最大秘诀：打造“农业英特尔”模式

区域公用品牌实名制，才能充分为企业赋能。包装上那大大的“五常大米”是消费者的视觉吸引点和购买理由，否则，消费者第一时间就会把你排除了。标准的呈现方式，就像“乌江 + 涪陵榨菜”模式。

道理很简单，但是往往一用就跑偏。

站在要素品牌高度，重视区域公用品牌授权

区域公用品牌与企业品牌的关系，是一个硬币的两面，相辅相成，不可人为割裂，尤其是联合体企业，要将区域公用品牌放到要素品牌战略的高度进行联合推广。

什么是要素品牌战略？这是现代营销学之父菲利普·科特勒提出的新观点。

要素品牌战略，是指为某些品牌成品中不可或缺的材料、元素或部件等构成要素制定品牌的战略。如人们耳熟能详的Intel处理器、利乐包装、莱卡、杜比等。我们购买电脑和牛奶时，不直接与Intel和利乐品牌产生关联，但它们却无处不在，就在你的商品里，而且你还要为品牌溢价埋单。

一方水土养一方物。区域公用品牌作为地方特产、名产，也要成为要素品牌，为企业品牌背书和赋能。企业品牌要以打出区域公用品牌为荣。

“农业英特尔”战略，政府企业双轮驱动的“链条”

将工业领域的经验嫁接到品牌农业，在政府主导下，建立品牌资金扶持机制，推出区域公用品牌认证体系，将区域公用品牌注册商标（图形＋字体）放到要素品牌战略的高度，授权给符合标准的企业，统一位置、统一价值、统一形象，集中展现，就像电脑上贴的“英特尔”标识。福来咨询称为农产品领域的“英特尔”战略。

政府和企业如何双轮驱动？区域公用品牌和企业用户品牌如何联动？福来咨询创导的“农业英特尔”战略从底层逻辑上有效地解决了这两大困惑。

以横县茉莉花项目为例，福来咨询提出由横县政府牵头，建立资金扶持机制，推出“好花窨好茶，横县茉莉花”的“农业英特尔”战略，让经过授权的花茶贴上横县茉莉花品牌认证标签，既能体现正宗地位，同时也是高品质的象征。

一个小标签，让横县茉莉花品牌真正走进千家万户、千厂万店，走进茶余饭后，走进消费者的脑中。这就是为横县茉莉花创导的“农业英特尔”战略的力量。

产品和包装是“农业英特尔”战略的两大载体

在区域公用品牌打造上，资源总是有限的，因此一定要把自有的资源“吃干榨净”。

产品和包装是区域公用品牌必须用好的“自媒体”，也是“农业英特尔”战略最适合的两大载体。

每一次产品露出都是一次区域公用品牌的广告，每一个可以露出品牌的地方都是广告位。这些都不需要额外增加品牌投资，就能达到最直接的植入性广告效果。

以福来咨询服务的隆安火龙果为例。每一个火龙果都有贴标，以前的做法是“火龙果”三个字，或者带个洋气的英文，现在统一打上隆安火龙果授权标，一箱 6 个就是 6 次品牌传播；在外箱固定位置打上隆安火龙果授权标和企业品牌，联合体企业还要打上大大的“隆安火龙果”，这种点对点的传播效果比电视广告更直接、更精准。

“农业英特尔”战略是一个改变农产品区域公用品牌发展理念和模式的大创意、大战略。

区域公用品牌运营管理的四项基本原则

品牌管理是区域公用品牌建设的重要一环，是企业主营时的操作指引，要有标准、有指标、有指导、有保护，必须严肃对待，切忌沦为“五常大米”“阳澄湖大闸蟹”似的公地悲剧。

世界上比较常用的打造区域公用品牌运营模式的有三种：以美国为代表的“品牌联盟＋协会”模式，以法国为代表的“原产地保护制度”模式，以日本为代表的“农业协同组合（简称农协）”模式。三种模式各有特色，但都是基于本国国情的探索发展道路。

中国打造区域公用品牌，三种模式都可以借鉴和学习，但是由于环境不同、政策不同、发展阶段不同、组织职能定位和功能也不同，还需要政府主导和推动。

我们认为，现阶段，要做好农产品区域公用品牌的运营管理，必须坚持四项基本原则。

原则一：必须有组织保障

首先，一把手挂帅，组建品牌建设工作领导小组

一把手主导并深度参与，能保证高效决策，快速推进，动作到位。品牌建设工作领导小组构成如下。

组　长：党政一把手

副组长：党政主管领导

品牌建设工作领导小组下设办公室，负责品牌建设的日常工作。办公室建议设在农业农村厅／局（含林业、果业、粮食等部门，下同），办公室主任由厅／局

一把手兼任。

其次，组织保障，构建非常“1+9”执行体系

区域公用品牌建设不仅是农业部门的事，更是区域社会经济发展的大事，需要各职能部门通力协作，保证高效运转。

福来咨询提出“1+9”组织保障体系：以农业农村厅/局为载体，市场（工商、质检）、商务、文旅、乡村振兴、财政、发改委、科技、宣传、公安等九个部门应打破部门界限，做好协同，成立联合工作组，加强执行力度。

寿光市委书记赵绪春亲自推动寿光蔬菜区域公用品牌建设工作。

特别说明：品牌建设工作领导小组之下，各职能部门、行业协会、市场主体等不同层面、不同性质的机构，要以“一盘棋”思想，共同推动区域公用品牌的建设工作。

再次，农业主管领导直接参与，相关负责人“高配”

区域公用品牌建设是乡村振兴、产业融合和区域经济高质量发展的战略抓手，需要资金支撑、部门协调、资源整合，党政主要领导应直接参与，才能快速落地执行，取得成效。

一般惯例，主管农业的副省、副市或副县长不是常委，而且一般都不分管市场（工商、质检）、商务、文旅、供销、乡村振兴、财政、发改委、科技、宣传等部门，所以，品牌建设“1+9”执行体系的构建很多时候落不了地。

基于中国国情及中国农业工作的特殊性，我们大胆谏言和呼吁，主管农业的领导最好能进常委会班子或者由常委主管，特别是农业发达和农业资源丰富的区域。

当然，也有例外，如山东寿光市，原主管农业的副市长分管市场监督管理局，现由市委常委直接分管农业农村局和市场监督管理局。

另外，农业部门的一把手也最好能高配（如兼任省 / 市 / 县长助理）。

对于政府组建的联合体企业，其负责人要么体制外招聘，如盱眙龙虾产业集团，但工作要求和考核一定要市场化；要么体制内任命，但其负责人一定要能担当大任，前期相应行政级别最好能高配，如丽水农发公司总经理，从副处级直接提升至正处级。

总之，要高效率做成事，必须“高配”。

最后，成立专门的品牌运营管理机构

区域公用品牌的创建，是一项战略工作，也是一门专业技能，一把手重视和相关组织配称是基础，前期还可以“应付一下”，但从实际操作和长远发展来看，政府部门日常事务繁杂，无论从体制机制上，还是从专业专注上，都很难保障区域公用品牌建设的系统性、落地性和可持续性，需要有公司化的品牌运营管理机构来具体落实相关工作。统筹、协调、推进区域公用品牌的商标注册（证明商标或集体商标）、品牌授权使用和统一管理，以及节庆活动、传播推广、资源整合、服务平台搭建等事务。

具体形式可以是单独成立公司，如山西小米运营中心有限公司（山西省粮油交易中心、山西省粮食行业协会参股）；也可以授权现有三农平台公司组建二级专业公司，如洛阳农发投资集团。组织和职能上，负责品牌运营的公司还可以与地方行业协会整合，一套班子、两个牌子。

原则二：必须观念共识、思想统一

人心是最大的政治，共识是奋进的动力，宣讲是最好的学习。

方案确定后，要对主要领导和核心参与人员进行方案的宣讲。所有参与人员要将方案理解到位。通过宣讲式学习，实现观念共识，保证思想统一，上下同欲，坚决执行，高效落地，让区域公用品牌真正成为乡村振兴的战略抓手。

原则三：必须形成品牌“宪法”，保证连续性

区域公用品牌建设是一场“攻坚战”，更是一场“持久战”，必须坚持“一张蓝图绘到底”。不能领导一变动，品牌工作就停，就要推倒重来，最后形成品牌“烂尾楼”。

区域公用品牌的顶层设计完成后，作为一把手工程，要以战略之根和品牌灵魂为核心，形成人人遵守的品牌经营“宪法”，一以贯之，不折腾、不懈怠、不反复，坚持不懈，做好品牌接力。

当然，前提是区域公用品牌的顶层设计一步到位、一次做对。如果路径和方法不对，执行越到位则偏差越大。这时候，停下来就是最好的选择。

强调一点：对于区域公用品牌建设，必须导入有学术高度和实战深度的专业品牌农业咨询机构进行顶层规划。这是品牌的百年大计，必须谨慎选择。

选对合作伙伴，就等于成功了一半。千万不要因为流程与费用问题，影响了与高水准外脑的合作。合作伙伴凑合，结果一定更凑合。

原则四：必须特事特办，战略性持续投入

区域公用品牌建设是一项功在当代、利在千秋的伟大事业，需要特事特办、高效决策，更需要持续的战略性投入，绝不可按部就班、浅尝辄止。

地方政府的“硬件思维”比较普遍。

有的地方在修路、建厂、办园等方面敢于投入，但在品牌策划和传播上往往拿不出钱，或有钱也不敢花、不会花；有的地方甚至还出现了国家三农补贴资金花不出去的现象。

只有建立了强势品牌，才有附加值、话语权和持续收益，才能真正使农业增效、农村增美和农民增收，最终形成产业兴旺、乡村振兴的长效机制。

但在创建品牌阶段最费钱、费力，就像飞机在起飞时最费油一样。

舍得之道，知易行难。党政主要领导应站在对未来负责、对历史负责、对区域社会经济发展负责的高度，站在产业高质量发展和乡村振兴的战略高度，加大对区域公用品牌建设的战略性持续投入力度。守正笃实，久久为功。

首先，要善于“找到”品牌建设资金

各地除了必须列支的“三农”财政支出，还要善于整合国家和上级政府每年在脱贫攻坚、产业扶贫、乡村振兴、产业兴旺、农产品深加工、一二三产业融合、冷链物流、金融支农、产业园建设等方面的政策和资金支持。

中共中央、国务院印发的《关于实施乡村振兴战略的意见》也明确要求，建立健全实施乡村振兴战略财政投入保障制度，公共财政更大力度向“三农”倾斜。

品牌建设资金就像海绵里的水，只要你肯挤，总会有的。

其次，要敢于在品牌建设上花钱

系统策划、资源整合、品牌传播、市场对接都需要花钱。只要公正廉洁、程序合法，只管大胆去花、勇敢去干，这才是真正的“守土有责、守土负责、守土尽责”。

盱眙龙虾之所以年综合产值突破139亿元，成为中国水产领域公用品牌的价值第一（2019年评估为180亿元），关键一点是县委、县政府20年如一日敢于进行战略性投资，大手笔产业规划和品牌策划，持之以恒地高规格举办盱眙龙虾节、大气魄创造万人龙虾宴，以及走进北上广、远赴美欧澳，这才造就了百亿级富民产业，成为国民级农产品区域公用品牌。

省、市、县三级联动的实践之道

在农产品区域公用品牌建设的时代大潮中，省、市、县政府如何定位与分工才能不发生错位、失位和抢位，如何站在全局高度系统规划推动并引领农业品牌建设高质量发展，这些问题一直困扰着全行业。

福来咨询在自身探索实践和总结国内外典型案例的基础上，提出农产品区域公用品牌建设的三极联动之道：省市农业服务品牌为面，省市大单品品牌为线，一县一业品牌为点，点线面结合，协同发力，实现三极联动。

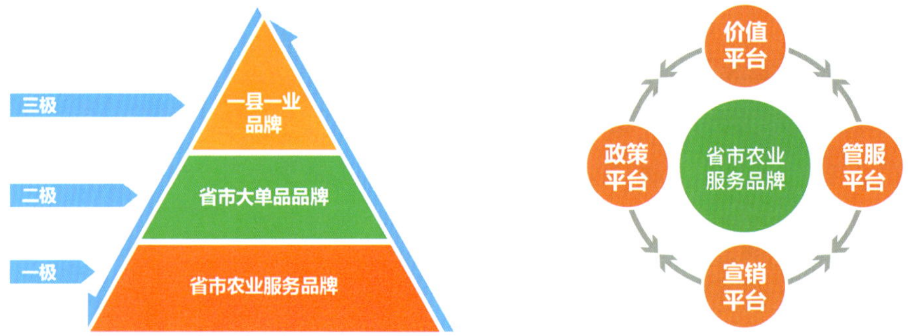

一极：省市农业服务品牌，服务地方、倒逼地方

在推动农产品公用品牌建设和农业高质量发展的战略任务中，省市级政府（尤其是省级政府）是关键引领力和推动力，要立足全局，高瞻远瞩，通过省市级农业服务品牌，搭平台、做支撑，进行价值赋能、政策赋能和服务赋能，发挥两大职能：服务地方、倒逼地方。

具体而言，省市级政府的核心工作是搭建四大平台。

第一大平台——价值平台：根据省市的人文历史、地理位置、生态特点、农业禀赋，提炼出一个省市的整体农业“灵魂”，并创作传播口令、设计传播标志和形象，形成省市农业价值平台，从而为省市特色优势农业产业、“一地一特”农产品进行价值赋能。

“河北农品”“云南绿色食品牌”“丽水山耕”“洛阳源耕”等，都属于此类。

价值平台有两点需要强调，一是其名称必须实名制，一定要体现省市名；二是要明确传递省市农业的特色和价值，要有“灵魂”。

广西提出了“壮美广西，生态农业”的宣传口号，强化“壮美”“生态”的价值；海南提出了“海南农品，四季领鲜”的宣传口号，占领“四季新鲜”的价值。

第二大平台——宣销平台：统一的宣传和销售平台。

酒香也怕巷子深。一方面，要加大宣传力度，通过媒体发出强音，全方位传播省域农产品（农业）价值，如广西、河北、湖北、江西等省份在 CCTV 的宣传。需要特别指出的是，类似的广告宣传一定要把省内特色产业带出来，而不是只做单纯的形象广告。

广西的做法值得借鉴，在传播“壮美广西，生态农业”“广西好嘢”整体形象的同时，把横县茉莉花、容县沙田柚、柳州螺蛳粉等代表性区域公用品牌，同步融进去、带出来。

另一方面，通过政府政策和资源，对接阿里巴巴、京东、拼多多、今日头条、一亩田、新发地等，搭建统一的市场销售平台，为全省农产品销售铺设高速通道，如陕西农业农村厅整体对接拼多多；也可以自建平台，如宁夏的“乡味宁夏”、云南的“云品荟”等，但这个要求比较高，投入资源也比较大，一定要慎重；同时，以整体形象主办或参与各种展销对接活动，资源更集约，效果更明显。

福来咨询为河北省农业品牌建设服务时，为其省级农业服务品牌创意设计的“河北农品，百膳冀为先”，就彰显了河北农业的区域优势和产业特征。

“百膳冀为先”立足河北环绕京津的独特区位优势和多样化的地形地貌、产品优势，将“百善孝为先”的心智公共资产，转化成河北农品的私有品牌资产。“河北农品，百膳冀为先”高调亮相 2019 全国农交会，带动全省各地的农产品区域公用品牌和龙头企业品牌走向全国。“河北农品，百膳冀为先”还被写入河北省委、省政府 2020 年“一号文件”。

第三大平台——政策平台：农产品品牌建设是乡村振兴（产业兴旺）、脱贫攻坚、农业供给侧改革的战略抓手，需要省市政府通盘考虑、统筹谋划、引导引领，做好政策层面的顶层设计，充分发挥集中力量办大事的制度优势和政策优势。

农产品品牌建设包括发展理念、发展目标、产业政策、金融政策、市场主体培育、品牌建设、部门协作、组织考核等。

广西近几年非常重视农产品区域公用品牌建设，积极开展国家和自治区级现代农业产业园、特色农产品优势区、农业品牌目录制度创建，出台了一系列支持政策，把农产品区域公用品牌建设纳入地方实绩考核指标，建设了一批布局合理、技术先进、管理规范、效益明显、带动力强的“产业园”“特优区”，农产品区域公用品牌建设成效卓著。

第四大平台——管服平台：发挥省市级政府的权威性和公信力，整合国内外各种优势资源，搭建省市农业高质量发展的管理和服务平台，做企业和县级政府想做但做不了的事。

管理和服务平台包括科研支撑平台、交易物流平台、认证服务平台、质量追溯平台、市场交易平台、电商培育孵化平台等。

山东省人民政府与农业农村部在寿光联合建立的“全国蔬菜质量标准中心”，对于占领全国蔬菜质量标准制高点、促进山东蔬菜产业提质增效、引领中国蔬菜产业质量标准升级意义重大。

特别强调：省市农业服务品牌的重点在省域，对市域来说，并非必选项。必须满足三个基本条件：品牌命名实名制，文旅资源丰富，战略性持续投入的能力和魄力。否则，千万不要轻举妄动。

二极：省市大单品品牌，聚焦一产业，影响全行业

站在全国甚至全球的角度，从外向内看一个省市的特色农业产业资源，找出全国乃至世界第一、唯一或领先的优势特色产业（品类），打造超级大单品品牌，形成特色优势产业连片聚集效应，带动全省市的品牌农业经济发展。农业农村部和财政部提出的“优势特色产业集群”，也是以省市为主要单位。

大单品品牌的成功例子，国内的青海牦牛、河北鸭梨、广西三黄鸡、寿光蔬菜、库尔勒香梨、云南花卉等；国外的有波尔多葡萄酒、爱达荷土豆、加州巴旦木、华盛顿苹果、克里特橄榄油等。

省市大单品品牌打造，必须满足三个基本条件：突出的产业特色（优势）、足够的产业体量、可控的质量标准。

湖南茶油经过数年的品牌打造，逐渐形成“东方橄榄油”的价值认知和品类地位，奠定了“世界茶油看中国，中国茶油看湖南”的产业格局，成为湖南农业的新名片，更成为省域农产品超级大单品品牌建设的新亮点；对满足国人消费升级，守护国家粮油安全，推动湖南乡村振兴，都具有积极贡献。

打造省市大单品优势品牌，有三大益处。

一是资源更聚焦。各省市农产品品类众多，必须聚焦资源、突出重点，影响力和带动力才会更强。二是更易抢占消费心智。突出一两个超级大单品，消费者的印象会更加深刻，也更易成就第一或唯一。三是制造榜样效应。打造一两个头部产业，以点带面，更有示范效果，也能更好地带动和实现特色优势产业高质量发展。

当然，省市大单品品牌打造，并非必选项。如果条件不具备，千万不要凑热闹、赶时髦，要有所为有所不为，宁缺毋滥。

湖南红茶公用品牌的打造就实属勉强，倒不如打造湖南黑茶更有价值。

三极："一县一业"品牌，是着力点、是主战场

县域（包括区、旗、县级市）是农产品区域公用品牌建设的主力军和主战场。"一县一业"品牌就是要以区域公用品牌建设为战略抓手，全面推动县域的乡村振兴、产业兴旺和高质量发展；同时也是对省市农业服务品牌和省市大单品品牌的强力支撑。

"一县一业"品牌，不搞大而全的多品类品牌是关键

一定要先聚焦人、财、物打造一个主导产业，如盱眙龙虾、洛川苹果、容县沙田柚、兴仁薏米仁、伊川小米等。

广西横县，拥有茉莉花、甜玉米、双孢蘑菇、蔗糖、桑蚕等多个全国性优势产业，但在区域公用品牌建设上，第一步只聚焦在茉莉花上。在福来咨询的协助下，横县集全县之力建设"世界茉莉花产业中心"，推动茉莉花产业向更高质量发展。2019 年茉莉花（茶）年综合总产值达到 105 亿元，成为名副其实的区域经济发展引擎。在此基础之上，横县开始谋划甜玉米的公用品牌建设。

《道德经》第五十三章有"大道甚夷，而民好径"的感慨。一个县域，将多个产业装入一个区域公用品牌，或者在主导产业尚未立起来就同时推进多个产业的区域公用品牌，都是想走捷径而"误入歧途"的典型表现。

"一县一业"品牌的实施，统一领导和统筹规划至关重要

要根据省市的整体规划来选择和实施，既承接省市服务品牌或大单品品牌的势能和政策资源，又避免各自为政，分散资源；尤其是区域公用品牌建设的资金使用，要做到专款专用，明确产业基础投入和品牌创建的软硬投入比例，避免地方政府不会花、不敢花、胡乱花。

为避免效果打折扣，"一县一业"品牌建设必须作为一把手工程，列入地方党政一把手的实绩考核体系。

云南省打造世界一流"绿色食品牌"的发展实践，走在了全国前列。云南省按照"大产业 + 新主体 + 新平台"发展模式，聚焦茶叶、花卉、水果、咖啡等 8

个优势产业，全面落实“抓有机、创名牌、育龙头、占市场、建平台、解难题”6个方面的举措，在全省择优创建20个“一县一业”示范县，给政策、给荣誉、给支持，做大、做强、做优主导产业，构建完善的产业体系、生产体系和经营体系，把经营主体引入“一县一业”发展大格局，通过“服务地方，倒逼地方”，两年时间，成效显著。

总之，以省市农业服务品牌统筹全局，纲举目张；以省市大单品品牌为特色优势产业名片，树大影响，做大带动；以“一县一业”品牌为抓手，做强一点，带动一片。点线面结合，三极联动，各司其责，互为支撑，形成上下合力的高效联动效应。

省、市、县三极联动，完全遵循中共中央、国务院《关于实施乡村振兴战略的意见》中提出的“要实行中央统筹、省负总责、市县抓落实的工作机制，建立市县党政领导班子和领导干部推进乡村振兴战略的实绩考核制度”。

目前来看，省、市、县三极联动，是符合我国国情的农产品区域公用品牌建设之道，值得进一步实践与探索。

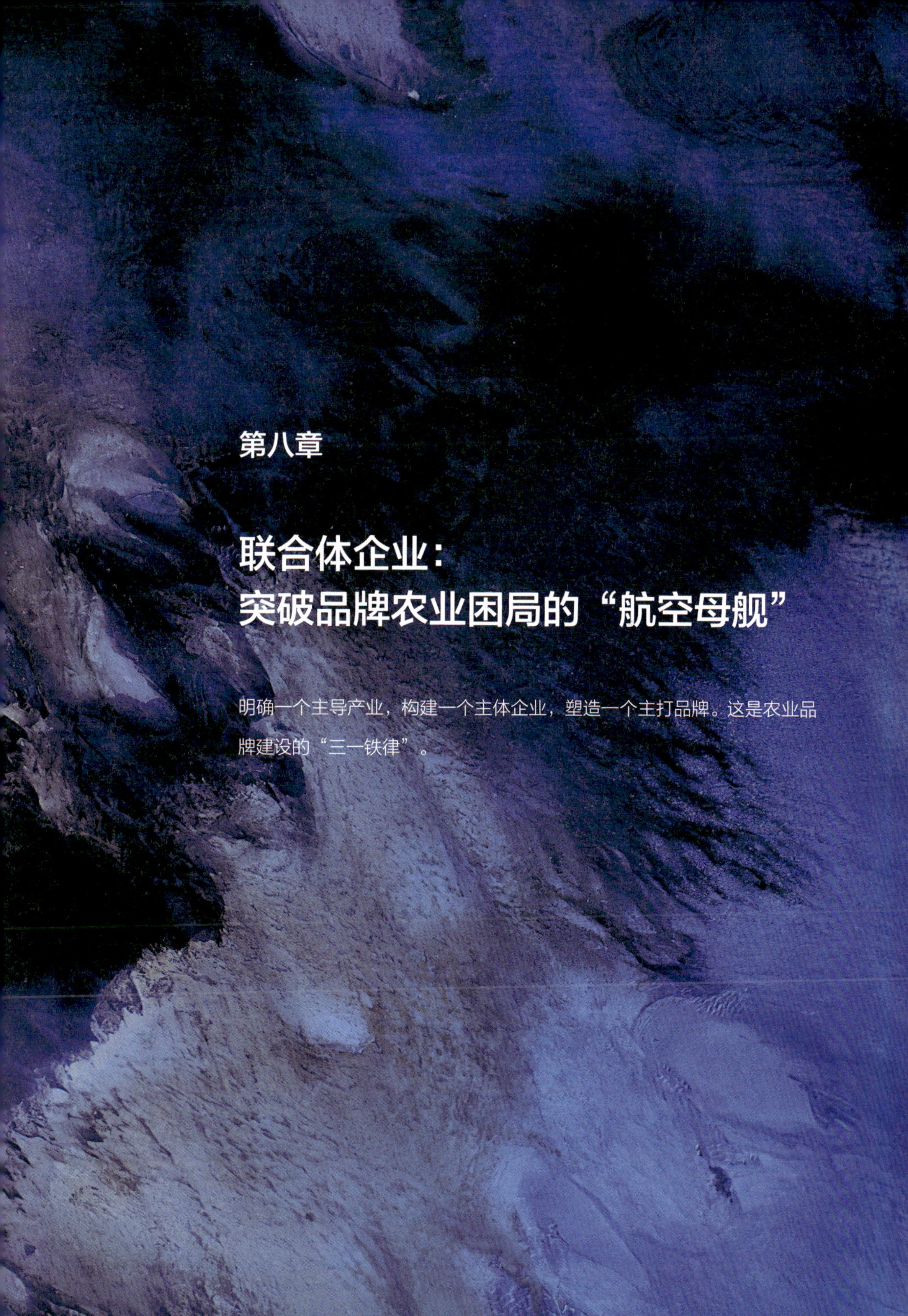

第八章

联合体企业：突破品牌农业困局的“航空母舰”

明确一个主导产业，构建一个主体企业，塑造一个主打品牌。这是农业品牌建设的“三一铁律”。

新西兰佳沛奇异果的超级启示

新西兰佳沛奇异果，是全球最知名、最强大的水果品牌，也是新西兰的国家名片，每年出产量 7000 万箱，99% 出口，销售市场遍及全球 70 多个国家和地区，占全球奇异果市场总销量的 33%，高居世界第一位。

在以牧业为主的新西兰，如何造就了一个世界水果品牌传奇?

寻根溯源，从中国猕猴桃到新西兰奇异果

奇异果并非新西兰原产，它的祖先是来自中国的猕猴桃。

1904 年，新西兰女教师伊莎贝尔，利用假期来到中国湖北宜昌，看望她在中国传教的妹妹，返回时出于好奇从中国带了猕猴桃。

在新西兰皇家植物与食品研究院的技术支持下，经过 20 年的品种培育，第一株奇异果树出现在了新西兰的土地上。其陆续推出的绿果、金果和红果，成为品质和口感都领先全球的专利品种。由于这种果实与新西兰国鸟 kiwi bird 有些相似，都有着毛茸茸的身体，将其命名为“kiwi fruit”，音译过来即为“奇异果”。果农纷纷自发种植并销售奇异果，到了 1980 年，新西兰以种植奇异果为业的果农共有 2700 多名。

抱团取暖，成立新西兰奇异果营销局

奇异果在新西兰的成长发展，经历了从小到大、从自发散乱到有组织有体系的过程。

由于生产者众多且分散，产出的奇异果品质不稳定，产量波动大，出口商家众多，竞争激烈，相互杀价严重，新西兰奇异果遭遇了严峻考验。

1988 年，新西兰奇异果产量奇高，果农们正希望有一个好的收成时，其最大海外市场美国实行反倾销政策，新西兰果农损失惨重。同时国际市场巨大的推广费用支出和营销失利，让果农们的利益大大受损。特别是在日本市场，由于进口配额问题，日本经销商倒戈，投向了竞争者的怀抱，使新西兰奇异果在瞬间几乎丧失了日本市场。

深思熟虑后，果农们决定抱团取暖。最终在政府的扶持和帮助下，成立了新西兰奇异果营销局，将分散的出口主体整合为一个单一的出口，对整个产业的品种选育、种植、采收、包装、储藏、物流、配售、广告推广，进行统一设计规划。2700 多名果农纷纷注销了自己的品牌，悉数加入新西兰奇异果营销局。

新西兰政府通过相关法令规定，果农不可擅自向国际市场销售新西兰奇异果，任何果农以个人的名义出口销售都被视为违法，新西兰奇异果产业有了管理主体。

聚焦佳沛，组建佳沛新西兰奇异果国际行销公司

在实践中发现，新西兰奇异果营销局松散的结构没有太大的约束力，不少果农仍各自为政，甚至恶性竞争。1997 年，新西兰奇异果营销局推出“ZESPRI”（中文“佳沛”）作为统一品牌，同时将营销局更名为“ZESPRI 新西兰奇异果国际有限公司”，全面统一负责新西兰奇异果在全球的销售。

公司由 2700 多名果农拥有，所有果农按照种植面积与产量的大小共同出资入股，并根据股份多少决定其资金投入和年终分红，这样与果农形成紧密的利益

共同体。从此，新西兰奇异果的发展迈上了安全高速路。

直至今天，佳沛公司还是聚焦在奇异果一个产业里，甚至只做鲜果业务，绝对垄断高端猕猴桃市场。

2019 年 6 月，本书作者娄向鹏与福来咨询合伙人郝振义，对新西兰奇异果产业进行深度考察，参访了新西兰佳沛奇异果公司种植基地、加工基地和刚刚入驻的新总部，并与沛佳对外关系总监 Michae Fox 进行深入交流。

聚焦“三个一”：明确一个主导产业，构建一个主体企业，塑造一个主打品牌，这是农产品区域品牌建设的最佳选择，也是新西兰佳沛奇异果案例带给各级政府和涉农企业的超级启示。

群龙无首：中国品牌农业最大的短板

中国现代农业经过多年发展，总体上有了长足进步，如在技术、仓储、物流、冷链等方面发展很快，但是，面临的最大问题还是强大市场主体的缺失：

作为茶叶宗主国，七万家中国茶企至今没有诞生“立顿”这样的大品牌；

作为中国特产中华猕猴桃被新西兰引进改良，以奇异果的洋名和高出中国本土猕猴桃几倍的价格返销中国；

北京樱桃谷鸭被英国引进改良后，独霸世界，倒灌中国鸭种市场；

作为人参原产国及世界最大的种植国，中国的人参附加值不及韩国高丽参的 1/8。

上述现象，我们很痛心地称为中国农业的“四大冤案”。其背后的根本原因，还是缺乏真正强大的龙头企业（品牌）的带动和引领。

对于区域公用品牌建设而言，产业有强大龙头带动，才能实现可持续健康发展，成为乡村振兴和富民强域的战略抓手。

五常大米很有名，却成为一辆“公共汽车”，谁都可以坐，谁都不负责，怎么办？

管的人不用，用的人不管，区域公用品牌成为“品牌公地”，假冒横行，透支信任，消费者不知选谁！ 80% 的区域公用品牌依然活在富翁与乞丐之间。

农业品牌建设要政府企业双轮驱动，其中企业主营就是要解决群龙无首的问题。企业经营主体是纲，纲举目张。解决好经营主体问题，其他问题迎刃而解。

品类群龙无首，是最大的短板，也是最大的战略机遇

福来咨询反复强调，一个区域至少要打造一个有实力的联合体企业，进而打造一个代表品类的联合体企业品牌。

没有佳沛，大部分人不知道新西兰奇异果；没有立顿，就没有所谓的英国红茶；没有伊利，内蒙古乳业可能还是一盘散沙；没有东阿阿胶，整个阿胶品类都会萎缩甚至凋零；没有好想你，就没有新郑大枣乃至中国大枣的产业升级；没有百瑞源，宁夏枸杞的品类价值和产业附加值将一路走低。

联想做农业为什么选择蓝莓品类？因为蓝莓产业有品类无品牌，且品类附加值高。盱眙县委、县政府为什么要成立盱眙龙虾集团，推出“盱小龙”品牌，就是为了推动产业更高质量发展，解决消费者放心选择的问题。

在中国很多区域，很多产业、很多品类缺少真正的龙头。品类群龙无首是中国品牌农业最大的短板，也是大农业产业最大的战略机遇。

联合体企业：品牌农业建设的载体和主体

没有政府主导，产业像一盘散沙；没有企业主营，政府主导落不到实处。这里说的企业，特指联合体企业。联合体企业是品牌农业建设的载体和主体，承担着主导产业，代表品类，解决消费者不知道选择谁的问题。

联合体企业不同于一般农业龙头企业，它是由龙头企业、中小企业、合作社和家庭农场组成，以区域公用品牌为基础，以分工协作为前提，以规模经营为依托，以利益联结为纽带，以联合体企业品牌为抓手，形成实体化、法人式的一体化新型经营主体。联合体企业是农业品牌建设的“航空母舰”。

在产业和品类上，联合体企业起到引导、示范作用，带动中小企业、合作社、家庭农场、农户共同发展，是引领产业和品类健康发展的“带头大哥”。

在区域公用品牌建设上，联合体企业要做区域公用品牌的代表，对区域公用品牌起到承载和弘扬的作用，成为正宗的代表。

在消费品牌上，联合体企业要在区域公用品牌之上，打造用户品牌，解决区域公用品牌做得震天响、消费者却不知选择谁的问题。

转化区域公用品牌势能，在消费者心智中进行品牌寄生

从吉林省崛起的“查干湖大米”品牌，是联合体企业的成功典型。

面对区域内品牌多而杂、杂而小的局面，吉林省松原市政府投资组建新型经营主体——松原粮食集团。以松粮集团为龙头，联合吉林省西部22家米业企业，成立“查干湖大米产业联盟”，聚合财力，集中力量，五指并拢，形成拳头，共扛一杆旗，共同打造“查干湖”这一张金字招牌。短短几年，取得显著成效，成为粮食行业品牌建设和产业整合的典范。

实践证明，不管哪一个区域和产业，只要有一个真正的联合体企业，切实实现产业化落地，构建良好的产业生态，这个产业一定会兴旺，乡村振兴和高质量发展都不是问题。

联合体企业的三大任务：扛品类、做品牌、带产业

扛品类：主导区域公用品类，做正宗的代表

定位之父杰克·特劳特说，品牌建立在国家或区域心智资源之上，才有先天性的强势竞争力。

一个国家、一个地区在某些品类上有着既有的定位、有着特别的心智资源优势，如法国的香水、葡萄酒品牌，内蒙古的乳品、牛羊肉品牌，这些就是国家或区域的心智优势资源。

由于农业的特殊性，农业企业要善于借区位的势，尤其要善于借区域公用品牌的势。如蒙牛、伊利，借草原奶的势，成为中国乳业双巨头；乌江借涪陵榨菜的势，成为涪陵榨菜的代表；东阿阿胶，借阿胶的势，成为高端阿胶的老大等。

作为联合体企业，要聚焦到区域特产或区域公用品牌上，搭乘区域公用品牌之势能，这样发展有根基，战略有抓手，否则就成了无源之水，无本之木。

对于新西兰引以为傲的乳制品行业，政府制定了世界最为严格的监管机制及生产规范，保证安全性和高品质。更重要的是成立以恒天然为代表的乳制品联合体企业，担起产业推广大旗。

恒天然集团由当时新西兰最大的两家乳品公司和新西兰乳品局合并而成，约有 10500 名股东（合作社），约 400 万头奶牛，是新西兰最大的公司，也是全球最大的乳制品出口商，年销售额 200 亿元新西

兰币（900 多亿元人民币，中国市场为其贡献了近 1/5），成为新西兰“白金”产业。

联合体企业在扛品类上，切忌走入两种误区。

误区一：产品越多越好。

佳沃集团和青岛市政府联合举办国际蓝莓节，我们应邀去讲课，看到很多企业的产品，从鲜果到干果、饮料、酒、酱、保健品、化妆品等什么都有，而且很为之自豪。我问一家老板年销售额多少，他不好意思开口，其实只有 2000 多万。这些企业的经营观就是撒大网、撞大运，信奉东方不亮西方亮。

产品多而不精，什么都有，什么都想干，结果在哪个品类里都不强，都不堪一击，这是个大弊端。

近期，达能、可口可乐等国际巨头纷纷进行产品“瘦身”，也充分说明了这一点。

正确的做法是，首先要聚焦、聚焦、再聚焦，先扛起品类大旗，立起灵魂产品“1”，然后再明晰业务边界和业务层级，形成业务版图。

误区二：只要品类不要产地。

政府投入资源打造区域公用品牌是为企业和产业赋能，但是体现在企业产品的包装上，往往是角落上的一枚小小授权标，或者即使被授权，也不用区域公用品牌的标志。而在主画面上，企业却往往喜欢突出品类和品种，而丢了重要的产地。

有太多的公司把区域公用品牌仅仅当作政治任务，做做样子，认识不到区域公用品牌蕴含的巨大能量。正确的做法是在品类名称上，大大方方地打上醒目的区域公用品牌（产地 + 品类），实名制，既代表正宗，又彰显品质。

这方面，乌江和辣妹子，两个涪陵榨菜品牌，一正一反，理念和用法截然不同，结果自然迥异。

一方水土养一方物。企业家一定要对区域价值予以足够的重视，地域名称不是品牌的负担，而是品牌最大的资产。

做品牌：打造区域公用品牌之上的用户品牌

在我国，很多农产品领域，有区域公用品牌没有用户品牌，导致农产品区域公用品牌名声在外，可是消费者在市场中购买时仍然不知道选择谁。

像阳澄湖大闸蟹很好，但买谁家的呢？消费者面对哈密瓜、库尔勒香梨、阿克苏核桃、和田大枣等众多农产品区域公用品牌产品，陷入同样的困惑。

农产品区域公用品牌打响之后，都会面临这样的问题。显然，缺少用户品牌的区域公用品牌建设，算不得真正的成功。

“做品牌”是指，在区域公用品牌之上，以联合体企业为载体，建立联合体企业品牌。它是区域公用品牌的代表，更要做直接参与市场竞争、赢得消费者认可的用户品牌。

宁夏枸杞很好，购买时到底选谁家？现在消费者有了明确的选择——百瑞源。

涪陵榨菜很有名，购买时选哪个品牌？现在地球人都知道——乌江。

服务宁夏大米产业时，在我们的建议与协助下，由宁夏农业投资集团，整合“昊王”品牌，代表宁夏大米推向市场。买宁夏大米选哪家，有了明确的指向——昊王。昊王就是面向消费者的用户品牌。

做品牌，还要有一个好名字。一个叫得响的联合体企业品牌，要易读易记易传播，同时要有品类或灵魂的关照与联想。如“果之初”“湘村黑猪”（详见第四章）。

联合体企业品牌，就是区域公用品牌资产的储蓄罐，每一次传播推广，都是在往储蓄罐里存钱，积累品牌资产，最终转化成品类消费强大的认知度，从而引领区域公用品牌建设走上可持续的百年品牌之路。

带产业：带动三产融合，形成错位竞争

带产业，就是通过联合体企业带动，横向发展，纵向延伸，夯实区域特色产业，带动区域经济高质量发展。

品牌农业的繁荣和兴旺，需要众多优秀企业来支撑。这叫“一枝独秀不是春，百花齐放春满园”。只有形成科学、健康、可持续发展的产业生态，才会促进区域经济繁荣强大。这叫“大家好，才是真的好”。

健康有序的市场，一定要有“带头大哥”。同时还要培养扶持不同类型的经营主体：

有做高端高价的，有做流通低价的；有的追求特色正宗，有的迎合大众普适；有的做生鲜，有的做深加工；有的坚守区域，有的全国扩展；有的擅长传统渠道，有的开辟新兴战场……错位竞争、共生共荣、共同发展。如阿胶市场中有“东阿阿胶”（高端）和“福牌”阿胶（大众）；云南普洱茶有“大益”（经典）和“七彩云南”（现代）。

不断完善产业体系配套，一是产业链环环相扣，步步增值，如分级、深加工、市场交易、品牌营销、育种等。二是产业的配套和支撑，如仓储、物流、包装、印刷、电商、培训等，带动相关市场经营主体和品牌一起发展；三是衍生产业，一二三产业融合，如文化创意、旅游休闲、美食康养等。

以横县茉莉花产业为例，既有周顺来、大森、金花等全国知名茉莉花茶企业，还在培育茉莉盆栽、茉莉用品、茉莉旅游、茉莉食品、茉莉餐饮、茉莉药用、茉莉体育、茉莉康养等板块代表的企业和品牌。

国家近年来不断出台推进农村一二三产业融合发展，实施农产品加工业提升行动，建设休闲农业和乡村旅游精品工程，鼓励发展乡村共享经济、创意农业、特色文化产业等政策，赋予各级政府和企业以极大的想象空间与发展可能。

看看中国乳都——呼和浩特是怎么发展起来的：

从新中国成立初期到 20 世纪 70 年代，呼和浩特乳业是计划经济时代立足群众日常生活的自产自销的传统乳业，90 年代正式进入商品化阶段。为进一步推动乳业发展，呼和浩特市进行了乳品企业的股份制改造和资产重组。1993 年呼和浩特市回民奶制品总厂进行股份制改造，成立了伊利实业股份有限公司；1999 年蒙牛乳业成立。

2000 年，呼和浩特市提出“奶业兴市”战略，伊利蒙牛作为龙头企业，顺势而为，以科技为动力、资源为优势，逐步形成“公司 + 养殖小区 + 牧场园区 + 奶站”的联合体发展模式，推动呼和浩特市乳品企业从规模较小、技术落后、机制僵化的国营、集体奶牛场迅速发展成为大型乳品企业。伊利、蒙牛产品也逐步走向全国，成为国人生活的必需品。2004 年全国乳品行业规模以上企业的工业总产值 663 亿元，呼和浩特市占 17%，达到 113 亿元。2005 年，呼和浩特市被中国轻工业协会和中国乳制品工业协会命名为“中国乳都”。

目前，呼和浩特全市奶牛存栏、鲜奶产量和人均鲜奶占有量、乳品加工企业销售收入四项指标在全国大中城市中均位居第一。乳业已经成为呼和浩特市的支柱产业，为当地贡献了 1/3 的国民生产总值。形成伊利、蒙牛两大全国乳业巨头，天美华乳（奶茶粉）和澳特尔（巴氏鲜奶）等聚焦特色品类的共生共荣乳都生态圈。

在 2020 年“全球乳业 20 强”榜单中，伊利以 134 亿美元销售额名列第五，蒙牛以 119 亿美元销售额名列第八，双星闪耀，推动呼和浩特阔步迈进“世界乳都”。

联合体企业组建的路径及模式

联合体企业，作为品牌农业建设的载体和主体，如何组建？主要方式有两种。

方式一：有则引导，龙头择优

每个区域，都会有一批依托特色产业的农业龙头企业，或大或小，或国资或民营或混合。联合体企业完全可以从中择优产生。

如果有产业基础良好的国有或集体企业，政府进行引导、扶持、改造，即可成为联合体企业，做带动当地产业发展的新型市场经营主体，如东阿阿胶、伊利乳业、乌江榨菜等。

从根本上说，中粮集团、中国农业发展集团、首农食品集团、光明集团等中央或地方国有粮农林牧果茶等企业（包括以北大荒为代表的农垦企业），承担的正是国家或区域的农业发展联合体企业的重任，只是发挥的作用大小不一。

如果有实力和能力兼具的民营龙头企业，政府则应该集中优势资源，支持和推动其成为联合体企业，引导其扛起产业大旗，如好想你枣业、百瑞源枸杞等。

为了规范容县沙田柚市场、全力打响品牌、促进一二三产业深度融合，容县在福来咨询建议下重点扶持和培育广西天气晴农业发展有限公司等企业，构建产业化联合体，并推出皇小柚等联合体品牌，强化容县沙田柚品牌市场运营，起到示范、引领和带动作用。

方式二：无则主导，三力合一

如果没有能担当重任的，政府则要当仁不让，主导组建一个新型经营主体。

在组建的机制上，福来咨询认为要三力合一，即政府主导、社会参与、团队参股。

政府主导：是指由政府出资发起，主导成立一个国有或混合所有制的企业法人式的市场经营主体。

该主体可以吸纳其他民营主体或服务组织入股，政府出台相关扶持政策，协调税收信贷支持，调动政府社会资源，集中人、财、物，把主体做强做大。

就像盱眙龙虾，产业发展全国领先，但缺乏有市场竞争能力和资本实力的龙头企业与消费品牌。为引领产业升级和发展，2015 年，由盱眙政府主导，盱眙县国资公司发起，盱眙龙虾产业协会入股，成立了联合体企业——盱眙龙虾产业发展股份有限公司，并在福来咨询协助下推出了企业品牌“盱小龙”。

山东寿光市的“寿光农业发展集团”也是政府主导，由寿光市国有资产监督办公室全资组建的“寿光蔬菜”联合体企业。

另外有一种情况，是政府主导，由当地有实力的“非农”国企出手，成立现代农业板块，担当区域农业产业经营主体使命。

如云南省国资系统的“云天化集团”，是全国领先的绿色化工企业，在福来咨询协助下成立“特芸南”农业平台公司，推出傣王稻勐海香米等特色产品。

新疆维吾尔自治区国资系统的“新业集团”，在福来咨询协助下成立新业集团农业板块沃疆集团，推出瑰觅于田玫瑰、果之初和田核桃、阿斯曼喀什羊肉等。

国外也有代表性案例，如韩国最大的高丽参用户品牌“正官庄”，其背后的企业主体韩国人参公社，正是由政府于 1899 年创立的。其品牌名称很好地诠释了这一点，“正”代表公道、公正，“官”代表政府、官方，“庄”代表庄稼和工厂；“正官庄”的含义就是由政府主导开发生产的可信赖的正宗产品。

社会参与：是指在品牌农业建设中要引入社会资源、社会资本和第三方咨询机构等，重点整合资本、技术、渠道、人才等优质要素，相互协力，共同参与品牌建设，促进产业发展。

在社会资源和资本引入上，要充分发挥政府的公信力、凝聚力和号召力。

松原粮食集团从成立的第一天起，不走传统国有企业的老路，政府作为发起人，同时引进格力集团等社会资本，产权明晰，混合所有，并且借助全国上万家“格力店”，共同探索和推广大米等农副产品的创新营销模式。当地民营企业和合作社也参与到联合体平台中。

新疆果业集团（品牌为“西域果园”），作为新疆林果产业的主力联合体企业，则是由自治区供销社参股、社会法人、企业员工共同持股的混和所有制企业，充分发挥了国资、员工和社会法人各自的优势与主观能动性。集团在林果主产区建立了六大基地，在北上广等九大内地中心城市和周边地区建立直销中心与 900 多家连锁网点，实现农产品交易总量 100 万吨，带动订单农业 40 万亩、农户 15 万户，2019 年营业额 70 亿元，成为疆品出疆真正的领头羊。

团队参股：指的是区域内条件成熟的农业合作社和家庭农场可以参与进来；也可吸纳经营团队参股。

首先，鼓励农业产业化联合体探索成员相互入股、组建新主体等新型联结方式，实现深度融合发展。引导农民以土地经营权、林权、设施设备等入股家庭农场、农民合作社或龙头企业，采取“保底收入 + 股份分红”的分配方式，让农民以股东身份获得收益，增强每个环节经营主体的组织共识和行动一致性。

其次，联合体企业的经营管理团队参股，留住人才，激发潜能。目前，我国农业新型经营主体，对经营管理团队参股与股权激励比其他行业要差很多，导致吸引、留住人才的能力不足。可通过入股或赠股形式，吸纳优秀的职业经理人和专业技术骨干参与组织经营，确保企业的经营活力、创造力和竞争力。

乌江榨菜就是一个很好的例证。在重庆涪陵榨菜集团进行国有企业改制时，政府官员出身的董事长周斌获得 4.8% 的股份（其他高管也都有股份），一干就是 20 年，将濒临倒闭的国有企业做成了中国榨菜第一股，带动涪陵榨菜产业的健康可持续发展。

很多成功的龙头企业都是这么过来的。例如双汇，过去是国企，2006 年经过国企改制，管理团队持股，极大地激活了企业的成长动力，推动企业高速发展，并成功收购美国猪肉龙头史密斯菲尔德，成为全球猪肉行业的老大。

海天酱油则是由佛山 25 家历史悠久、影响也最广的老字号酱油厂合并重组而成，经过 1994 年和 2007 年两次改制，全体员工持股后，一跃成为中国调味食品企业老大。近期其市值曾一度突破 5000 亿元，超越万科、中石化 A 股等，成为超级股星。

市场化：决定联合体企业成败的“命脉”

中国农业的未来，关键在“四化”：产业化、工业化、品牌化、市场化。

中国农业在产业化、工业化上有了长足的进步，在品牌化上也是风生渐起，但是现代农业最“硬核”的“市场化”是目前最大的“硬伤”。很多地方存在“重产业链、轻价值链”思维，重产业前端轻市场后端，外部思维和客户思维还比较薄弱。

福来咨询认为，只有做到“市场化”，获得消费者认可，取得市场成功，联合体企业才能步入自身造血、健康发展的轨道，才能拥有真正的产业整合、带动与引领能力，也才可能实现企业主营的使命和任务，否则，一切都是空谈。

首先，观念市场化。看市场脸色，不看市长脸色。

农业企业的发展，离不开政府和政策的扶持，这使一部分企业形成了严重的政府和政策依赖性，非常不利于市场竞争。据不完全统计，目前有近四成的农业产业化企业处于这样的状态，这种靠政府的扶持政策“喂食”的企业很难担起联合体企业的重任。

企业终究要靠市场说话，这是其生存和发展的硬道理，赚钱的企业才有生存的价值，赚钱的企业腰板才会直！

市场经济多年来，我国国有企业总体上已步入市场化轨道，但是在企业内部的思维方式和经营机制上，行政管理色彩依然偏浓。

2015 年 8 月 24 日，中共中央、国务院印发的《关于深化国有企业改革的指导意见》明确指出，国有企业改革要遵循市场经济规律和企业发展规律，坚持政企分开、政资分开、所有权与经营权分离；促使国有企业真正成为依法自主经营、自负盈亏、自担风险、自我约束、自我发展的独立市场主体。

对于国资背景的联合体企业，一定要减少政府干预，在科学监督的前提下，解放企业家，让企业家做企业家的事。现在各种会议、检查、考核，过多牵扯企业家的时间和精力。

市场化，首先从观念上过关。要看市场脸色，不看市长脸色。政府主导，企业主营，双轮驱动，在企业主营这一轮子上，要充分发挥联合体企业市场配置资源的决定性作用，赋予其新型农业经营主体的担当和市场主体地位。

对于民营企业，更要牢牢树立市场第一的观念和意识，向市场和客户而不是政府和政策要效益。

其次，机制市场化。企业要作为，政府不越位。

企业是市场经营主体，决策机制一定要市场化。联合体企业的成功需要决策力强、有魄力、有担当的“强势”企业家。坚持市场化思维，不要受政府太多干扰。作为企业一把手，只要程序合法，就要敢于决策，勇于决策，担当责任，有所作为。

政府主导，但不要越位。政府更多的是服务、支持、引导，即使是国资背景企业，政府也不要越位，过多干涉。

2017 年 9 月 8 日，《中共中央 国务院关于营造企业家健康成长环境弘扬优秀企业家精神更好发挥企业家作用的意见》正式发布；2019 年 12 月 4 日，《中共中央 国务院关于营造更好发展环境支持民营企业改革发展的意见》正式发布；2020 年 3 月 30 日，《中共中央 国务院关于构建更加完善的要素市场化配置体制机制的意见》正式发布。

一系列文件的出台，充分体现了党中央、国务院对企业家的高度重视和亲切关怀。这是支撑企业市场化经营的基石，也是联合体企业发展的时代红利。

企业归根结底还是企业家干出来的。天津市委、市人民政府更是把“产业第一、企业家老大”的理念写进《关于营造企业家创业发展良好环境的规定》，可谓抓住了关键。

最后，团队市场化。不拘一格聚人才，专业的人做专业的事。

俗话说，兵熊熊一个，将熊熊一窝。尤其是政府主导组建的联合体企业，一定要高度重视领军人的选拔。

领军人，最好选拔李云龙式的头狼。有魄力、能创新，敢想敢干，充满激情，懂体制内的规则，又不墨守成规。有了这个头狼，整个队伍就有了战斗力。在领军人的引进上，一定要特事特办，适当放开。

人员招募：不能搞大跃进，要先建特战队，再组大部队。内部有合适的人才优先考虑，同时打破常规，跳出传统激励机制，广开思路，不拘一格聚人才。专业的人，做专业的事。

湘村黑猪从零起步，成就高端猪肉老大，除了请福来咨询进行系统的战略品牌顶层设计（确保不走弯路），还有很重要的一点是我们协助企业组建了一支来自乳业的高效营销团队。

盱眙龙虾产业集团在人才引进上大胆跨界，聘请知名家电连锁行业精英人才，以推动连锁经营模式快速落地，加快龙虾小镇建设进程。

联想控股进军现代农业，则由联想集团大中华区总裁陈绍鹏担纲领军人，组建了一支由 IT 精英为主体的农业铁军，充分释放和发挥了联想集团的团队优势及管理优势，这恰恰是传统农业企业的普遍短板，也是联想控股佳沃集团在现代农业产业能够不断建功立业的关键要素。

2019 年，梅永红先生访问福来咨询，与福来团队共同探讨中国农业现代化品牌化之路。

当然，也有“逆向”而行的，如生物巨头华大基因进军现代农业后，聘请时任山东省济宁市市长梅永红出任华大农业董事长，后来华大农业与碧桂园农业板块战略整合，梅永红同时担任碧桂园农业集团总裁。梅永红先生是华中农大科班出身，在科技部、农业部工作多年，懂技术，会管理，有情怀，是专家型企业领军人。

目前，中国农业市场化整体上尚处于初级发展阶段，如果能够借助各种优秀跨界人才，带入更多成熟行业理念与经验，有利于提高经营效率和成功概率。

总之，市场化，是决定联合体企业成败的“命脉”，要始终贯穿到联合体企业运营的每一个环节。

第九章

激光穿透：新时代营销传播的第一法则

四面出击，平均用力，结果往往是不疼不痒，不温不火！只有激光穿透，才能针尖捅破天，以有限的资源，取得最大传播效能。

为什么一半的广告费都浪费了

广告大师约翰·沃纳梅克曾说过，“我知道我的广告费有一半是浪费的，但我不知道浪费的是哪一半。”这个堪称营销界的“哥德巴赫猜想”，在注意力高度分散、媒体去中心化、碎片化的新时代，这种矛盾更加突出。

营销传播的本质是价值连接，如何不再浪费那一半的广告费，实现高效心智抢占与价值连接？

激光穿透：营销传播的第一法则

每个组织的传播推广资源都是有限的，如何让有限的资源发挥出最大效能呢？

《孙子兵法》说：备前则后寡，备后则前寡，备左则右寡，备右则左寡，无所不备，则无所不寡。原指应重点设防，不宜分散兵力。后指不能面面俱到，要保证重点。

《战争论》中克劳塞维茨总结会战四原则，前两条便是“集中兵力于一点”。在顾客心智争夺战中，“集中力量于一点，进行激光穿透式传播”，是取得胜势的第一法则。

传播推广上，企业普遍存在的问题是“招太多、缺狠招”，处处都花钱，处处点到为止。而真正的武林高手，不是十八般武艺，样样精通，而是有一招绝学，成就声名。

因此，福来咨询认为，传播推广必须激光穿透！四面出击，平均用力，结果往往是不疼不痒，不温不火！只有激光穿透，才能针尖捅破天，以有限的资源，取得最大传播效能。这是营销传播的第一法则。

什么是激光穿透？《现代汉语词典》中“激光”的定义为：利用某些物质原子中的粒子受激发而放射出的光，其相位、方向、频率完全相同，颜色很纯，能量高度集中。被称为“最快的刀”“最准的尺”“最亮的光”。定向发光、亮度极高、颜色极纯、能量极大是其四大特性。这个科学定义可以帮助我们更好地理解激光穿透式传播推广的基本原理和内涵。

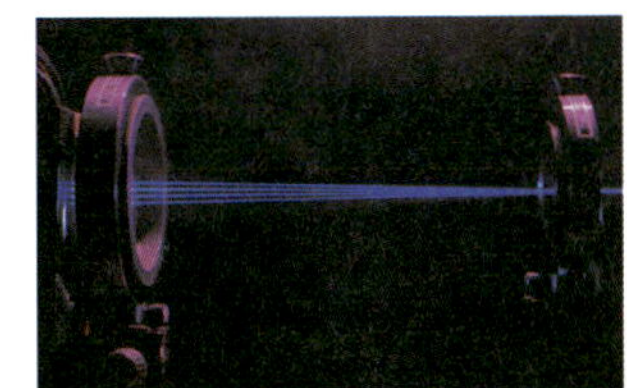

激光穿透的精髓：聚焦、聚焦、再聚焦，重复、重复、再重复

抢占消费心智，首先应该考虑的是“一招制敌术”。我们经常说，不怕会练一万种腿法的人，就怕一种腿法练一万遍的人。

集中优势资源，着力于一点，坚持重复，就会取得惊人的效果，这就是激光穿透式传播推广。其精髓在于内容、时间、空间、方式上，聚焦、聚焦、再聚焦，重复、重复、再重复！

首先，传播内容上要激光穿透。传播内容少就是多，多就是少。一定要像激光一样，围绕“根与魂”，只谈一件事。

例如：盱眙龙虾“小龙虾里的白富美”、王老吉“预防上火”的饮料、兰格格“草原酸奶”、宝马“操控性能极佳”的汽车，都不断强化一种顾客价值。

其次，传播时间上要激光穿透。天下武功，唯快不破！时间激光穿透，指同样的资源，在相对更短的传播周期内集中投入，将产生更强的、脉冲式爆破效应。

例如“波司登”2018 年强势导入新战略，品牌传播力度空前，但其巨额广告投入并没有“全年细水长流”，而是“聚焦在冬季”。这两年“波司登”的广告总是伴随入冬的强冷空气，“为了寒风中的你”强势出击、扑面而来。

基于重复刺激记忆原理，对于心智的抢占，除了短期爆破的强穿透，还需要长期、重复的持续穿透。先强后久，无所不透！

例如，我们为农产品区域公用品牌制定品牌传播方案，通常会将资源聚焦在农产品上市前后的三个月，并且要求每年坚持，形成长期、重复的持续穿透。

再次，传播空间上要激光穿透。更高压强，才有更强穿透！空间激光穿透，指同样的资源投入，着力在相对更小的传播区域，将产生更高的压强和穿透力。

“王老吉”火遍全国的战略支点是温州样板市场的成功打造，通过推广资源聚焦温州市场、聚焦餐饮渠道，形成温州市场的激光穿透和口碑效应；福来咨询的客户心连心化肥，虽然早已实现从“中原王”到全国化布局，但其“中国高效肥”战略的落地，还是围绕华中地区进行聚焦投入。

互联网技术与新媒体的发展，媒体“地域精准化”“人群精准化”“时段精准化”已经相当成熟。如果没有全国市场布局和销售基础，传播资源投入，更适合聚焦自己的优势市场，而非全面铺开。

最后，传播方式上要激光穿透。传播推广的组合上，不能贪多求全，做到集中力量办大事；方式的使用上，不能花样繁多，做到单一手段规模化。

像山东的寿光蔬菜，聚焦人、财、物，每年举办一届高规格的中国（寿光）国际蔬菜科技博览会

（简称“菜博会”），已连续举办 21 届（2020 年受新冠肺炎疫情影响，首次举办了“云博会”），成为寿光蔬菜影响全国甚至全球的蔬菜产业科技成果展示交流平台。

方式上的激光穿透打法，在后面的“五大战场”中，将列举大量实操案例来说明。

激光穿透的要义：饱和式投入、持续性沟通、规模化复制

饱和式投入：战略窗口期的压倒性投入

消费者的心智是非常懒的，容易先入为主。

也就是说“率先抢占”具有战略意义。一旦战略之根与品牌灵魂确定，一定要快速建立“先发优势”，这个战略窗口期一般不会超过一年，不然很容易被竞争对手抢占。因此，在这段窗口期，要有压倒性投入的饱和式攻击，形成短期、高频、暴力刷屏式的强势激光穿透，占领心智市场。

军事原则中：每战集中绝对优势兵力，四面包围敌人，力求全歼，不使漏网。意思就是“压倒性兵力打歼灭战”，不给对手留机会。

当年，加多宝与王老吉分手，为了去王老吉、立加多宝，加多宝从 2012 年开始，连续 4 年投入 8 亿元，冠名“中国好声音”，这就是典型的“压倒性兵力打歼灭战”，一举扭转乾坤。

饱和式投入的打法，表面上看有“资源浪费”的嫌疑，但这是为了“打赢心智歼灭战”，摘下阶段性“心智胜果”必需的战略性投入。

持续性沟通：长期坚持，只攻一个“城墙口”

消费者的心智是非常健忘的。长期重复刺激，才能加深、巩固记忆，形成条件反射，不然，就会给竞争对手留下机会。成熟品牌在完成心智抢占后，不再做压倒性投入，但每年还会播放一定的品牌广告，还要做公关、事件、促销等活动，来维护品牌、巩固心智占位。这就是可口可乐拥有全球影响力，可传播沟通也从来不间断的原因。

任正非说，华为只有几十人的时候就对着一个“城墙口”进攻，几百人、几万人的时候也是对着这个“城墙口”进攻，现在十几万人还是对着这个“城墙口”冲锋。密集炮火，饱和攻击。每年 1000 多亿元的“弹药量”炮轰这个“城墙口”。

“黑芝麻糊哎——小时候，一听见芝麻糊的叫卖声，我就再也坐不住了……”。像“南方黑芝麻”这一经典老品牌，除了新产品的推广外，每年都会拿出 5% 左右的费用用于经典“南方黑芝麻糊”灵魂产品的维护。

最经典的莫过于泰国正大集团冠名《正大综艺》，这是央视首个以企业冠名的电视栏目，很多人小时候一定看过。30 年始终坚持，虽然没有花样繁多的品牌推广，但正大一直保持着较高的品牌认知度和商业影响力，在中国餐桌食品市场占据一席之地。

长期坚持，水滴石穿。持续性沟通，是牢固占据心智的关键。当然更高效的打法，是“阶段性的饱和式投入 + 长期坚持的持续性沟通”。

规模化复制：积小胜为大胜

消费者心智多数是趋同的，一种非常有效的心智抢占方式，复制到其他地方，一定时期内也一定是有效的。规模化的复制，将形成规模化的穿透效应。

湘村黑猪成为新零售网红猪肉品牌，其激光穿透的推广方式便是“清水煮，免费尝”的终端体验活动，然后一个终端、一个系统、一个城市地去复制。

飞鹤奶粉销售突破百亿，激光穿透的推广方式便是将“线下产品对比演示活动”全国规模化复制，一年十万场以上。

这种有效方式的规模化复制，就是积小胜为大胜，一个个局部点上的胜利汇聚成战略面上的大胜。这就是规模化复制形成的激光穿透。

激光穿透的五大战场

“资源有限性，手段无限性”——当今品牌传播推广的两大本质属性。在这种媒体、渠道去中心化的背景下，激光穿透显得更为重要！为了帮助思考与实践，我们总结出激光穿透的五大维度，也是五大战场，即传统广告、线下推广、公关新闻、事件话题、互联网传播。

五大维度，是激光穿透的五种思考方向，并无严格的边界划分。每一个维度的都会有 N 种细分方式，一种方式也可多维归类，或相互转化。

激光穿透五大战场

激光穿透战场一：传统广告

移动互联新时代，曾经如日中天的传统广告四大家“电视、报纸、广播、杂志”风光不在。虽然其颓势不可逆，但仍有可取之处，毕竟每个传统媒体都有自己的核心受众群，只要人群适配，运用得当，依然能够发挥激光穿透的效力。

电视广告：“安幕希”超越“莫斯里安”的超级玩法

传统电视广告、综艺冠名的方式已经落伍，但伊利安慕希却开创了电视传播的另一条路——综艺大 IP 深度捆绑营销。即聚焦《奔跑吧，兄弟》IP 栏目的长期、深度、无缝的激光穿透。

截至 2020 年，安慕希深耕《奔跑吧，兄弟》进入第 7 个年头，早已形成“看跑男必喝安慕希”的场景反应；其产品也经常化身节目道具，出现在各类游戏环节，通过创意植入，没有丝毫违和感；突破单纯冠名，直接将整个《奔跑吧，兄弟》全体明星签下，花式玩转明星流量；配合《奔跑吧，兄弟》播出，复制《奔跑吧，兄弟》场景，启动全国线下万场试饮活动，形成线上线下一体化推广势能。

这种激光穿透打法，已然不是在《奔跑吧，兄弟》中植入安慕希，更像是在安慕希品牌中植入《奔跑吧，兄弟》。

大投入、大聚焦、大穿透。正是这种打法，让“安慕希”后来居上，超越常温酸奶品类开创者光明“莫斯里安”，并且成为首个突破 200 亿的中国乳业超级大单品，创造了行业奇迹。

广播广告：燕之屋碗燕广播营销打天下

2018 年，燕之屋碗燕在北京市场火了！一边是每天上下班开车，打开北京交通广播，你总能听到刘嘉玲一遍又一遍地说：“女人美丽靠保养，我的秘诀就是燕窝”“吃燕窝，我只选碗燕”。另一边，因为过于火爆，燕之屋受到各大报纸、电视、网媒、自媒体“涉嫌虚假宣传和产品质量问题”的质疑。一时间，燕之屋的关注度指数级飙升。

抛开媒体质疑，燕之屋为什么能火呢？围绕“城市中产、有车一族、婚恋年轻人”目标人群，在天津测试报纸广告、在深圳测试电视广告都没有收到理想的效果，在哈尔滨试点广播营销却大获成功。

燕之屋碗燕立刻敏锐地抓住了广播营销的规律和模式，迅速复制到全国一、二线城市。

聚焦广播电台的打法，是燕之屋碗燕能火爆全国、成为燕窝行业头部品牌的关键。

分众电梯广告：小仙炖从 2 亿到 8 亿的引爆运动

燕窝行业的后起之秀“小仙炖”，鲜炖燕窝品类的开创者，成立不到 5 年时间，2018 年销售额破 2 亿，2019 年迅速攀升到 8 亿，从默默无闻到声名鹊起，如何做到的呢?

“小仙炖”采用聚焦“分众媒体”引爆的互联网营销打法。把分众电梯广告，针对城市主流消费群体，必经、高频、抗干扰的特性发挥得淋漓尽致!

2019 年 “38 女王节”当天，“小仙炖”通过北京全城分众电梯“红色礼盒”实物广告，瞬时爆发京城“扫楼寻宝”热潮，活动上热搜的同时，小仙炖的燕窝销量同比增长 465%。此后小仙炖更不断加码分众，品牌势能一路走高。

聚焦分众传播，借势“618”“双 11”，打败了老牌“燕之屋”，小仙炖成为天猫、京东、小红书等全网燕窝销量的第一品牌。

电视剧植入、航空杂志、机场看板、墙体广告，皆可激光穿透

三只松鼠的崛起，除了战略性打爆天猫“双 11”，选择电视剧植入广告激光穿透，霸屏《欢乐颂》《好先生》《小别离》等一系列热播电视剧，也是成就其互联网零食第一品牌的重要手段。

小罐茶，选择航空杂志广告和机场看板广告激光穿透，一举打入高端商旅人群的自饮和礼品茶市场。

史丹利复合肥，选择农村墙体广告和电线杆贴纸广告，全国规模化复制，长年坚持，助力成就中国复合肥领先品牌。

传统广告形式多样，只要目标人群和市场匹配，资源配置到位，各种形式皆可激光穿透。

激光穿透战场二：线下推广

线下推广，是传统营销的基本功。进入互联网时代，线下推广可以打破时空局限，从时间、形式、内容、平台（空间）上有了更多的发挥空间，但其“即时宣销、品效合一”的本质没有改变。线下推广激光穿透，是极具效力的传播推广方式，也是众多企业和品牌抢占心智、争夺市场的利器。连阿里巴巴、美团、滴滴、携程这样的互联网巨头也不例外，其成功的背后，都有一支强悍的地面推广铁军。

现场对比演示：飞鹤突破百亿的战略性战术

2008 年“三聚氰胺”事件后，中国乳制品声誉扫地，国产奶粉几近崩溃。

飞鹤奶粉，通过大规模、持续性的线下社群活动，以“少做主观评价，多做客观演示”的理念，采用现场盲测对比方式，从“看、闻、溶、选”四个评测角度，展现飞鹤比进口奶粉“更新鲜、更安全”的品质优势。

2015 年线下 2 万场活动，2016 年 7 万场，2017 年 20 万场，2018 年 40 万场，让一批又一批消费者自己说服自己，成为飞鹤“星飞帆”的死忠粉，形成了规模化的激光穿透效应，带动飞鹤乳业全线产品销售，创造本土奶粉品牌突破百亿的营销奇迹。

线下免费品尝：仲景香菇酱开拓全国的标准动作

仲景食品十年磨一剑，打造灵魂产品“仲景香菇酱”，从零起步，做到香菇酱品类的开创者与领导者，成为“香菇酱第一股”，在没有“高举高打”的大广告助攻下，是如何做到的呢?

好吃、健康是必要条件，其次便是将“免品试吃”线下活动标准化、规模化、持续化。进入一个城市，便瞄准孩子，抓住父母，渗透家庭，尝起来，吃起来，将试吃战术手段战略化。除了在主要商圈、KA卖场外，还到社区、学校、写字楼派发品尝装。用量变的积累形成爆破力!

终端标准化促销：麦当劳甜品“第二份半价”

终端促销这种常规营销手段，如果能够“特色化、标准化、持续化”，不仅能降低传播成本，提升销量，增强品牌黏性，而且还能形成强大的激光穿透效力。麦当劳甜品的“第二份半价”可以说是经典了。

一个甜筒要6元，而两个甜筒只要9元，这个价格差别，消费者一眼就能感知到，而甜品的成本并不高，即使是半价还是有利润的。久而久之，麦当劳“第二份半价”众所周知，不仅促进了销量增长，还成了年轻小情侣们在微博、朋友圈晒甜照、秀恩爱的道具，同时又刺激了“单身狗”网友们表达没有享受过“第二份半价”的话题。

大家都在为麦当劳打广告，进一步刺激更多人去体验这份半价，形成了“第二份半价”的激光穿透效应。

康师傅冰红茶当年的“再来一瓶”也堪称行业经典促销之作，全国大规模的“再来一瓶”促销，是一次强大的激光穿透，大大提高了市场占有率，不仅帮助康师傅坐稳茶饮料老大的宝座，而且成为众多饮料行业争相模仿的促销方式。

终端场景体验：盒马鲜生让“生猛海鲜”触手可及

生鲜新零售网红“盒马鲜生”，线下终端场景的“惊艳体验”、线上订单的“高

效配送”模式，是其成为新零售引领者的制胜法宝。

阿拉斯加帝王蟹、波士顿大龙虾，这些高端酒楼才有的“生猛海鲜”，直接在你眼前张牙舞爪，带着深海的鲜活任你挑选，而且价格还很亲民。如果你想立即体验“生猛海鲜”的鲜活，可以现场加工，现场解馋。现场 App 下单，30 分钟送货上门，鲜活如在终端所见。

正是所有线下门店标准化的“惊艳体验”，对接上了顾客“美好生活需求”，为线上高效引流、高效转化，让“盒马鲜生”在竞争激烈的生鲜领域异军突起，成为中国一、二线城市中产阶层的生活方式。

品牌沉浸式体验：爱蒙塔尔奶酪是一部穿越剧

爱蒙塔尔奶酪，是瑞士四大奶酪之一。它的成功之道便是借助瑞士旅游流量，面向全球推销“品牌沉浸式体验”。

走进爱蒙塔尔草原，清晨，奶牛们悠闲地溜达向草原，它们经过道路时，会导致短暂的“封路”；早起健行的路人微笑等待；牛群走过的路，牧民随时会替它们“善后”；每天下午要替牛擦澡；挤出的牛奶第一时间送去做奶酪；体验在铜质大桶里用传统工艺制作蜂窝奶酪……

最后一个环节，体验“百年品牌的穿越之旅”，你会拿着一块爱蒙塔尔奶酪，进入一个参观通道，声光电技术为你演绎一个个品牌故事，跨越数百年，最后穿越回来，吃掉手中的奶酪，也吃进了爱蒙塔尔历史、文化和与众不同的品质体验。

郎酒庄园是郎酒集团为打造极致品牌体验而推出的重大“激光穿透”工程：10 年，100 亿投入，10 平方公里，据山傍水（赤水），创建一座集观光、体验、度假、会议、社群营销于一体，传统酿酒元

素与现代科技手段相融合的中国白酒综合体，打造“白酒爱好者的向往之地”。用一个宏大的产业工程，打通生产与消费的藩篱，连接企业与用户的断层，走出一条不同于传统白酒企业的沉浸式极致品牌体验之道，更为其“中国两大酱香白酒之一”的品牌灵魂提供强大的支撑。

激光穿透战场三：公关新闻

公关新闻活动推广，因其短期效应属性，通常作为辅助营销推广手段。如果活动本身有足够的“新闻看点”，完全可以“系列化、持续化”，发挥激光穿透的效力。

品牌造节营销：盱眙国际龙虾节、美国爱达荷土豆日

造节营销，是一些企业自发将“非约定的日子”打造成节日，达到品效合一目的，比如天猫“双 11”，京东“618”。似乎互联网品牌都喜欢玩“造节”，其实“盱眙龙虾”造节玩得更早。

从 2000 年开始，盱眙县就开始搞“小龙虾主题文化节”，并且坚持了 20 年。每年盛大的小龙虾开捕仪式，创造吉尼斯世界纪录的“万人龙虾宴”，批量当红明星现场劲歌热舞，成为每一届龙虾节的吸睛看点。走出盱眙，全国巡回办节，走出国门，美国、瑞典办节，也是各大新闻媒体、自媒体争相报道的热点话题。

盱眙国际龙虾节，带动了巨大的小龙虾观光、休闲、旅游市场，实现了“农旅融合”经济发展。20 年造节，成就盱眙龙虾超 200 亿元的品牌价值。

通过品牌造节活动，带动农旅融合发展，像查干湖冬捕节、阳澄湖大闸蟹开捕节、烟台大樱桃采摘节等，长期坚持办、创新办，都会形成激光穿透效应。

美国爱达荷州别称“土豆州”，拥有全球最牛的土豆品牌，超过 1/3 的美国土豆在这里种植。爱达荷州土豆年销售额高达 25 亿美元。“造节营销”是其重

要的品牌营销手段。

它创造了“爱达荷土豆日”。爱达荷土豆日在每年的 9 月到 10 月举行。自 1927 年起，持续近百年的“爱达荷土豆日”至今仍经久不衰。作为美国百个顶级节日之一，在以土豆为主题的狂欢中，有土豆日大游行、烹饪大赛、挖土豆世界冠军赛等活动。

还有“土豆爱好者月”。爱达荷的“土豆爱好者月”在每年的 2 月，其间，协会会开展“土豆爱好者月零售展示竞赛”，并通过行业论坛、产品推介、文娱表演、比赛评选、参观体验、免品促销等一系列活动，不断宣传产品，塑造和提升品牌。

行业主题大会：草原酸奶大会、世界茉莉花大会

有品牌主导的行业主题大会，是另一种形式的品牌造节营销，长期坚持，一样能起到激光穿透效果。例如，福来咨询服务的酸奶品牌“兰格格”、区域公用品牌“横县茉莉花”。

为了夯实兰格格“草原酸奶”战略，兰格格已连续举办了三届“中国草原酸奶大会”。大会整合了中国农业大学、中国食品工业协会、中国奶业协会、内蒙古奶业协会等资源，开展了免疫健康论坛、国际科技论坛，成立了酸奶工程中心，设立了非物质文化遗产传承人授牌、企业品牌价值发布、中国草原酸奶之都授牌、草原酸奶发展蓝皮书发布等活动环节。

通过新闻媒体的传播放大，兰格格“草原酸奶”在行业、渠道、消费市场的影响力大大提升。占领“草原酸奶”行业制高点，主导行业话语权。长期坚持，功到自然成！

2019 年 8 月 31 日，福来咨询策划的“首届世界茉莉花大会”和“世界茉莉花产业发展高峰论坛”在广西南宁横县举行，来自全国及法国、荷兰、日本、

以色列、俄罗斯、马来西亚等国际嘉宾、茶商、文化艺人等千余人云集花乡。国际花园中心协会现场授予横县“世界茉莉花都”的称号。

全球10朵茉莉花、6朵来自中国横县。世界茉莉花大会的成功召开，正式开启横县茉莉花的“标准化、品牌化、国际化”高质量发展之路。

新品发布会：万众瞩目的苹果手机新品发布

像苹果手机这样自带流量的品牌大IP，拥有全球数亿粉丝，每年的新品发布会，都会成为媒体竞相报道的焦点。

苹果公司对新品发布会驾轻就熟，从发布会前数月不间断的“捕风捉影、贩卖期待”，到发布会前几天的“产品剧透、看点炒作”，到“全球聚光、万众瞩目”的正式产品发布，再到会后的“排队抢购、尝鲜体验”，一整套环环相扣的“新闻链”，一波接一波的持续化，形成激光穿透效应。

新闻发布会：褚橙、中金黄金的新闻营销

拥有名人光环效应或行业头部地位，适合采用新闻发布的激光穿透。

例如农业领域的褚橙，当年因为名人、故事、情怀，一度成为业界佳话。

2015年开始，褚橙每年上市启动仪式、品鉴会、褚橙接班人“裂痕”、褚橙计划上市、褚橙与知名电商达成战略合作，包括褚老去世……可以说褚橙是用“新闻营销”打造出来的知名品牌。

福来咨询服务的中国黄金集团公司，从前端挖矿、冶炼的资源型企业，跨越到后端的黄金零售市场，作为黄金行业的国家队，其战略转型本身就有足够的“新闻看点”。基于此，我们策划了系列公关新闻活动：中金黄金进军黄金零售业、首创5个9极品投资金条面市、中金黄金5个9极品生肖金上市、黄金月饼上市受热捧、中金黄金首次全国招商加盟等，并在北京、上海、广州、深圳、武汉、郑州等数十个一、二线城市进行推广。

两年时间，通过系列公关新闻的激光穿透式传播，中国黄金集团公司成功撬动全国黄金零售市场，完成全国黄金零售网络的布局，成为全国黄金零售“大哥大”。

激光穿透战场四：事件话题

自媒体时代，人人都是媒体，都在疯狂追逐热点、追逐流量。通过蹭热点、爆奇闻、晒光环、做公益等事件营销，不断制造话题、吸引关注，成为被追逐、被关注的焦点，也是众多品牌实现激光穿透传播的重要方式。

热点事件：潜江小龙虾“征战世界杯”

2018 年 5 月 31 日，阿里巴巴与中国农发集团联合打造的十万只世界杯版小龙虾，通过中欧班列发往莫斯科。6 月初，中国十万小龙虾“出征世界杯”的新闻刷爆了各大新闻媒体和网络，主角则是来自湖北的潜江小龙虾。

俄罗斯世界杯是超级热点，“啤酒、麻小、世界杯”是超级场景，中国小龙虾“出征世界杯”，如此应景的新闻，着实让国人好好地嗨了一把，大大刺激了小龙虾的火爆消费。同时，“潜江小龙虾”也因征战世界杯而“一战成名”。

借着征战世界杯的热度，6 月 22 日，潜江小龙虾成为北京冬奥会指定小龙虾供应基地，接着又爆料，潜江龙虾学院“小龙虾专业”火了，从被批误人子弟到供不应求。一次又一次制造事件和话题，形成了持续的激光穿透效应。

新奇事件：澳大利亚大保礁“世界上最好的工作”

2009 年 1 月 10 日，澳大利亚昆士兰旅游局在全球范围内招募一名大堡礁管理员，这一工作后来被誉为“世界上最好的工作”。

因工作职责是探访大堡礁诸多岛屿，亲身体验各种探险活动，包括扬帆出海、

划独舟、潜水、海岛徒步探险等，而半年薪水高达 15 万澳元（约合人民币 70 万元），并入住岛上带泳池的三房别墅。这简直就是付高薪让你去度假！消息一经发出，全球躁动，报名火爆。

主办单位推波助澜，全球海选，网友投票，再次形成“大堡礁”火遍全球的“轰动效应”。全球各大媒体纷纷跟进报道，那些入围选手所在国家的媒体，更是把这条消息炒得炙热。最终英国 34 岁的本 · 绍索尔过关斩将，为活动画上了圆满的句号。随后，绍索尔在大堡礁的日常“度假工作”，也成为全球关注的焦点，让大堡礁名声大噪。

对于“最好的工作”，昆士兰旅游局的预算经费总计 170 万澳元。据全球各媒体对此事免费报道的公关价值，“最好的工作”已经带来了超过 1.1 亿澳元的宣传效应，使得昆士兰旅游业焕然一新。

光环事件：金龙鱼走进联合国，助力中国美食申遗

2015 年 3 月，中国烹饪协会与金龙鱼一道携 20 位中国烹饪大师再次踏上中国美食申遗的巴黎征程。举办了中华美食精品宴、八大菜系厨艺表演等一系列交流活动，获得联合国及各国官员、非遗审核委员会专家的交口称赞。

2017 年 5 月 10 日，金龙鱼在首个“中国品牌日”当天，携手中国烹饪协会发起“金龙鱼助力中国美食走进纽约联合国总部，享誉美利坚”大型活动。

金龙鱼两次大活动，助力中国美食申遗，打造全民关注的话题事件，使营销热点转化为品牌资产。其策略分两步走，上天和入地。第一步“上天”：把“金龙鱼走进联合国”这个国际事件传播出去，形成品牌影响力。第二步“入地”：通过明星大咖及社会媒体“为金龙鱼助力中国美食走进联合国喝彩”的互动传播，把品牌影响力收回到百姓家，落到终端和促销上，转化为销售推动力。

公益事件、PK 事件，也能实现激光穿透

公益事件，也是能够激光穿透的重要方式，例如蒙牛“每天一斤奶，强壮中国人”的免费送奶公益行动。

从 2006 年开始，蒙牛联合中国奶业协会、国家学生饮用奶办公室、人民日报和中央电视台等在北京举办新闻发布会，共同发起“每天一斤奶，强壮中国人”行动，为全国 1000 所贫困地区小学免费送奶。

蒙牛为每一所贫困小学捐赠牛奶，都会成为该地区的热议事件和话题，1000 所小学就是 1000 个地区的素材源，这样便形成了激光穿透效应。

企业之间的 PK 事件，尤其是涉及知名企业（品牌），如果把控得当，同样可以实现激光穿透效应。

例如，当年农夫山泉入市时，针对娃哈哈等一众纯净水大品牌，挑起的“水战”。还有加多宝与王老吉的 PK，腾讯与头条的“头腾大战”。PK 事件，尤其适合行业挑战者与行业领导者之间的 PK，驾驭得好，都会形成激光穿透效应，大大节省传播成本。

激光穿透战场五：互联网传播

曾经央视统治时代的“一呼天下应”一去不复返。互联网新时代，社交媒体层出不穷，信息高度碎片化，消费者的注意力也高度分散。对于品牌来说，基于互联网技术的各种“品效合一”方式，如互联网原生广告、社交话题、社群营销等都为激光穿透提供了发挥的空间。

互联网原生广告：马蜂窝 UGC 模式、海天综艺新玩法

互联网时代，大数据智能技术，让“不打扰”的原生广告更受青睐。

用户在使用不同媒介渠道时，有着不同的情感需求和情绪体验，所以，在制

作原生广告时，应充分考虑用户体验的连贯性，避免用户产生厌恶感。

例如微信、微博、头条等信息流广告，以和普通信息同样的图文形式发布，广告融入媒介环境，保持内容风格一致性。同时，以大数据标签技术，精准到兴趣人群。这样，用户才不会产生逃避和厌烦。

就像马蜂窝在“双微头条”上投放的信息流广告，让人感觉很自然。

其一，标题内容上，不像是硬塞给我的一则广告，更像是一篇有关马云的新闻；其二，信息中有我关注的旅游目的地信息，可能因为春节前有搜索过旅游信息，被大数据捕捉到，它的精准投放，切中我的关注点；其三，点开内容，也不是传统套路的卖路线、卖团票、报名等，而是以马云亲身体验，感受黄山的松、黄山的茶、黄山的景点、黄山的住宿、黄山的文化。

这种不是“跟团走、被安排”，而是“自由行、供参考”的人群定位，精准、智能的传播推广，不同于粗暴的“平台流量 + 供应商”的方式，马蜂窝依靠用户UGC（用户生成内容）社区起家，通过激励用户在平台内产生大量优质旅行攻略、游记动态、用户问答，增强用户参与的黏性和偏好。通过大量、鲜活、个性化的优质内容推广，形成激光穿透效应。

“双微头条”上经常看到“茅台镇的酒”“普洱的茶”的广告。其打法也是基于大数据、人群标签的智能精准投放，而且这种规模化的激光穿透，也有不错的ROI（投入产出）。遗憾的是，这种打法，品牌型企业看不上，认为有点LOW，中小企业缺乏信任度，转化效果欠佳。如果做个结合，品牌企业重战术转化，中小企业重“有根有魂”，最终“品效合一”，也是一种可行的激光穿透方式。

另外，现在综艺栏目的广告已经原生到“栏目、广告一体化”。蒙牛纯甄酸

奶与《奇葩说》合作，可谓原生广告的范本，不管是主持人嘉宾巧说广告，辩手说段子，还是情景剧嵌入的广告形式，都巧妙地与节目的娱乐氛围相融合，不仅没有让用户反感，反而增加了节目笑点，让用户惊喜连连。

海天蚝油在《吐槽大会3》的植入也堪称完美，产品卖点创意生动、有趣、搞笑，成为节目的组成部分，其实就是做好了“把客户需求用段子的形式做成有趣的内容”这一件事情。让广告创意与节目内容浑然天成，毫无违和感。

再如，很多用户追电视剧是出于追星需求，所以，时下许多电视剧的植入广告采用主演代言，也是一个非常好的、避免用户反感的方式。

社交话题：排队的喜茶、讲故事的褚橙、搞事情的卫龙

喜茶作为茶饮界的“网红”，成为年轻人的时尚生活打卡点，受到火热追捧。“不排队，非喜茶”成为一个消费现象。

而背后的逻辑是消费者的从众消费和猎奇体验心理推动，以及基于互联网的社交分享、炫耀的自发传播。

喜茶每到一处，都会制造出排队消费效应，并形成社会热议话题，成为一种“喜茶现象”。引得各路媒体关注并推波助澜，各路网红达人前去打卡，并自动分享晒图，从而引得更多的人参与到喜茶的排队之中，形成“雪球效应”。

开店、排队、话题，再开店、再排队、再话题，产生激光穿透效应。当然，这种饥饿营销的手法是建立在“产品品质高”“场景体验棒”基础之上的，否则无法持续。

“褚橙”的故事不可复制，但它基于互联网传播的话题营销、社交思维却可

以学习借鉴。

首先，“褚橙”与“本来生活”合作，开启了褚橙社交话题营销的激光穿透之旅。本来生活，是一帮新闻人创办的生鲜电商平台，讲故事、挖新闻、引话题是其看家本领。通过《褚橙进京》等一系列报道，将“褚时健74岁二次创业”的励志故事传播给广大消费者。网络上“人生总有起落、精神终可传承”的励志语微博刷屏，引得众多网友纷纷微博评论并自动转发。

王石微博引用巴顿将军的话，“衡量一个人的成功标志，不是看他登到顶峰的高度，而是看他跌到低谷的反弹力”，遭到网友疯狂转发。韩寒、潘石屹等具有号召力的公众人物，纷纷为褚橙点赞，“褚橙”的关注度极速飙升。

最后，个性化包装吸引大批年轻消费者的购买欲望，独特的限量版包装上，“微橙给小主请安”“剥好皮，等我回家”等既俏皮又时尚的广告语直击“80后”“90后”年轻一族的心脏，又成为新媒体及网友们购买、晒图、转发的焦点，让“褚橙”高烧不退！

另一个社交话题、娱乐营销的高手是“卫龙”。卫龙是一家神奇的公司，依靠几块钱一包的辣条食品，年收入超过30亿，从漯河卖到全国各地，上演了一场“辣条，从三无到奢侈品零食的华丽转身”大戏。

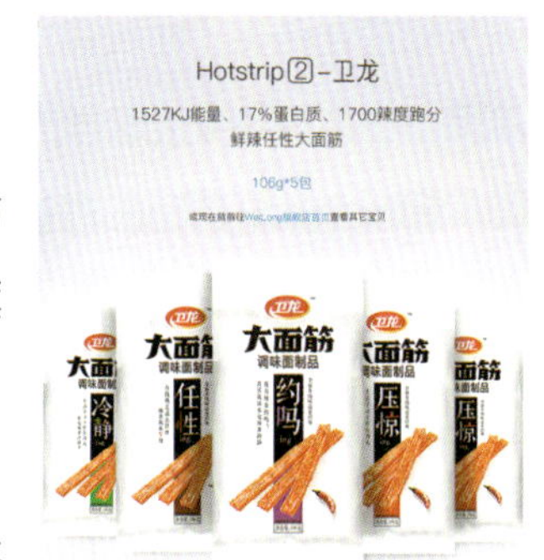

卫龙辣条的营销，一直不走寻常路，搞事情、引关注、惹话题是不变的主线。经典之作有“模仿苹果风”事件，“大字报广告”事件，自黑官方旗舰店、表情包营销、1.8米长的辣条“双11”事件，一次次成为热议的话题，不断刺激公司业绩增长。

不得不承认，将辣条卖出文艺范儿的卫龙，每一次搞事情都可以引起粉丝和业内的轰动，形成网络话题的激光穿透效应。

社群营销：瑞幸咖啡的社群裂变

社群营销的本质，是围绕一个共同的价值和爱好，打造自己的私域流量池。关键点是：一个价值点、聚一群人、线上线下参与并分享、以老带新的关系裂变和流量转化。

在社群营销方面不得不提瑞幸咖啡。在不到一年的时间里，瑞幸咖啡用户达1200 万，售出超过 8500 万杯咖啡，从试运营到 IPO 上市只用了 17 个月，堪称全球商业市场的超级玩家。虽然后来瑞幸咖啡造假导致资本市场爆雷，让人错愕，但其社群营销手法仍可圈可点。

瑞幸“小蓝杯”，用“大师品质、大众价格、随时随地”的价值，圈定城市白领的快咖啡生活、工作场景，社群裂变营销是其形成激光穿透效应的核心。

通过“第一杯免费”获得第一批用户，再通过社交分享，老带新“各送一杯”。这种拉新流量是基于社交信任关系，转化率以及留存率也超出传统拉新渠道很多。

通过资本开道、快速跑马圈地，获得垄断流量、消费习惯，再慢慢变现盈利，京东、美团、滴滴都是这个逻辑。如果瑞幸不“急功近利”，通过对社群会员的培育和理性转化，成长速度虽然会慢下来，但可能会成就一家新锐而伟大的咖啡品牌，不会导致今天这样的下场。

另一个社群营销的鼻祖则是小米。小米手机创业初期，广告投入基本为零，短短几年就能快速崛起，社群营销功不可没。通过聚集粉丝、增强参与感、增加自我认同感的小米爆米花论坛、米粉节、同城会等活动，形成激光穿透效应。

网络种草营销：李子柒种草田园生活、完美日记种草购买欲望

种草营销，就是以信任关系为基础，以体验分享为手段，以种下“购买欲”

为目的的网络营销方式。种草营销可以更生动、更深入、更快速地触达消费者，产生更强的信任和购买刺激，实现“品效合一”。

网红李子柒，粉丝全球累计超过 1 亿人，一直以来她都靠拍摄富有诗意的田园生活而爆红网络。就连央视新闻都点评：没有一个字夸中国好，但她讲好了中国文化，讲好了中国故事。

古风色彩的田园式生活，是“李子柒”内容营销的最大特色，其内容定位是经典美食，中国传统技艺的制作。“李子柒”种草的是一种“日出而作、日落而息”的慢节奏、田园式、道法自然的生活方式。

她会根据季节的变化，遵循自然规律，制作适合人们食用的食物，例如在 3 月，桃花盛开的季节，制作桃花糕、桃花茶等，在秋风起的时候，熬制秋梨膏，顺应时令做绿色健康的食物。然后将这些制作过程摄制成短视频、软文、图片等原创内容，投放微信、微博、B 站、YouTube、美拍、秒拍等多个社交媒体平台。截至 2020 年 4 月 29 日 ,Youtube 上的李子柒粉丝数突破 1000 万 , 成为第一个拥有超过 1000 万粉丝的中文创作者。

专注于“古风色彩的田园式生活”特色内容的打造和分享，视频播放量近百亿次，形成激光穿透效应，成就了李子柒“田园美食”第一博主，一年净收入高达 1.6 亿元。近期更宣布在柳州投资建厂，深入推进螺蛳粉口味研发、品质溯源、原料品控、助农扶贫等事项。

2020 年 5 月 19 日，农业农村部官网发布消息，李子柒受聘担任首批中国农民丰收节推广大使。

网络美妆黑马品牌“完美日记”，也是种草高手。如果你对美妆产品略知一二，就一定听说过这个号称“国货之光”的品牌，目前估值已经超过 10 亿美元。

2019 年，完美日记官方号在小红书上拥有近 200 万粉丝，全平台笔记数超过 12 万条，总曝光量上亿次，远超百雀羚、欧莱雅等品牌。完美日记通过集中小红书 KOL（关键意见领袖）投放，制造购买欲望，规律性地打造爆款，成就“国货之光”。

网红直播带货：重启湖北神操作、县市长直播带货

如果说完美日记种草，是腰部 KOL 和长尾 KOL 的激光穿透。那“卖光湖北”的网红直播带货，则是头部 KOL 的激光穿透。

新冠疫情后，为了振兴湖北经济，湖北将“网红直播带货”激光穿透了。

4 月 6 日晚，央视新闻“谢谢你为湖北拼单”公益行动首场“带货”直播。央视主持“段子手”朱广权与网红一哥李佳琦联手直播为湖北卖货，“小朱配琦”的直播点赞 1.2 亿，累计卖掉 4041 万元的湖北产品。4 月 10 日，援鄂复苏，罗永浩直播义卖助力湖北。直播支付交易总额超 4000 万元，销售商品总件数超

43 万，累计观看人数超 1150 万。4 月 18 日开始，湖北各市州的政府领导轮番上阵、直播带货。助力湖北公益大使杨坤也化身“带货主播”，累计带货 58 万件，金额超 2426 万元。

可以说，湖北这波“网红直播带货”堪称神操作。自带流量的头部网红、大 V、名主持，最主流的自媒体平台、央视权威加持，达到品效合一的效果，完全可以称为“史上最正能量网红直播带货”。

现在“县市长直播带货”很火，自新冠疫情发生以来，全国的县市长都在忙着为农副产品、本地特产“代言、带货”，成为中国网红直播经济的新亮点。

但问题是，很少有地方政府和企业能把“农产品网红直播带货”规模化、持续化、贯穿化，更多的是“赶潮流、凑热闹、上新闻”，然后就没然后了。

好模式就应该规模化复制，县市长也是一种网红资源。农产品区域公用品牌也好，企业品牌也好，如果能把“网红直播带货”战术战略化，集中优势资源，整合更多头、腰、尾网红资源，包括县市长（政府官员）、董事长和草根（本地

网红），形成头腰尾金字塔网红模式，长期坚持做，必将形成激光穿透效应。

“网红直播带货”实践中，有一个“易翻车”的问题必须高度重视，那就是“产品质量、品牌信誉”。大V罗永浩直播的某品牌变质小龙虾，带货女王薇娅直播的某伪德国品牌不粘锅，等等，作为千万级粉丝的头部网红，其产生的负面口碑将和其影响力成正比。还是那句话，产品质量是企业的生命线。

私人定制：认养一头牛、吉林大米“吉田认购”

私人定制，就是为用户定制个性化的产品或服务。基于用户不同的需求和偏好，在设计和生产产品之前，就让消费者主动做出选择。私人定制的核心就是为用户打造独一无二的体验。

认养一头牛品牌，打破了牛奶标准化产品模式，开创了牛奶制品的个性化定制服务模式，实现了私人定制的激光穿透效应。

认养一头牛是由徐晓波联合吴晓波携手打造的可以让国人放心喝的国产奶制品品牌。企业2016年自建牧场、自养奶牛，通过认养模式，产品定制服务，收入突破15亿元大关，成为我国乳制品行业中的一颗“新星”。

目前认养一头牛已经与阿里巴巴共同对传统牧业进行智能化升级，在“一牛一码”的产业链溯源，以及智能导购机器人和沉浸式购物上做重点布局，以构建新的牛奶消费场景和销售模式。

吉林大米“吉田认购”专属稻田推广，就是吉林大米私人定制的激光穿透。自2013年启动吉林大米品牌建设，接连推出直营店和商超专柜、电商平台、产区到社区直供、“吉田认购”专属稻田等4个版本的营销模式。

2018 年开始，吉林大米以“我在吉林有亩田”为主题的“吉田认购”专属稻田模式在全国推广，受到各地客商及媒体广泛关注，仅在吉林大米浙江文化月期间就取得意向认购“吉田”3.45 万亩，认购金额超过 2 亿元的佳绩。平均认购价格 5780 元 / 亩，最高达到 10000 元 / 亩，产出效益是普通稻田的 2~3 倍。

打造大 IP：日本的熊本熊、乾隆爷的沙田柚

熊本熊，日本熊本县享誉世界的城市 IP。熊本县本是一个文不见经传的弹丸之地，更是个传统的“农业大县”，为了发展经济，熊本县创造了熊本熊这个吉祥物 IP。

通过“腮红黑熊”蠢萌可爱的独特形象创意，开通了“专属脸书和推特账号”的人物化事件营销，塑造“掀女生裙子、骑摩托逛街臭显摆”贱萌的 IP 个性，以及各种搞事情，引围观，熊本熊将熊本县的名气快速引爆，从一个贫穷落后的农业县变身成为国际知名旅游胜地，产生了巨大的经济效益。

据日本银行的计算，熊本熊出道的头两年（2011 年至 2013 年），就为熊本县带来了 1244 亿日元的经济收益（约 76.3 亿元人民币）。

也许你想不到，乾隆爷成了“容县沙田柚”的品牌代言 IP。

为了帮助广西容县的沙田柚品牌和产业升级，福来咨询为“容县沙田柚”区域公用品牌塑造了“乾隆爷”这一品牌图腾形象，让人眼前一亮。

根据乾隆爷柚中独爱羊额籽，赐名“沙田柚”的品牌故事，我们让容县沙田柚的品牌紧密围绕“乾隆爷”展开，用乾隆爷与沙田柚的历史向消费者传导容县沙田柚“纯正、生态、悠久”的品牌个性。

同时，用生动的视觉语言让“乾隆爷与沙田柚”建立产业联系，打造一个新中式古典的乾隆爷与消费者产生互动，让土特产也能潮起来，制造跨界的冲突。

一句“乾隆爷的沙田柚”品牌口令，不仅正本清源，传达出“一颗有故事的柚子”，而且能让消费者产生尝尝的消费冲动。这就是品牌 IP 的力量。

私域流量池：西贝“从经营物，到经营人”

流量红利时代结束，私域流量时代开启。移动互联新时代，品牌没有自己的私域流量池，就没有未来!

公域流量已经被老巨头“BAT”（百度、阿里巴巴、腾讯）、新巨头“TMD”（今日头条、美团、滴滴）垄断，导致流量与获客成本不断攀升。解决方案便是打造自己的私域流量池。私域流量池，是指品牌拥有的、无付费且可以反复利用、随时触达、以鱼生鱼的用户流量池，也就是自家的池塘。

如西贝餐饮的私域流量运营，就是通过线下 200 多家门店，将 5000 万流动的顾客，装入微信（微信号、公众号、小程序）这个池子里养起来，实现了“从经营物，到经营人”。

西贝经常做些“亲子美食活动”、亲嘴节、莜面节、会员日等活动。顾客会把这些素材分享到自己的微信、微博。每一个人、每一次分享，都是免费帮西贝增加一次曝光，增加一次信任背书，带动了更多的亲朋好友。

西贝池塘工程做好了，转化的空间就更大了。首先是会员升级 VIP 活动，交 299 元，享受一整套 VIP 特权优惠待遇，两个月时间就回收数千万，并锁定这批高质量顾客持续消费。

另外，西贝利用自己的私域流量池，搭建“西贝甄选”商城小程序，为 VIP 顾客在全国优选特色美食，如五常大米、新疆瓜果、内蒙古牛羊肉等，还有西贝的即食菜、中秋月饼等。这些又为西贝带来了新的利润增长点。

西贝案例说明，所有的营销方式都要为“私域流量池”服务，尤其是在存量博弈、流量稀缺的当今社会，能否找到并实现新的增量模式，关乎生死存亡。

最佳效果是“被互联网化”

激光穿透的最佳效果就是“被互联网化”。无论广告、线下、公关、事件，还是互联网营销，在激光穿透作用下，都可转化为互联网自传播的话题，被关注、被转发、被热议，形成互联网“围观效应”。一旦被围观则会产生“引爆效应”，激光穿透的效果将呈几何级增长。

一则广告、一篇软文、一次促销、一次事件、一场活动、一个话题，包括企业家的一句话、一次赌约，都可能会产生互联网围观效应，但是，这都是小概率事件，你可以很有意识地去引导，但不可否认，这些可遇不可求。

而激光穿透的传播推广理念和方法，往往会让这个“小概率事件”成为引爆全网的导火线，从偶然到必然，厚积薄发，水到渠成。

激光穿透的四项基本原则

前面讲了激光穿透的五大战场 N 种方式，对于地方政府和农业农头企业，该如何用好激光穿透式传播推广呢？福来咨询总结了四项基本原则。

原则一：聚焦“根与魂”，只说一件事。

一个企业或品牌，能在顾客心智中牢牢占据一个价值已十分不易。一件事，聚焦、聚焦、再聚焦，重复、重复、再重复，才能激光穿透。

原则二：资源匹配可执行。

首先，激光穿透效应，需要饱和式、持续性投入，费用预算，是否超出承受能力；其次，策划内容是否合法合理合规，落实不下去一切没有意义；最后，落地执行是否超出能力，组织能力与战略战术匹配性，是激光穿透的基础。

原则三：结合实际，量身定制。

不同目标人群，不同发展阶段，不同竞争环境，不同资源优势，激光穿透的打法也会不同，必须结合自身状况，量身定做一套激光穿透打法，切不可生搬硬套，削足适履。

原则四：必要条件，但非全部。

传播推广必须激光穿透，但激光穿透不是传播推广的全部。不能片面地理解，只做激光穿透，其他方式不做。一个企业或品牌，80% 的推广资源要聚焦在激光穿透上，另外 20% 还要做些基础工作和辅助推广，基本符合二八定律，形成以“激光穿透”为主线的“1+X”的最佳传播组合。

第十章

福来咨询最佳实践：八个市场一线的鲜活案例

从实践中来，到实践中去。实践是检验“真理”的唯一标准。

区域公用品牌篇

好一朵横县茉莉花

从产业配角到世界花都的品牌逆袭之路

也许你没有听说过横县，但你十有八九喝过横县茉莉花茶

横县位于广西南部，种植茉莉花已有六七百年的历史，横县茉莉花（茶）产量均占全国总产量的 80%，占世界总产量的 60%。2015 年国际茶叶委员会授予横县“世界茉莉花和茉莉花茶生产中心”。但是，外表光鲜的背后，横县茉莉花也有自己的无奈和困惑。

为茶企做嫁衣，默默奉献

每年 4~10 月，全国各地的茶叶企业用大麻袋拉来茶坯，窨制后再用大麻袋拉走花茶。横县茉莉花，屈身花茶做幕后配角，产区没有品牌化，导致品牌认知度较低。

增值环节少，附加值低

横县是目前全国最大的花茶窨制基地，虽有北京张一元、台湾隆泰、浙江华茗园等茶企在当地建厂，立顿、星巴克、统一等国际巨头常年采购，但多以来料加工为主，增值环节较少，总体附加值不高。

产业有根无魂，缺乏品牌内涵和形象

全国众多茶企在包装及宣传上没有体现横县，没有以横县茉莉花窨制为荣。横县茉莉花，有产业，缺乏产业品牌和声誉；有老大的规模，没有老大的地位。

2018 年，广西横县牵手福来咨询，开启了横县茉莉花作为国家级农产品品牌的绽放之路。

战略寻根：一字之差，聚焦茉莉花

福来咨询认为，区域公用品牌建设，不能简单理解成品牌或产品策划，要放到战略高度进行产业顶层设计。首先要为产业找到可持续发展的战略根基。有根的战略才能积累核心竞争力，实现品牌基业长青。没有根的战略，做不强，长不大。

立足未来规划现在，横县茉莉花的战略之根，是花？是茶？

看自身：横县种植茉莉花已有六七百年的历史，明朝嘉靖年间横州州判王济在《君子堂日询手镜》中记述，横县“茉莉甚广，有以之编篱者，四时常花”。现在横县拥有 10.8 万亩茉莉园，33 万名花农，年产 9 万吨茉莉鲜花，7 万吨茉莉花茶。横县茉莉花（茶）一、二、三产业综合年产值逾百亿元。由于横县不是茶的主产区，横县茉莉花茶的 80% 份额，主要是代茶加工。

看竞争对手：四川犍为县紧紧跟随，曾经的老大福州茉莉花种植面积锐减。

横县强在花，茉莉花是产业战略之根。要聚焦茉莉花，充分发挥横县强大的茉莉花种植优势，通过提质增效，品牌溢价，倒逼产业品质化、价值化及融合化升级。

从花茶到花，一字之差，战略意图大不同。横县茉莉花战略之根要聚焦茉莉花，成为世界茉莉花产业中心。这是产业发展的“磁石”，也是必须夯实的根基。

业务布局：非常 1+9，打造大 IP

战略之根明确，业务布局也要重构。福来咨询为横县茉莉花制定“非常1+9”业务模式。

“1”就是茉莉花，这是战略引擎。通过标准化、品牌化和国际化，实现横县茉莉花从花茶原料生产中心向世界茉莉花产业中心升级。

“9”指九大产业。以横县茉莉花为主体，涵盖“花茶、盆栽、食品、旅游、康养、餐饮、药用”等多场景长短结合的业务组合，将横县茉莉花的价值发挥到极致，从根本上解决横县茉莉花产业不成链、增值环节少的痛点。形成以产业为载体，以文化为灵魂，以品牌为抓手，一二三产业融合，农文旅养结合，打造“茉莉闻香之旅”大品牌，推动横县茉莉花产业高质量发展。

未来横县茉莉花将成为与荷兰郁金香、保加利亚玫瑰和法国薰衣草齐名的世界“四大花旦”，实现从花茶配角到世界之花的战略升级。

品牌找魂：老大是一种不讲理的逻辑

好花窨好茶，横县是全球最大的茉莉花（茶）生产基地，横县茉莉花具有“花香浓、花期长”的独特品质，但却一直作为原料供应基地，成为产业配角，不为消费者所知，如何为这朵世界级好花赋予品牌灵魂呢？

福来咨询认为，老大是一种不讲理的市场逻辑，成为品类老大和产业第一，你就会成为消费者内心的最强记忆和最值得信赖的品牌。这是一种“奇妙”的消费集体意识，也是品牌找魂的一大逻辑。

基于此，福来咨询为横县茉莉花确立了“产业老大”的品牌灵魂。横县茉莉花作为世界老大的产业地位必须毫不客气、大张旗鼓地传播出去，让更多的行业人士、客户、渠道、消费者和媒体等了解、信任、喜爱、消费和传播横县茉莉花，不断提升横县茉莉花的品牌影响力和品牌附加值，持续为横县茉莉花注入价值动能和高质量发展动力。

全球 10 朵茉莉花，6 朵来自广西横县！这就是价值，这就是力量。

《茉莉花》——经典永流传

◎ 1965 年春天，在印度尼西亚举行的万隆会议十周年活动上，中国前线歌舞团演唱《茉莉花》。

◎ 1997 年 6 月 30 日午夜，在香港回归祖国政权交接仪式开始之前，由中国军乐队演奏《茉莉花》（作为第一首乐曲）。

◎ 1998 年春节，在维也纳的金色音乐大厅内演奏《茉莉花》（作为中国民歌）。

◎ 1999 年 12 月 19 日，在中国对澳门恢复行使主权交接仪式上，中国军乐队演奏《茉莉花》。

◎ 2001 年，在上海举行的 APEC 会议文艺晚会上，由百名儿童演唱《茉莉花》。

◎ 2004 年 8 月 19 日，雅典奥运会闭幕式上来自中国的陈天佳小朋友演唱《茉莉花》。

◎ 2008 年 8 月，在北京奥运会颁奖仪式上（作为背景音乐）播放《茉莉花》。

◎ 2013 年，在中央电视台春节联欢晚会上，由宋祖英与席琳 • 迪翁演唱《茉莉花》。

◎ 2017 年 4 月 7 日，中美元首会晤期间，特朗普 5 岁外孙女和外孙献上了中文歌曲《茉莉花》。

品牌口令：世界级公共文化资产赋能，节省亿元广告费

世界级的横县茉莉花需要一句世界级的超级品牌口令。

深入研究茉莉花的千年文化史和发展脉络，福来咨询异常激动地发现了一个世界级公共资产——《茉莉花》。也许你不认识茉莉花，但是你一定听过《茉莉花》这首歌，耳熟能详，家喻户晓，有“第二国歌”之美誉。

1921 年，意大利作曲家普契尼将《茉莉花》的旋律用在他的歌剧《图兰朵》

中，促使这首歌曲走向世界，成为东西方共鸣之旋律。

《茉莉花》——蕴含巨大的世界级的公共心智资产，必须最大化地抢占，为横县茉莉花品牌赋能，形成横县茉莉花品牌资产。

审视《茉莉花》名曲，“茉莉花”是歌曲的名字，但真正成为最大公共资产的只有一句话——“好一朵美丽的茉莉花”，认知度极高，广为传诵，独立成句，具有广谱性和全球性，是资产中的资产，心智认知价值连城。

如何把“横县”这一主角，用最自然、最巧妙的方式植入？让这句世界级超级话语与横县画上等号，最大化、最充分、最直接地抢过来，据为己有？

“好一朵横县茉莉花！”

这是天赐的品牌口令，将人们对茉莉花文化的高认知转变成横县茉莉花的品牌资产。这是一句全球人都熟悉的超级口令，极具自传播性，听一遍就能记住。业内人士评价，其市场价值与效应不低于一个亿。

“好一朵横县茉莉花”品牌口令，配上“全球10朵茉莉花，6朵来自广西横县”的价值支撑，极简极致，低调霸气，一句顶一万句。

什么样的字体才能配上世界级的超级口令？唯有弘一法师体。

好一朵横县茉莉花

弘一法师（李叔同）最早将西方油画、钢琴、话剧等引入国内，是个通贯东西的文化大使。其字体风格恬静、空灵，纯真中蕴含大智慧、大气度、大境界，韵味非凡，与横县茉莉花的文化基因相得益彰。

品牌标志：香气“横”溢，极简极致

区域公用品牌标志设计，要兼具地域性、文化性和授权属性。地域名称就是创意原点，一个“横”字建立鲜明地域差异。福来咨询以“横”为发端，将江南窗棂、茉莉花、茶杯以及香气，完美演绎，将茉莉花背后深厚的东方传统文化意蕴进行场景式高效传达。

品牌图腾：三位一体，激活三大感官

牡丹真国色，茉莉乃天香。福来咨询基于茉莉仙女下凡传说，创意了“横县茉莉仙子”的视觉图腾。同时又将《茉莉花》改编，成为横县茉莉花品牌听觉图腾——《好一朵横县茉莉花》：

“好一朵横县茉莉花，好一朵横县茉莉花，全球十朵茉莉花，六朵来自横县呀，用好花来窨好茶，横县茉莉花，茉莉花呀！茉莉花！”

伴随着熟悉的旋律响起，横县茉莉花一下子就击中心弦，激起记忆的涟漪，久久不能忘怀。这就是品牌图腾的价值与力量。

另外，基于横县茉莉花香气浓郁、鲜灵持久的特性，导入嗅觉图腾。闻香识花茶，形成独特的“横县茉莉香”。茉莉香有两种：一种是横县茉莉香，一种是

非横县茉莉香。在横县的宾馆里，横县茉莉香常常令客人“陶醉”，流连忘返。

福来咨询为横县茉莉花创意视觉、听觉、嗅觉三大图腾，三位一体，产生了强大的品牌叠加效果。

文化族谱：挖掘茉莉简史，抢占文化制高点

人皆有源，家必有谱。一部横县茉莉花产业发展史，就是一部东西方文化交流史。福来咨询深入研究茉莉花发展史，以“源、承、兴、盛、誉、香”六个关键字，构建横县茉莉花文化族谱，抢占茉莉文化制高点和话语权，彰显并夯实老大地位。

传播推广：激光穿透，发出世界最强音

横县茉莉花在行业有一定知名度和影响力，但是在消费者层面认知度不高。因此，要在行业夯实老大地位的同时，在消费者层面迅速提高知名度和价值度。在品牌传播推广上，福来咨询建议要集中力量，激光穿透。

两会合一会，召开世界茉莉花大会

横县创办了中国茉莉花文化节和全国茉莉花交易博览会两大行业盛会，每年一场，交替召开。福来咨询建议两会合一会，主题更鲜明，资源更集中，效率更高，打造世界茉莉花产业中心，抢占世界行业话语权，同时提升会议规格，举办世界茉莉花大会，抢占文化制高点。

搭乘高铁与火箭，让横县茉莉花品牌飞奔起来

2020 年 10 月 22 日，横县茉莉花登陆高铁品牌专列，130 组横县茉莉花复

兴号冠名高铁列车驰骋八纵八横高铁网，以北京、上海、广州为中心，覆盖环渤海、长三角、珠三角、成渝等18个省市，为“好一朵横县茉莉花”的品牌传播开启了高速新征程。

2020年11月6日，由横县冠名的“横县·茉莉花号”卫星搭载长征六号遥三运载火箭在太原卫星发射中心成功发射，标志着横县茉莉花产业借势卫星遥感，开启品牌传播、智能升级的新征程。

品牌化植入，开创农业“英特尔”战略

将工业领域的经验嫁接到品牌农业，由政府牵头，推出“好花窨好茶，横县茉莉花”品牌认证体系，将横县茉莉花公用品牌证明商标（图形＋字体）在产品上统一位置、统一形象，集中展现，就像电脑上贴的“英特尔”标识。福来咨询称之为农业“英特尔”战略。借花茶企业海量包装，打造横县茉莉花品牌的自媒体，让横县茉莉花真正走进千家万户、千厂万店，走进茶余饭后，走入消费者脑中。

这是一个改变农产品区域公用品牌营销理念和模式的大创意，对特色农产品产业化和品牌营销是一种非常有价值的探索。

品牌升级元年：做好配称，开好茉莉“两会”

2019年全国“两会”刚刚闭幕，横县茉莉“两会”拉开大幕。

2019年4月9日，横县茉莉花品牌战略发布会在南宁召开。会上，本书作者、横县茉莉花战略品牌顾问娄向鹏对顶层设计方案作了报告。正式开启横县茉莉花从横县战略推升到南宁战略、广西战略，乃至国家战略的第一步。

5月14~19日，在杭州举办的第三届中国国际茶叶博览会期间，横县茉莉花品牌重磅出场，高调亮相。横县茉莉仙子伴着横县茉莉香，成为整个大会的亮点。

横县茉莉花品牌战略发布暨招商引资推介会签约总金额 6.075 亿元，产销对接合同总金额达 3.29 亿元，成为茶博会最大的赢家。农业农村部、广西农业农村厅对此均给予公开表彰。

借助全国茶行业最高规格、最权威的大会，横县茉莉花正式从幕后走上前台，拉开产业品牌化、高质量发展的序幕。

8 月 31 日，福来咨询发起策划的“首届世界茉莉花大会”在横县举行，来自全国及法国、荷兰、日本、以色列、俄罗斯、马来西亚等国际嘉宾、茶商、文化艺人云集花乡，逾千人出席了大会。

在首届世界茉莉花大会上，举办了世界茉莉花产业发展高峰论坛，横县首次发布《世界茉莉花产业发展白皮书》，被国际花园中心 (IGCA) 授予“世界茉莉花都”。横县茉莉花在“标准化 · 品牌化 · 国际化”方面迈上了新高度。

两点重要启示

你若花开，蝴蝶自来

首届世界茉莉花大会，是横县茉莉花品牌战略升级的标志性事件，也让横县茉莉花产业之花开得更加灿烂、绚丽。

2019 年 10 月 12 日，在 2019 科特勒未来营销峰会暨“科特勒 · 新营销大奖”颁奖典礼上，横县茉莉花荣获 2019 科特勒 · 新营销大奖最佳事件营销案例奖。这是全场唯一的一个农产品区域公用品牌创建案例奖。

2019 年 11 月 15 日，南昌，第十七届全国农交会，横县茉莉花项目签约金额 4552.78 万元，获得国内市场产销对接与出口拓展双丰收，再次成为全场大亮点。

2020 年 1 月 12 日，在农业农村部指导、中国优农协会主办的“2019 品牌农业影响力年度推介会”上，横县茉莉花被推选为“优农品牌设计典范”。

2019 年，横县茉莉花实现三产综合年产值 122 亿元，横县茉莉花（茶）品牌综合价值 206.85 亿元，是广西最具价值的农产品品牌，成功入围首批中国农业品牌目录。

横县不仅引进了一批实力龙头企业，还成功吸引了中建一局集团，开启共建国家现代农业产业园和茉莉特色小镇的高质量发展新篇章。

2019 年 12 月，横县农业农村局被农业农村部授予“全国农业农村系统先进集体”。

2020 年 7 月，横县茉莉花成功入选首批《中欧地理标志协定》互认产品清单。

2020 年 11 月 28 日，第二届世界茉莉花大会在横县和南宁两地同时开幕，并被纳入第 17 届东盟博览会主题活动。从横县战略到国家战略，横县茉莉花快速实现精彩飞跃。

2021 年年初，横县正式撤县设市，一个充满生机与活力的横州市步入新时代。

你若花开，蝴蝶自来。这才是区域公用品牌建设、产业招商引资和区域社会经济高质量发展的真正秘诀。

横县县委书记黄海韬（左）、横县农业农村局局长龙朝晖（中）与本书作者、横县茉莉花战略品牌顾问娄向鹏（右）探讨包装设计。

一把手工程，一切都好办

一把手的重视程度，是决定农产品区域品牌建设成败的关键。横县县委书记黄海韬，从举办全县品牌农业大讲堂到引进外脑举办世界茉莉花大会等，都亲自推动，参与项目每一次重要讨论与决策，并且在横县茉莉花文化挖掘上亲自与福来咨询团队讨论细节，一个字、一句话、一幅图、一个物料的雕琢与探讨。在黄书记的直接推动和深度参与下，横县茉莉花品牌建设工作决策高效、成效显著。

由下而上，决策和推进效率非常低；由上而下，效率就非常高。这是普遍规律，更是中国特色。福来咨询认为，区域公用品牌建设，必须列入地方党政一把手工程。一把手主导并深度参与，一切都好办。

区域公用品牌篇

盱眙龙虾：小龙虾里的“白富美”

一个国民级区域公用品牌是如何养成的

小龙虾，一个神奇的物种。从无人问津的乡村特产，一跃成为大中城市的宵夜之王。从路边摊小吃，一个翻身成了城市中产阶层的生活配置。它崛起的路径，与中国二十年来狂飙突进的城市化和现代化几乎同步。

你吃的不是小龙虾，是中国的镀金时代。

在这股强大的小龙虾美食洪流中，盱眙龙虾，是一个不得不提的传奇力量。

四大法宝，成就国民级美食品牌

盱眙人吃小龙虾有 40 多年的历史，经过近 20 年的产业推动与发展，全县共计 10 万人从事龙虾养殖、贩运、烹饪等，走上了脱贫致富的道路。

年交易量超 10 万吨，综合产业规模 140 亿，品牌价值高达 203.92 亿元（一直雄踞水产类榜首），作为“中国龙虾之都”，盱眙无论是在龙虾养殖、龙虾交易、龙虾加工、龙虾餐饮，还是在龙虾节庆、龙虾文旅、龙虾品牌等各个方面都领先全国。

为什么是盱眙龙虾？湖北、安徽、湖南等地区，论自然条件、湿地资源、产业规模并不逊色。但盱眙龙虾有四大法宝。

法宝一：餐饮化反拉产业化，让区域特产走向全国（球）

盱眙人从消费市场培育着手，率先开创小龙虾餐饮模式，带动盱眙龙虾产业发展。通过开办小龙虾烹饪学校（后升级为龙虾学院），培训专业人才；利用山水盱眙的中草药资源，研发出全国闻名的“十三香小龙虾”爆款菜品；扶持当地龙虾餐饮企业，通过授权加盟，开拓全国市场。

为强化餐饮模式的带动作用，盱眙县打造盱眙龙虾官方餐饮店，成为盱眙龙虾的品牌形象中心、品质体验中心、宣传销售中心、会员转化中心。2017 年 6 月，盱眙龙虾首家旗舰店在南京正式运营。2018 年 5 月盱眙龙虾深圳华为直营店开业，盱眙龙虾上海店、北京店也在筹备中。

同时，盱眙人具有广阔的全球视野，其 1500 家加盟店，不仅覆盖了全国市场，还走出了国门，先后在美国、澳大利亚、马来西亚等世界 20 多个国家和地区落地。

法宝二：激光穿透创龙虾节庆，打造全球品牌大 IP

福来咨询认为，资源是有限的，在顾客心智争夺战中“集中力量于一点，进行激光穿透式传播”，是取得胜势的第一原则，这一点在盱眙龙虾产业发展上得到了很好的验证。

从 2000 年开始，为推动小龙虾产业发展，培育小龙虾餐饮市场，提升品牌影响力，盱眙县委、县政府决定创办“小龙虾主题文化节”，并且这一办，就坚持了二十年。其规格和层次越来越高，一年一度的文化节晚会成为一线明星的小龙虾打卡地。

将一个废弃多年的巨型矿坑，改造成龙虾广场，成为盱眙国际龙虾节的固定会址，可同时容纳 3 万人举行“万人龙虾宴”，创吉尼斯世界纪录。

2008 年，盱眙龙虾节正式走出国门，先后在瑞典、澳大利亚、新西兰、美国、埃及、马来西亚等地举办。2013 年面积 2000 亩的盱眙龙虾养殖基地在美国佛罗里达建立，成为世界感知盱眙、了解盱眙的又一扇窗口。

一业兴促进了百业旺。盱眙龙虾产业拉动盱眙旅游经济强劲增长，实现了从年游客量不足 30 万人到 600 万人的飞跃，推动盱眙成为名副其实的“中国龙虾之都”。

法宝三：中国第一龙虾博物馆，抢占文化制高点

为树立产业老大地位，传播龙虾美食文化，盱眙从文化抢占的高度于 2006 年 10 月，创建了中国第一个龙虾主题博物馆。

这是“中国龙虾之都”标志性展馆，建筑宏伟、内容丰富、形式新颖。这既是盱眙龙虾的发展历程，也是中国龙虾产业发展的缩影。

法宝四：资源整合促进产业链互补，借船出海创品牌新高

盱眙龙虾在资源整合上不断尝试多维合作。建设盱眙龙虾国际会展中心、龙虾电子商务、龙虾文化创意、龙虾产业博览会等项目，整合今世缘酒业、苏豪控股集团、深圳宝能物流集团等省内外企业资源，中国水产科学研究院、中国渔业协会等专业平台资源，袁隆平院士、张洪诚院士等行业专家资源，抖音、阿里巴巴等网络平台资源。

目前，盱眙正逐步完善龙虾协会、龙虾产业发展局、龙虾龙头企业、龙虾产业发展研究院“四位一体”运作机制，进一步强化产业资源整合，优化产业链。

继往开来：盱眙龙虾再跃龙门

在国家“乡村振兴”“农业高质量发展”等政策背景下，以及全国小龙虾养殖一哄而起的格局下，作为行业引领者的盱眙龙虾也到了转型升级再跃龙门的关键时刻了。

2018 年 4 月，盱眙县委、县政府特邀本书作者作品牌农业建设专题讲座。时任盱眙县委书记梁三元和盱眙县四套班子领导等相关负责人近千人参加。

2018 年 7 月，福来咨询与盱眙县达成战略合作，以盱眙龙虾区域公用品牌升级和国有龙头企业品牌打造为战略抓手，推动盱眙龙虾从优秀到卓越，开启高质量发展新时代。

战略要有根：立足“高品质小龙虾”，叫响“小龙虾美食发源地”

福来咨询认为：战略有根，则经营不纠结，资源不浪费，竞争不乏力。根深，方能叶茂！没有根的产业，想法多，做不强，长不大。

纵观盱眙龙虾发展史，基于小龙虾产业的全国乃至全球竞争格局，我们认为

盱眙龙虾应根植于高品质小龙虾定位，以质量对抗数量，引领小龙虾产业转型发展；提升附加值，占领小龙虾行业头部地位，成为世界高品质小龙虾领导品牌。

与此同时，盱眙龙虾作为小龙虾美食文化的发端和市场引领者的江湖地位，要当仁不让地“喊”出去。

品牌要有魂：打造“小龙虾中的白富美”

福来咨询认为，品牌的本质是找魂。魂立则心动。没有灵魂的品牌，如行尸走肉，难以存活于心。品牌就是要有血、有肉、有灵魂！

盱眙龙虾之所以受到市场的追捧，源于其国家级生态县的环境优势和“三白两多”的品种优势。“三白两多”即肉白、鳃白、腹白、肉多、黄多，这是盱眙龙虾的高品质基因，也是小龙虾爱好者最大的关注点。

盱眙龙虾，以“三白两多”的生态特质著称，是当之无愧的虾中贵族，品牌灵魂浑然天成——“小龙虾里的白富美”。

“小龙虾里的白富美”，一语双关，既是品牌灵魂又是品牌口令。一语道明盱眙龙虾的生态特性，点明盱眙龙虾的行业地位；同时巧妙抢占“白富美”这一公共词语资产，让品牌传播更有力更入心。

抓主体：打造强势的经营主体和用户品牌

福来咨询主张，农产品区域品牌建设需政府、企业双轮驱动，这也是我们需要解决的又一个核心问题，即经营主体弱，龙头小而不强。产业发展缺乏一个真正具有带动力的经营主体。

为此，盱眙县委、县政府主导成立“江苏盱眙龙虾产业发展股份有限公司”，进行产业链整合及培育，发挥市场引领和推动作用。作为主体企业，要打造一个用户品牌来面向消费者。盱眙小龙虾，简称盱小龙。福来咨询创意的品牌名称就是“盱小龙”。简单易记好传播，同时名字自带强者属性，打造行业龙头，解决了消费者选择谁的大问题。

建集群：推动区域品牌产业生态化发展

建集群，是指当盱眙龙虾产业主体企业发展壮大后，逐步带动小龙虾产业上下游企业和品牌成长，促进盱眙龙虾产业集群形成，创建错位竞争、共生共荣、可持续发展的良性产业生态局面。

产业融合：从龙虾养殖、餐饮到加工，打造完整产业生态链

以红胖胖、於氏虾神为代表的餐饮企业，不断发力龙虾深加工，基本形成了集龙虾研发、养殖、生产加工、龙虾调料、龙虾贸易、职业培训、餐饮连锁于一体的一二三产业深度融合协同发展的新型产业化联合体，打造了完整的盱眙龙虾产业生态链。

虾稻共生：盱眙特色新模式，产业富民新生态

“借力一只虾，做响一粒米”。“盱眙龙虾香米”是盱眙依托“虾稻共生”60万亩综合种养优势打造的又一区域公用品牌，是盱眙龙虾价值链的高效延伸，开创产业协同发展新生态、新模式、新格局。

2018 年 9 月 20 日，在首届“盱眙龙虾香米 · 绿色丰收节”上，中国人民

大学品牌农业课题组将盱眙确定为品牌农业案例研究基地。课题组组长、本书作者娄向鹏出席丰收节并为盱眙授牌。

龙虾小镇：盱眙龙虾产业高质量发展的新引擎

盱眙龙虾小镇，是淮安市唯一一个省级特色小镇。未来，龙虾小镇将以盱眙龙虾产业为抓手，做好“龙虾 +”特色文章，把“龙虾小镇”建成推动集龙虾产业发展、文化艺术交流、休闲体验和旅游度假功能于一体的国际品牌特色小镇，成为助推盱眙龙虾产业高质量发展的新引擎。

巧传播：打响盱眙龙虾品牌，讲好盱眙龙虾故事

龙虾产业白皮书，强化产业地位

2019 年，盱眙正式发布《小龙虾产业白皮书》，作为中国小龙虾产业发展的开创者和领航者，经过 20 多年的发展，盱眙龙虾已形成集科研、养殖、加工、餐饮、冷链物流、节庆、旅游等于一体的完整产业链。一本产业白皮书，再次夯实盱眙龙虾的产业领导品牌地位。

市长现身直播“带货”，打开“互联网 +”新模式

2020 年 5 月 18 日，第二十届中国 · 盱眙国际龙虾节举行。盱眙龙虾搭载网络直播资源，淮安市市长现身直播间，化身主播为盱眙龙虾代言。

借助线上直播带货这一新载体，形成“节庆 + 互

联网＋产品销售”的新模式，为广大虾农和当地企业打开销售新路径。

盱眙龙虾号专列，精准广告制胜

2020年6月16日，“盱眙龙虾”号高铁冠名首发仪式在上海虹桥高铁站举行。车身是盱眙龙虾品牌形象，车厢内以盱眙龙虾、盱眙龙虾香米宣传为主，全方位展现了盱眙“一虾一米，虾稻共生”的理念和模式，是一次针对长三角主战场的精准传播。

后记：“娄镇长”与盱眙龙虾的不解之缘

福来咨询作为盱眙品牌战略合作伙伴，先后为盱眙龙虾区域公用品牌、盱眙龙虾香米区域公用品牌、盱眙龙虾产业公司提供系统顶层设计咨询服务，得到一致认可。为此，盱眙县委、县人民政府特聘请本书作者娄向鹏为“盱眙龙虾小镇名誉镇长”。

聘任仪式上，盱眙县委副书记高为淼表示，福来咨询团队为盱眙龙虾产业做了很好的战略品牌顶层设计，县委、县政府聘请娄向鹏先生出任盱眙龙虾小镇名誉镇长，希望借助他的智慧和资源，持续关注和推动盱眙龙虾产业发展，早日实现盱眙龙虾小镇梦。

一个国民级区域品牌，一个大V级品牌专家，缘分不断，小龙虾的大故事，精彩继续。

区域公用品牌篇

容县沙田柚：乾隆爷的沙田柚

文化资产是区域公用品牌的价值金矿

珍果的烦恼

就像茅台酒偷不走一样，容县沙田柚同样也无法复制。广西容县是“八山一水一田”典型的丘陵山区县，生态环境优越，涵养水分丰富，是种植绿色生态沙田柚不可复制的好地方。

容县沙田柚，色泽金黄，外皮细薄，果底有独特“金钱肚”，果肉脆嫩，口感清香甜蜜，回味悠长。“独有蜜香、入口无渣”，也只有容县产的沙田柚有此独特品质。

从 20 世纪 40 年代开始，容县成了沙田柚的 “黄埔军校”，被各地引种，种植规模和品种改良上都在赶超，形成广东梅州金柚、福建平和蜜柚、台湾文旦柚、常山胡柚等品种和产区，对容县沙田柚品牌和市场形成强力挤压。

昔日珍果，今被对手赶超，原因有三点：一是小富即安，看不到市场与竞争的转变；二是产业化程度低，技术、规模逐渐落后；三是小农生产，缺乏龙头企业组织化、标准化、规模化、品牌化的引

领和带动。

沙田柚作为容县农业主导产业，肩负富农强县、带动一方经济的产业使命，随着竞争对手的崛起，容县深刻认识到，复兴沙田柚产业，刻不容缓！

战略寻根：守住品质王道

2018 年 10 月，容县县委、县政府把区域公用品牌创建重任委托给福来咨询。

容县作为“中国沙田柚之乡”，拥有近 5 个世纪的沙田柚种植历史，是史料记载最早种植沙田柚的地区。

然而，福来咨询调研时发现，消费者挑选柚子时，对于品种、产地有一定认知，却不知道沙田柚出自广西容县，即便是对沙田柚相对了解的两广地区，也分不清沙田柚的产地。

令人欣喜的是，虽然很多人分不清产地和品牌，但容县产的沙田柚因其“色泽金黄、外皮细薄、果肉脆嫩、清香甜蜜、入口无渣、回味悠长”等独特品质，已经形成体验效应和价格优势，市场价格远远高于其他产区 50% 以上。

不可替代的高品质，这正是容县大力发展沙田柚产业的战略之根，也是其保持市场高价格的秘密。

守好地理边界，更要守好品质边界，把根留住，通过强有力的区域公用品牌建设这个战略抓手，重振容县沙田柚产业雄风。

品牌找魂：乾隆爷赐名的“正宗沙田柚”

清朝乾隆四十二年（公元 1777 年），乾隆皇帝巡游江南，官人夏纪纲把家乡容县沙田村出产的“羊额籽”献给皇帝，乾隆吃了连声赞好，并赐名“沙田柚”。此后，容县沙田柚被列为贡品。

福来咨询认为，地域历史文化，是区域公用品牌不可复制的价值。容县沙田柚的品牌灵魂，应该从这段有理有据的历史中挖掘。

正宗沙田柚，产自容县！乾隆爷赐名的正宗沙田柚，这就是容县沙田柚的品牌灵魂，也是整个品牌创意的核心。容县必须高调发声，擦亮金字招牌，把“沙田柚在这里诞生”的发源地地位喊出去，重塑“中国沙田柚之乡”的行业领导地位。

首先，品牌 LOGO，融合乾隆印章，选取中国印符号元素，代表正宗、品质和信赖！整体以容县的“容”字为基础。

其次，借鉴乾隆字体，风格端庄大气，象征纯正、可靠与官方背书。

再次，品牌图腾“乾隆爷”王者形象隆重登场，让人眼前一亮。

最重要的是，用精准的视觉语言让“乾隆爷与沙田柚”建立产业联系，迅速

准确传递出“我是谁”“我干什么”“我好在哪儿”三个信息。

用独特的视觉美感，打造一个新中式古典的乾隆爷，让土特产也潮起来，用强有力的视觉冲击吸引消费者好奇：乾隆爷站在柚子前在干吗？从而引发关注。一句“乾隆爷的沙田柚”的品牌口令，不仅传达出“一颗有故事的柚子”的信息，而且能让消费者产生尝尝的消费行动力。

为了更系统化、集中化、标准化输出容县沙田柚的品牌文化，福来咨询制作了《容县沙田柚品牌文化族谱》，通过手绘的形式从发源、赐名、盛兴、广种、出口、获奖、国礼七个维度，浓缩了容县沙田柚的前世今生，繁盛与发展。品牌族谱，成为品牌传播的重要战略工具，也是重要的品牌文化资产。

战略配称：剑指“柚中之皇”

容县沙田柚产业发展要“双轮驱动”，一方面政府要主导，制定“优品质、树正宗、传文化”的高品质发展路线。

为夯实“沙田柚发源地”地位，容县进一步加强育兰堂等古迹的修缮与保护以及百年古柚树的养护，成立古迹保护中心、申报中国重要农业文化遗产，让品牌有根可寻，有故事可讲。

在现有产业基础上，升级、搭建科技、人才、基金、销售、追溯五大平台，为容县沙田柚成为“柚中之皇”提供配套保障。如升级现有中国沙田柚展销中心，集分级分拣、清洗、质检、现货交易、电子商务、仓储物流于一体，实现标准化、规范化、持续化市场供应。

为推动农文旅一体化，在容县沙田柚产业（核心）示范区——沙田柚王国景区内，容县政府携手联合体企业建造了全国第一个沙田柚博物馆，为打造全球沙

田柚主题乐园布局，推动实现一二三产业融合升级。

“双轮驱动”的另一轮是企业主营，扶持联合体企业。如广西天气晴农业发展有限公司、广西容县沙田柚发展有限公司等，联合体企业负责塑品牌、推产品、拓市场，推出了“皇小柚”“柚缘堂”等企业品牌，与百果园、本来生活建立了渠道合作，同时代表容县沙田柚区域公用品牌出席长沙果品大会等城市推介会，成为在产业升级、市场推广等方面的重要战略抓手。

激光穿透：整合资源，高调发声

2019 年 7 月，容县沙田柚区域品牌战略发布会在南宁召开。现场举行了容县沙田柚区域公用品牌的授权仪式，发布了容县沙田柚品牌标准，并联手华南农业大学公布了中国重要农业文化遗产的申报。品牌战略的发布，吹响了容县沙田柚区域公用品牌创建和产业高质量发展的强力号角。

2019 年 10 月，首届中国沙田柚产业发展大会在美丽的都峤山白鹤塘景区山水之间召开。容县人民政府与中国农科院柑橘研究所、中国农业大学等科研院校建立沙田柚产业科研基地战略合作，容县沙田柚联合体企业与佳沃鑫荣懋集团、百果园、本来生活网等多家渠道商签订了产销对接协议。

此次产业发展大会整合专家、客商、平台等优势资源，抢占行业制高点，成为推动容县沙田柚产业高质量发展的引擎。本书作者、容县沙田柚品牌顾问娄向鹏在高峰论坛中指出，容县沙田柚一定要正本清源，把“沙田柚在这里诞生”大声地喊出去，让消费者知道正宗沙田柚买容县的，这是我们的战略任务。

长沙会战，金光乍现

2019 年 10 月，在中国果品流通协会举办的中国果业品牌大会上，容县沙田柚以新内涵、新形象首次全国亮相，并借台唱戏，举办了“容县沙田柚、香飘长沙城”品牌推介会。产品推介、现场品鉴，与本来生活、百果园、永辉等多家

平台及超市、社区店签订采购合约，进一步推动容县沙田柚走出广西、香飘全国。同时，“容县沙田柚”被评选为 2019 中国优秀区域品牌策划案例。

良好开局，当选“中国特优区”

通过“请进来、走出去”品牌推广，容县沙田柚品牌建设初显成效。线上线下销售联动，电商销售、直播带货亦日趋火热，逐步宣销一体化，2019 年产值达 30 亿元，其中全县电商销售收入达 7 亿多元。

同时，容县沙田柚产业升级也步入快车道。2020 年 2 月，容县沙田柚被农业农村部等 8 部委认定为中国特色农产品优势区，上升为国家战略，沙田柚已成为容县最具特色的名优林果和助农增收的支柱产业。目前，全县沙田柚种植面积已超 21 万亩，年产量超过 22 万吨。

文化公共资产：农产品区域公用品牌的“金饭碗”

农产品区域公用品牌之间竞争越发激烈，如何从趋同的农产品中脱颖而出，容县沙田柚给了我们最好的启示：

从独特性、差异化的文化资产入手，寻找自身的价值金矿。追根溯源、正本

清源，擦亮金字招牌，夯实产业基础，必将让容县沙田柚焕发新生，王者归来，重新成为沙田柚行业引领者。

容县沙田柚以区域公用品牌建设为抓手，吹响高质量发展号角，让老果、土果成为金果、银果，成为富民强县的品牌果、致富果！

这是农产品区域公用品牌建设的因，更是果。

区域公用品牌篇

兴安盟大米：东北上游，净产好米

从好米到名米的“精彩跨越”

来自大兴安岭的好消息

2020 年 9 月的一个下午，内蒙古兴安盟农牧局给我们带来了好消息：福来咨询团队为兴安盟大米制定的“东北上游，净产好米”方案得到社会各界人士和市场的一致好评，越品越有味，越想越对劲。

兴安盟行署领导更用八个字精彩概括：“一炮打响，一夜走红。”

新方案执行后，效果明显，连续两年量价齐升 30% 以上，进入不少一线城市的大型超市。疫情期间，很多地方还出现了断货现象。这是过去想都不敢想的。

一个尴尬的现实：草原好米无人知

当全国各地农产品区域公用品牌建设一片火热的时候，兴安盟行署决定牵手福来咨询，打造兴安盟大米区域公用品牌，让好米卖出好价钱。

营销是科学的艺术。你认为是什么不重要，消费者认为是什么才重要。当福来咨询调研组问起兴安盟大米，很多消费者（包括不少内蒙古人）第一反应：“内蒙古不产大米呀！”

在消费者认知中，好大米在东北，兴安盟怎么可能有好大米呢？天苍苍，野茫茫，遍地是牛羊才对呀！

兴安盟位于内蒙古的东北部，大兴安岭向松嫩平原的过渡带。种植水稻历史悠久，与东北的五常、盘锦大米发展历程基本相同。目前水稻种植面积118.3 万亩，产量 70 万吨，占内蒙古的 60%，是内蒙古自治区优质稻米之乡，世界级稻米专家袁隆平称赞兴安盟大米是中国大米的国际目标。2018 年中国（三亚）国际水稻论坛，兴安盟大米以盲测第一名的成绩获得中国十大好吃米饭。

然而，由于没有品牌化，兴安盟 60% 的优质稻谷被东北知名大米产区和加工企业低价收走，农户眼睁睁地看着别人赚钱。

又是一个幕后英雄的农业品牌故事，低价卖稻谷，有料说不清。兴安盟大米必须从幕后走上台前。

战略寻根：如何在不产大米的心智创建品牌？

这是一个艰难的战略命题，难点就是突破点。建立兴安盟也是优质大米产区的认知，是创建兴安盟大米品牌的战略核心。

原来你也在这里

翻开地图发现，兴安盟虽然行政区划属于内蒙古，其实地理位置就在东北，黑龙江西南与之相连，吉林西北与之毗邻。

著名的大兴安岭在哪里？许多人印象在东北、在黑龙江，其实大兴安岭的多数山脉在内蒙古。所以，兴安盟在地理上属于大东北范畴。

东北是大米的认知高地，兴安盟就在大东北！这点从地理位置上、从生产条件和种植历史上已经足以证明。兴安盟大米其实也是东北大米，这让项目专家组找到了“新大陆”。

东北上游，一个惊人的事实

东北大米无论从产业、品牌知名度还是消费者认可方面都非常强。要想快速提升兴安盟大米的知名度，站在东北大米肩膀上是一条心智捷径。

兴安盟大米与东北大米有什么关系？怎么才能让兴安盟大米与东北大米关联的时候，既合情合理，又能“更胜一筹”？

项目专家组再一次站在地图前仔细审视，顿时有了更惊喜的发现。

原来，在地理区位上，兴安盟在东北的西北，北为上，高为上，兴安盟是东北的上风上水，是绝对的东北上游，也就是说，在自然资源和生态上，兴安盟有更好、更纯净的生态环境。

东北上游，一个惊人的事实！同属大东北，兴安盟居上游。兴安盟＝东北上游，从经济区划（兴安盟属东北振兴国家战略划定区域）、地理区位、生态区域、语言文化四个维度都立得住、站得稳。

兴安盟大米战略之根——“东北上游生态米”正式浮出水面！

东北是大米品类的超级公共资产，更难能可贵的是，它不属于某个城市和地区。东北上游，就是兴安盟大米的大战略！从此，东北大米分两种，一种是传统东北大米，一种是东北上游生态大米（兴安盟大米）。

开创中国大米新“净”界，为兴安盟大米找魂

对标东北大米，兴安盟大米的优势是什么？显而易见是生态！但是对于消费者而言，生态有认知、没感知！需要转化为消费语言。

兴安盟是东北乃至北方重要生态功能区和服务区，是嫩江和松花江流域的源头，水干净。兴安盟地处大兴安岭脚下，森林氧吧，空气清新干净。兴安盟无污

染工业，土壤非常干净。

水净、土净、空气净，兴安盟就是大兴安岭脚下的生态净土，是中国大米新“净”界。

净，就是对兴安盟生态的极致概括。生态是本源，纯净是结果，又是消费者一听就懂的“集体意识”。

福来咨询为兴安盟大米挖掘到“净”这一品牌灵魂，极简极致，一字点睛。

米中“净”界，绘就兴安盟大米的“狼图腾”

品牌图腾是最具差异化、个性化、代表性的品牌形象载体，好图腾可以抵得上千军万马！

什么能代表兴安盟的净——皑皑的白雪，湛蓝的天空，清澈透凉的阿尔山矿泉，万顷林海的大兴安岭……

净，不仅包含空气、水、土地等外部自然条件的干净，也包含心灵的干净，蒙古民族信仰长生天，崇拜大自然，正是这种精神信仰，才能孕育出最纯净的大米。

图腾以一粒米为轮廓，囊括天地万物，以蓝天繁星、挺拔雪松和广袤白雪衬托生态环境的“净”，以米的外形为镜映射心中的“净”。狼，自古以来是草原灵物与图腾。蓝色的哈达环绕米的外形，表达兴安盟人民要把最纯净的大米献给远方的客人。地理位置用定位图标红，精准传达兴安盟东北上游的大战略。

米中净界图，一图识乾坤，大大降低传播成本，被称为大米界的“狼图腾”。

东北上游，净产好米！八字口令，突破产业困境

区域公用品牌面对的不仅是普通消费者，还有行业、媒体、企业、渠道平台等，因此品牌口令要有自己独特的逻辑。福来咨询认为，需要从地域价值和消费价值两个维度展开。最完美的品牌口令是两者兼备，坦率地说这事可遇不可求。

“东北上游”是兴安盟大米的区位价值，“净”是消费价值。如何一石二鸟，二者兼备？

东北上游，净产好米！经过多次头脑风暴过后，超级品牌口令诞生。

简单八个字，将兴安盟大米的生态基因和消费价值讲清说透，一下子突破了兴安盟多年来的产业困境。从此，兴安盟大米开始盛装出发。

携手袁隆平，为兴安盟大米植入强大的信“芯”

品种第一，品质第二，品牌第三。抢占科技制高点，为兴安盟大米研发自有知识产权的品种“芯片”。

2018 年，兴安盟行署携手杂交水稻之父袁隆平院士，成立兴安盟袁隆平水稻院士专家工作站，开展对现有水稻品种选育及优质高产水稻品种研发，为兴安盟大米品牌建设提供了强大的信“芯”，进一步促进兴安盟大米产业高质量发展。

东北上游
净产好米
袁隆平题
二〇一九、八、九

获悉兴安盟大米品牌策划成果后，袁隆平院士很支持，并欣然题词。

聚焦根与魂，激光穿透争上游

在品牌传播上，坚持以“根与魂”为中心，聚焦“门户传播 + 品牌三会”激光穿透模式，思想上贯通，行为上贯彻，传播上一以贯之。

2019 年 8 月，呼和浩特，“一带一路”生态农业“会中会”；9 月，兴安盟，第二届中国农民丰收节；10 月，北京，农业农村部扶贫对接会。借势大会流量，召开兴安盟大米新品牌战略发布会，打造兴安盟大米品牌建设的起手式。

在做好公关和新闻营销的同时，开展兴安盟大米城市推介会。有特色，有形象，有体验，有成果，不搞虚招，重在实效。

东北上游，净产好米。兴安盟大米成为第十四届全国冬季运动会唯一指定大米。2019 年 5 月 30 日，兴安盟大米荣获农产品区域公用品牌神农奖。2019 年 6 月，内蒙古兴安盟被中国粮食行业协会授予“中国草原生态稻米之都”称号。

内蒙古自治区领导对兴安盟大米品牌建设给予充分肯定并主动推介：“兴安盟的大米为什么好吃？

黑土地，水质好。”“为什么水质好？”“因为我们在上游。”

我们坚信，东北上游，净产好米，必将成为兴安盟大米的品牌咒语和价值成语。

兴安盟大米，带动兴安盟大生态战略

中国地大物博，很多区域有多个优势产业。但在区域公用品牌建设上，切忌齐头并进，要有先有后、有主有次地推进。兴安盟行署规划的也是八大主导产业，但与福来咨询达成高度共识，先从兴安盟大米品牌建设切入，带动兴安盟生态大战略。

随着兴安盟大米品牌建设的“一炮打响，一夜走红”，兴安盟大生态战略也开始开花结果。2019 年 12 月 22 日，兴安盟 · 伊利集团绿色健康产业创新示范区项目在兴安盟正式落地。自治区主席布小林、伊利集团董事长潘刚出席签约仪式。项目总投资 300 亿元，投产达效后可形成 1800 亿元的综合经济贡献值，直接带动 6 万人就业。

天苍苍，野茫茫，风吹草低见牛羊。兴安盟与福来咨询合作的第二个战略项目——兴安盟牛肉区域公用品牌策划，已经完成，且落地。

净米配香肉，祝你健康又长寿。

联合体企业篇

一款灵魂产品成就一家企业，一家企业带动一个产业，一个产业搞活一方经济

仲景香菇酱：从地方特产到全国餐桌上的品牌跨越

如果你经常乘坐东航的飞机，一定会在空姐发放的餐盒里看到过小袋装的“仲景香菇酱”，“采蘑菇的小姑娘”品牌形象一眼入心。

仲景香菇酱是由仲景食品研制生产的灵魂产品，一经推出即引爆香菇酱热潮，开启营养佐餐新时代，成为继老干妈之后又一现象级佐餐食品品牌新贵。

仲景香菇酱作为灵魂产品，成就了一家小而美的企业，同时带动了西峡县香菇产业的品牌化、价值化发展，全县农民纯收入的60%来自香菇产业，成为西峡富民强县的第一产业抓手。

技术微创新，产品大增值

在创业之初，仲景食品股份有限公司总经理朱新成，切身感受到全国香菇之乡的西峡香菇附加值太低，多数产品是以鲜菇和初加工的干菇销售出去的。香菇产业的价值化发展，路在何方？

方便面袋中的酱包给了朱新成启发，能否把香菇做成酱？2006 年，朱新成开始采用做豆豉的方法进行研制，经过 2 年试验，终于研制出了中国首创的发酵型香菇酱，并在福来咨询的帮助下，进行系统的品牌营销策划，借助“采蘑菇的小姑娘”超级公共资产，香动全国。

战略之根：以西峡香菇为依托的特色佐餐酱

调味酱行业老干妈一家独大，无数调味酱产品屡战屡败。仲景香菇酱如何才能在对老干妈高度忠诚的品牌市场里，开辟自己的生存空间？

福来咨询发现，消费市场一直把酱菜当作餐桌上的配角，主要消费价值是下饭。仲景香菇酱，以香菇为主要原料，采用独创菇类发酵技术，菇香自然、浓郁，有嚼劲，回味悠长，完全可以大口吃。“香菇酱，肉一样”，“这饭真下酱”，消费测试中的玩笑话也道出香菇酱与其他调味酱的本质区别。

西峡香菇作为地理标志和生态原产地保护产品，是典型的区域公用品牌，是仲景香菇酱最好的产区和品质背书，也是坚固的战略之根。

仲景香菇酱以西峡香菇为依托，开创特色佐餐酱，做属于自己的商业消费品牌。一举将酱菜市场切分成两大阵营：一种是以老干妈为代表，以辣椒为主体，让你开胃下饭的调味酱；一种是以仲景香菇酱为代表，根植于西峡香菇的特色佐餐酱。

品牌灵魂：“300 粒香菇，21 种营养”背后的消费集体意识

香菇有营养，人所共知。联合国粮农组织和世界教科文组织提出：21 世纪最合理的膳食结构是“一荤一素一菇”。

仲景香菇酱，必须抓住“香菇更营养更健康”这一消费集体意识，塑造品牌灵魂。

“营养”对于消费者而言，入眼难入心，如何让“营养”一眼入心？这极其考验营销智慧。

从生活里来，到产品中去。面对粒粒香菇，突发奇想，何不从菇粒入手，找到消费者可感知的东西。小小一瓶仲景香菇酱到底藏了多少粒香菇？项目组一一数来。出乎意料，竟有 300 多粒！

香菇到底有多少种营养？能不能量化？项目组查资料、请专家，狂补香菇营养课，发现香菇含有氨基酸、微量元素、维生素及各种酶等将近 30 种营养，考虑到记忆度和数据的可信度，最终在传播时低调定为 21 种营养。“21”在生活中是更容易被记住的公共数字资产，如 21 世纪、21 金维他等。“300 粒香菇，21 种营养”，数字化，有粒有据，顺口易记，真实可信，有效建立了品牌区隔。

同时，借助“真 X 真 XX”的社会化流行语，创作“仲景香菇酱，真香真营养”的品牌口令，完美搭档。

品牌图腾：一个小姑娘引发的超级大创意，百年不遇

品牌灵魂嫁接心智公共资产，是诞生伟大创意的最佳路径。从香菇想到蘑菇，再从蘑菇联想到歌曲《采蘑菇的小姑娘》。《采蘑菇的小姑娘》是几代人熟知和喜爱的儿童歌曲，有着广泛的群众基础。今天的幼儿园和小学仍在传唱这首儿歌。

这是无比宝贵的超级心智公共资产！对品牌传播、促进消费者对新产品的快速认知能量巨大，要快速将之“据为己有”。令人兴奋和意外的是，《采蘑菇的小姑娘》曲作者是作曲界的“大姐大”谷建芬，词作者为原文化部副部长陈晓光。一不小心，《采蘑菇的小姑娘》成了大佬级的词曲组合，我们的创意也成了“最高级别”的创意。

“采蘑菇的小姑娘，就采仲景香菇酱！300 粒香菇一瓶酱，21 种好营养！

仲景香菇酱真香，大家一起来分享！哇塞，仲景香菇酱，真香真营养！”

伴随着熟悉的旋律，仲景香菇酱一下征服了消费者的芳心。品牌歌曲“采蘑菇的小姑娘”以及广告中那个可爱的“采蘑菇的小姑娘”的形象，就成为仲景香菇酱的品牌图腾和品牌超级公共资产。

产品包装：包装媒体化，宣传单进万家

包装就是媒体，包装就是最好的导购员。仲景香菇酱的包装就是一张宣传单，把香菇的价值，西峡香菇的特点，优越的产地——生态原产地保护、伏牛山世界地质公园、南水北调水源涵养地，典型的消费场景和吃法，全部体现出来。每天 15 万瓶的出货量，等于每天有 15 万张宣传单飘进千家万户。

市场操作：做特产，要“特事特办”

基于对调味酱行业本质的洞察，结合企业当时资金有限、营销团队有限、产能有限的局面，福来咨询建议采取“面—点—线—面”市场开拓路线图。

面：放眼全国。仲景香菇酱要想做大，走向全国是必然，但要稳步推进。充分利用好郑州秋季糖酒会主场机会以及《糖烟酒周刊》等专业媒体平台，在全行业发声，抢占营养佐餐品类制高点，低成本打造强势渠道品牌。

点：样板打造。重点做好河南样板市场的推广和招商工作。河南是大本营，通过启动河南市场，探索模式，磨合队伍，积累经验，为开发全国打基础。

线：样板复制。成功启动河南市场后，在陕西、山东、河北、北京、天津等外围核心市场排兵布阵，进行样板快速复制。同时，在全国市场有选择地做招商。

面：全国启动。选择重点省市进行模式复制，战略性品牌传播，全网络覆盖，启动全国市场，登陆资本市场，让仲景香菇酱香遍全国。

市场推广：激光穿透，战术手段战略化

集中优势资源，着力于一点，坚持坚持再坚持，就会取得惊人的效果，这就是激光穿透。其要义在于饱和式投入、持续性沟通、规模化复制。

河南市场是仲景香菇酱营销战的第一战场。在这里必须树立营销团队和消费者的信心。针对香菇酱的特性，聚焦终端做深做透，具体方法为“三到”：看得到、尝得到、买得到。

看得到

高空传播聚焦资源，靶向投放。在电视广告上，与《梨园春》这档河南卫视王牌栏目深度合作，通过赞助、贴片、植入等形式，用足用透这一河南收视制高点。

在重点终端和户外，采取“大卖场 + 交通要道 + 主要商业街 + 批发市场”投放策略。在南阳和西峡，更是将户外广告牌做到政府门前。

重点商超媒体化，让商超成为仲景香菇酱的品牌宣传前沿阵地。每个重点终端一台电视，广告歌曲循环播放，第一时间植入心智，成为消费魔咒。

单一物料规模化，春节前夕，集中投放 10 万小气球，一下子在人头攒动的大商场及户外形成品牌风景线。

联合《大河报》等媒体开展“谁是最可爱的采蘑菇的小姑娘”评选，组织小宝贝和家长亲临仲景香菇基地参观。体验与互动结合，线上与线下联动，口口相传，引起了上百万孩子和家庭的参与及关注。

尝得到

针对仲景香菇酱良好的口感和质感，把试吃动销作为一种战略手段。通过在KA 卖场、社区、学校、写字楼的大规模品尝活动，让更多的消费者吃起来。

这里强调一点，试吃在快消品行业并不新鲜，但是仲景香菇酱却把战术做成了战略。从孩子入手，充分保证品尝率、购买率和回头率，把家庭消费带起来，口碑传播动起来。

买得到

除了在 KA、连锁超市、批发市场、便利店等进行全面铺货，更重要的是开辟了名烟名酒店、特产礼品店、热门旅游景点等特殊渠道，最大化地保证了产品的终端可见率。

同时，仲景食品高度重视网络渠道建设，构建了“天猫旗舰店 + 网络渠道联盟 + 促销链接联盟”的全网络渠道布局。KA、流通、特通、网络的全渠道策略，既顾全了中原市场，又打通了全国。

再出发：让健康有滋有味

2010 年，仲景香菇酱上市第一年即在河南市场异常“吃香”，第二年，周边陕西、山东、河北、湖北市场也开始闻香而动；后来，北京、新疆、浙江等全国各地的经销商也都蜂拥而至。很快，仲景香菇酱在香菇品类里成为行业标杆，引发众多企业的模仿和追赶（连老干妈也开始跟风）。仲景香菇酱也顺势担起大任，成了仲景食品的灵魂产品。

灵魂产品的成功带动了企业的良性发展。从 2016 年起，仲景食品企业品牌

建设全面升级，我们共同确定了“让健康有滋有味”的品牌口令，既是对仲景品牌基因“健康”的坚守与传承，亦是对“药食同源”理念的宣导，更是与消费者对食品“滋”“味”要求的契合与满足。

品牌标志采用了标字创作法，把“仲景”作为核心元素，源于传统篆书文化，并赋予时代感与个性化，与仲景宛西制药板块进行了有效区隔。

品牌图腾“采蘑菇的小姑娘”，基于新广告法的要求以及未来发展的需要，被进一步艺术化创作，成为具有自主知识产权的品牌资产。

仲景香菇酱的产品营销，也从“真香真营养”的口味诱导和口号记忆，进化到“拌饭炒菜香”的场景营销，并配以香菇脆、香菇牛肉酱、鲜辣酱等新品，进一步打破场景局限，释放产品消费的广谱性与适应性。

同时，仲景食品研发出菌菇类天然调味料——菇精调味料，这是仲景原创的专利食品“芯片”，也是仲景食品的战略“核武器”，将为企业赢得新的竞争优势和更大的发展空间。

2020 年 11 月，仲景食品成为中国航天事业合作伙伴，双方将会在建立联合实验室、建立航天技术标准、研发航天员食品等方面深入合作，正式开启仲景

食品的“航天新食代”。

仲景食品以健康美味为灵魂，以创新为原动力，以香菇酱为灵魂产品，继续在农产品快消化、健康化之路上创造新传奇。

双轮驱动：一个产品品牌引发的蝴蝶效应

福来咨询一直强调，农产品品牌建设必须政府企业双轮驱动。仲景香菇酱，是一个成功探索与实践的样本。

仲景食品从一个小作坊式的加工车间到现代化、花园式的仲景食品产业园，实现了小特产的大发展，在酱类佐餐领域逐步与老干妈形成品牌双子座。

2020 年 8 月，仲景食品通过上市审核（证券代码：300908），11 月 23 日，正式登陆 A 股资本市场，成为行业第一股。更重要的是，仲景香菇酱带动了西峡香菇的产业转型和价值升级，推动区域特色产业持续做强做大。如今西峡香菇出口全国第一（2019 年出口货值达 14.92 亿美元），占全国香菇出口额的 30% 左右。西峡成为全国香菇的集散中心、价格中心和信息中心，是名副其实的“香菇第一县”，形成了可持续发展的良性产业生态。

本书作者娄向鹏应邀赴深圳出席仲景食品上市答谢会，现场分享福来咨询创作的仲景食品品牌文化族谱，并作为贺礼赠送给仲景食品总经理朱新成。

道生一，一生二，二生三，三生万物。

一个地方特产成就一款灵魂产品，一款灵魂产品成就一家企业，一家企业带动一个产业，一个产业搞活一方经济。

这不正是中国农业品牌建设政府企业双轮驱动的生动图景吗？！

联合体企业篇

打造百亿联合体企业的战略逻辑和现实路径
新疆果业集团：联合起来，打造百亿果业品牌航母

5 年：从 14.7 亿元到 70 亿元的战略性跨越

从单一的农产品加工销售型企业，逐步发展成为集林果示范种植、生产加工、品牌建设、电子商务、终端销售、连锁经营和市场管理于一体的大型农业全产业链企业，营业额从 14.7 亿元攀升到超 70 亿元，成为新疆林果业最大的联合体企业和农业产业化的首席战略抓手。

5 年，到底发生了什么？未来，新疆果业集团将走向何处？

六年前的结缘：老模式遭遇新瓶颈

新疆果业集团是新疆维吾尔自治区供销合作社旗下主营新疆特色果品的国家级农业产业化龙头企业，品牌为“西域果园”。集团产业基础雄厚，在乌鲁木齐、昌吉、吐鲁番、喀什、和田等地州（市）建有万吨级干坚果加工基地，坐拥现代化的特色林果科技加工园区和国家级电子商务园区。旗下连锁品牌“西域果园”在乌鲁木齐、北京、上海、广州、武汉、长春、成都等城市建立品牌直营店，并依托天猫、京东建立起线上平台体系。

公司以专卖店和礼品销售为核心的营销模式，一度活得很滋润，但在新的形势下，企业原有发展理念和营销模式遭遇挑战。集团决策层决定，牵手福来咨询，共谋企业新生之路。

现象扫描：升级转型，势在必行

光环之下，新疆果业集团也出现不少困扰。

第一，产品差异化不足，或者说好东西没有卖好，无法让消费者识别。干果行业严重同质化，无数品牌都在用新疆资源为自己做背书，西域果园如何才能做到好东西看得到、好产品价格高?

第二，在礼品市场下滑严重的情况下，如何找到新的增长点?

第三，产品线多而杂，缺乏主打，与商超要求多有不符，有效供给不足。400 多个品类，但是符合商超上架要求的只有 20 多个。如何把众多产品有主有次地带入卖场?

第四，商业模式不清。企业在加盟店、专卖店以及商超渠道都进行了多点探索，且均面临困难。什么模式才适合西域果园?

第五，品牌形象老化，缺乏品牌灵魂和统一的品牌视觉体系。

深度洞察：品牌真空背后的战略机遇

福来咨询在对十大城市消费者调研后发现：大家都认为新疆干果好，在消费者心中已经处在心智高地。但是，企业品牌太弱，没有代表。问及新疆干果有哪些品牌，竟少有人想得起。新疆干果品牌在消费者心中存在“真空”，选择很茫然。

问题就是机会。全国商超干果系统被各地经销商分割霸占，还没有真正进入品牌企业大整合大集中的阶段。全国市场的大整合大集中，是一个必然的发展规律，任何产业都不例外。牛奶、方便面、啤酒、速冻食品、饮用水、瓜子等产业都经历过，现在轮到干果业了。

战略寻根：立足新疆干果，做中国果业老大

世界干果看中国，中国干果看新疆，新疆干果无代表。干果行业标准缺失，乱象横生，亟待强势品牌出现，树立标杆引领发展。这正是新疆果业集团抢占老大品牌的战略性机遇。

新疆果业人专业、专注、专心，30 年如一日的恪守，只为把最好的干果带给国人。新疆果业集团地处大美新疆，是中国瓜果最甜蜜的地方。新疆的瓜果就是中国瓜果的代表，是中国人引以为豪的生态大果园。

福来咨询为企业制定的战略之根和战略目标：立足新疆干果，抢占中国人的果盘子，做中国人的果园，打造中国果品老大品牌。

品牌灵魂：有身份，可信任

新疆干果，认知度高，认可度高，干果只要是攀上了“新疆”二字，身价马上提高。这也造成了目前打着新疆旗号掺杂其他干果的现象普遍。由于心智内没有真正让人放心的干果品牌，导致消费者面对价格悬殊的干果类产品无从判断，陷入“不选贵的、不识对的”的尴尬境地。

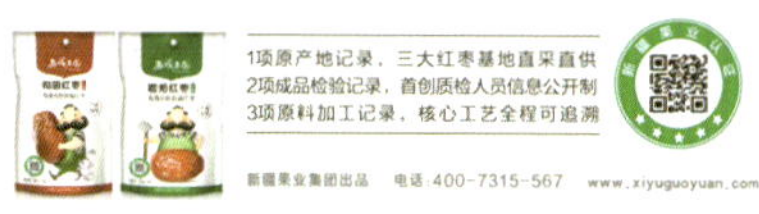

调研发现，“可追溯”是西域果园正宗干果最有说服力的武器。可追溯码就像干果的身份证，一下让正宗可视可证明。不仅代表正宗新疆干果，更是身份象征。

因为有身份，所以才信任。西域果园品牌灵魂“有身份的新疆干果”诞生了。6 项身份记录，让正宗可追溯，购买新疆干果从此变得简单。

品牌图腾：人见人爱的果叔来了

一个牛气的图腾胜过千军万马。什么适合做西域果园的品牌图腾？项目组将目光集中在“果叔”身上。

果叔原来只是产品包装上的卡通人物，大胡子、大肚子，小花帽、背带裤，手拿坎土曼（新疆少数民族特有的耕作工具）。

果叔就是西域果园最形象的记忆点、最生动的载体！不能仅停留在好看好玩的战术装饰上，而应该提到品牌图腾的战略高度，承担起品牌 IP 的使命。

他是专业和负责的农场主，又是德高望重的干果专家，敦厚、善良，还有点呆萌可爱。哪棵果树长得好、哪颗果子甜度高，他都了然于胸。

他就是西域果园的老园长和首席代表。

灵魂产品：“瘦身 + 健身”，打造三剑客

产品不是越多越好，产品线要有步骤地扩充。在市场供大于求、产品严重同质化的今天，需要先聚焦打造灵魂产品，提高供给侧的质量和效率。

项目组将 400 多个品类进行“瘦身 + 健身”，锐减到 20 多个，突出高质量的新疆干果产品。让骨干顶起来，让主力多出力。

有了核心团队，还要有灵魂人物。最终选定以具有广泛市场基础和认知的红枣、核桃、葡萄干为“灵魂产品”，打造明星三剑客，先树立品牌形象，再带动旁系产品的发展。

另外，礼盒市场已经从商政礼品转向城市伴手礼，消费人群的改变使得消费需求的重点也发生了改变。为此，西域果园舍去奢华的“外衣”和复杂的品规，仅推出两款礼盒。一款是能满足所有消费者的自由搭配礼盒，另外一款是西域果园独有的“品鉴礼”。

不是所有干果都来自西域果园，不是所有干果都被点赞。

激光穿透：“日月星”模式，照亮品牌新路

资源总是有限的，只有激光穿透，才能针尖捅破天，取得最大传播效能。

根据西域果园的实际情况，福来咨询特别为其量身定制了“日月星”模式。

日——代表精准传播。先打基础，向居民家庭靶向精准投放“西域果园产品专刊”，进行消费者培养和产品动销；然后借助新闻和公关活动放大声量，让国人认识“中国好干果”，扩大西域果园的知名度和影响力。

月——代表中心店，即西域果园专卖店。专卖店是全品类展示、销售的场所，是广泛吸纳会员、拓展业务和售后服务等的配套平台。目前已迅速覆盖全国。

星——代表“果叔岛”商超售卖专区。将品牌图腾果叔形象、新疆特色产品和文化、西域果园金字招牌三大要素集合到一起，打造超级终端，福来咨询称之为“果叔岛”。

新策略导入后，西域果园当年销售额增长 30% 以上。新思维新模式初见成效，西域果园开启了历史性的转型与升级。

果叔的小骄傲

2014 年 11 月 23 日，新疆维吾尔自治区与阿里巴巴集团联合举办“新疆特色农产品电子商务推介会暨新疆电子商务发展高峰论坛”，双方签署战略合作协议。新疆果业集团由此揭开了“电子商务推进新疆跨越式发展”的新篇章，2018 年，线上交易额突破 20 亿元。

果叔联盟战略：打造百亿联合体企业的战略逻辑和现实路径

2018 年福来咨询再次出手，协助新疆果业集团制定果叔联盟大战略。以资本、产权、市场等为纽带，控股、投资和整合全国优秀区域果品连锁企业，形成果业“航母”，实现联盟式、跨越式大发展，探索百亿联合体企业的发展逻辑和实施路径。

2019 年，新疆果业集团顺利实现了 70 亿元的综合营业额。5 年，从 14.7 亿元到 70 亿元，这是战略性跨越。2020 年，集团将冲刺百亿目标。

凭什么?

2018 年 5 月 24 日，新疆维吾尔自治区领导在新疆果业集团调研时提出“抓龙头、抓基地、抓品牌、抓带动、抓创新”的五抓要求和部署。现场明确新疆果业集团的航母地位和责任，真正把新疆“瓜果之乡”的美誉变为品牌优势、发展优势、竞争优势。“五抓”不仅是政治要求，也是百亿目标的战略逻辑和现实路径。

根本载体和抓手就是新疆果业集团这个联合体企业。通过“联合体企业 + 区域政府 + 龙头企业 + 合作社 + 农户”的大产业联合，从果园到果盘的全产业链布局，“西域果园产品品牌 + 果叔连锁品牌 + 控股参股品牌”的品牌结构，“鲜果 + 干果 + 新疆特色产品”的产品组合，“批发 + 零售”“线上 + 线下”的整合交易模式，全力促进新疆特色农产品由粗加工、分散、小规模经营转向优质生产、价值化、集约化和规模化销售。

2018 年以来，新疆果业集团建成全国社区生鲜零售店 1000 余家，维护巩固

商超专柜 2000 家，连锁销售渠道 1.3 万家，累计购进、销售农产品突破 95 万吨。

2020 年 6 月 2 日，“汇聚果叔，喜成大业”新疆果业集团果叔整合启动发布会在北京召开。目前，果叔已经成功整合叁拾加、果婆婆、臻味坊、仟果季和王小贱等多个干鲜果连锁零售品牌，成为中国最大的果业连锁企业之一。

百亿梦想，整装启航。

联合体企业篇

湘村黑猪：有根有魂，让黑猪跑出“黑马”速度

2010 年 9 月，湖南知名女企业家杨文莲董事长带着她的湘西“黑猪梦”，来到北京，与福来咨询战略合作。携手十年，岁月这把杀猪刀，却让湘村黑猪的产业日渐饱满，让湘村黑猪这只昔日的小猪，跑出“黑马”速度。

2012 年，“湘村黑猪”被国家畜禽遗传资源委员会认定为国家级优良猪种；

2012 年 8 月，“湘村黑猪”首家月租仅千元的样板小店，单月销量过万；

2015 年 7 月，“湘村黑猪”成为第一个黑猪供港品牌；

2016 年，覆盖北、上、深、长等十地市场，拥有 KA 终端 300 家；

2016 年 2 月，正式在新三板上市，成为中国黑猪第一股；

2017 年，营业收入 6.2 亿元，利润 1.2 亿元，利润增长 21.16%；

2018 年，首家完成湖南、北京、湖北、广东、东北的全国养殖生产布局；

2019 年 10 月，在“2019 中国生猪产业发展高峰论坛”上，湘村黑猪与盒马鲜生、永辉超市签订战略合作协议，并代表生猪企业发布《2019 生猪产业发展长沙宣言》。

突如其来的新冠疫情期间，湘村黑猪实现 200% 以上的增长，还频频断货，成为逆风飞扬的市场标杆，也成为名副其实的黑猪品牌之冠。

十年间，湘村黑猪先后赢得深创投、新天域、IDG、招商国际、中信、永辉超市等资本的战略投资，成为跑赢资本市场和消费市场的品牌黑马。

都说市场没有无缘无故的恨，也没有无缘无故的爱，那湘村黑猪凭什么跑出了“黑马”速度?

战略有根：黑白分明，高低不同

一段时期，以杜洛克为代表的西方白皮猪，在市场中高歌猛进，而中国土生土长的黑猪却处境险恶，“十圈九白”已是普遍现象。只有保种场，才能使中国特色猪种的血脉得以留存。

白皮猪是解决消费者吃上肉的选择，但未来“吃好肉”“吃品质肉”的使命由谁来担当呢?

福来咨询认为，中国消费者从“吃上肉”到“吃好肉”的消费升级，一定要由中国特色基因的黑猪来完成。因为，黑猪的肉更香，这种中国味，已经被中国人从古至今吃了上万年，这种口感习惯，是渗透在每一个国人的骨子里的。所以，我们为企业制定的品牌边界是“只黑不白”，只做黑猪，不动白皮猪。

作为十几亿人的人口大国，不可能一夜之间都去吃更有品质的黑猪肉，一定是有消费能力的家庭先吃起来，所以，我们的品类层级是腰部以上的中高端市场。因此，我们为企业制定的战略之根是“做中国高端黑猪的整合者与引领者”。

有人会说，“高端黑猪”这战略也太普通了吧? 对，好的战略都是普普通通、明明白白的，就像农夫山泉只做天然的水，也是普普通通的，这才是大道至简。战略之根，不在于是否高级，而在于边界清晰，让你不要越界，就像公路上的单实线，就是普普通通的一条线，却是每个人的生命线。

品牌命名：抢占“乡土味道”，命名四位一体

品牌命名不仅是一家企业，一款产品的叫法，更是企业和产品的活法，品牌命名就是为企业或产品注入“天命”，用趋势和价值秉持的力量，塑造品牌，让品牌活出精彩。

在与福来咨询合作之前，杨总的企业叫“天源高科”，企业名称与企业所做的黑猪产业相距甚远；黑猪的品种名称叫“湖南黑猪”，这样的品种名称，会让企业在品种的知识产权上，陷入有“产”无“权”的境地，因为只要是湖南出产的黑猪，都可以叫“湖南黑猪”。一旦把“湖南黑猪”的盘子做大，必然有更多的农企和农户来蹭“湖南黑猪”的热度，来吃品类“大锅饭”，搭市场顺风车，一旦企业的私权与广大湖南省内黑猪养殖户的公权产生矛盾，企业很难切实维护自己的品种权益。这是农业品牌建设的普遍困局。所以，“湖南黑猪”必须改名，要实现从品种独有到品种名称独有的品类升级，这样才能切实保护自身权益，行稳致远。

福来咨询认为：要从“猪种”这一企业的核心资产和竞争力出发，并以此为价值原点，统一企业、品种、品牌、股票名四方面的名称，把企业的各种资源统领起来，变成一个招牌，一件事。

遵循乡村自身发展规律，充分体现农村特点，注意乡土味道，保留乡村风貌，留得住青山绿水，记得住乡愁。

乡土味道是中国味道的基础与底色，乡村的农产品感觉更生态，更土香土色，同时乡村还寄托着我们的乡情与乡愁。福来咨询认为，乡村是消费者在消费农产品时，最大的心智公共资产，而我们在黑猪的品牌命名上，如果能嫁接“乡村”这个心智公共资产，就能让品牌名称一上来就跟消费者是“熟人”，就有乡土气息和价值感。由此出发，“湘村黑猪”的品牌命名跃然纸上。湘又是湖南的简称，一语双关，美妙无双。

同时，在“湘村黑猪”这个品牌名称的使用和保护上，我们坚持品牌名、品种名、企业名、股票名的四位一体。这样才能把所有的事情都变成一件事情，把各方面资源都集中在同一个名字和名义之下。

品牌有魂：“儿时味”，抢占每个人的“心头好”

福来咨询认为，品牌要有灵魂，品牌灵魂就是基于消费集体意识洞察，直击消费者的强大心智共鸣和消费动因！这是决定品牌现实与未来的竞争原力。

“儿时味”在消费者的集体意识中，蕴藏着你小时候的第一口水果，第一口蔬菜，第一口肉的味觉记忆，所以，“儿时味”是永不过时的过去时，是每个人心里的味觉原型与原力。湘村黑猪以“儿时味”为灵魂，让每一次消费体验，才下舌头，又上心头。

品牌口令：湘村的猪，儿时的味！

“湘村黑猪——湘村的猪，儿时的味”这句品牌口令，把品牌名放到了品牌

口令的话语之中，使品牌名称与“儿时味”的品牌灵魂紧密地联系在一起，让品牌的传播更高效。

品牌口令就是用词语让消费者产生条件反射，通过反复传播，消费者会形成：听到“湘村”就有“儿时的味”的思维反射；反过来，听到“儿时的味”就有“湘村”的思维反射。所以，口令的语句中有品牌名称，这种条件反射会更为鲜明、直接。

品牌图腾：湘妹抱黑猪，视觉有温度

一个穿着花袄的可爱小湘妹，抱着一只萌萌的小黑猪，是我们为湘村黑猪设计的品牌图腾。这一抱可不简单哦！首先，抱出了故事，抱出了杨文莲董事长作为一名湖南的女企业家，自小对黑猪的爱，对黑猪的梦，对黑猪的创业历程，这一抱多厉害，连品牌故事都抱出来了；其次，抱出了档次，普通的猪脏兮兮的哪里会有人抱，但湘村黑猪品牌图腾的这一抱，抱出了品质，抱出了档次，抱出了高端的市场定位，这是创意中最有料的拥抱。

品牌影视：让爱走在乡间的小路上

用 30 秒，将消费者带入乡村，置身于乡村的绿水青山，体验到湘村黑猪与儿时味的美好，是影视广告创作面临的挑战。

在拍摄现场，湘西农村的原始生态之美震撼了每一个人，也成全了我们的创意。全片将“湘村黑猪”化成了父母对孩子爱的载体，用母亲对孩子的守望，父亲对孩子温暖的拥抱，以及回忆中父母的爱为牵引，将观众带回儿时的村寨，带回养猪的生活场景，带回乡情与亲情的皈依。一句“家人一天一天的喂，只为我一口一口的香”，进一步将感情带入高潮。

品牌推广：聚焦市场，聚焦动作，把终端吃干榨净

“一屋不扫，何以扫天下”，一个终端都搞不好，何以货卖天下？福来咨询为湘村黑猪引入了“激光穿透”的推广模式，制订了聚焦北京、长沙的市场策略，缩小市场作业面，增加推广的区域穿透力。

什么是最牛的试吃体验？就是不加任何调料，让湘村黑猪肉在舌头上“裸奔”。“清水煮，就很香”才能显出湘村黑猪的猪肉本色。福来咨询把“湘村黑猪——清水煮，就很香”的试吃活动进行战略化应用和复制，靠活动在终端对消费者的不断“拦截”，坚持、坚持、再坚持，重复、重复、再重复，做出了湘村黑猪的市场影响力。

战略有根，才能根深叶茂；品牌有魂，才能动人心魄。一个有坚守与坚持的企业，一个发自人心的品牌，才会有价、有爱、有未来！

联合体企业篇

兰格格草原酸奶：在红海中开创蓝海

中小型企业如何构建差异化发展之路

停滞不前的中国乳业，逆势增长 50% 的兰格格

根据中国奶业协会的最新数据，近 6 年来，中国乳品企业销售年度平均增长率仅为 4.8%，在中国乳业近乎停滞不前的态势下，一家来自内蒙古的中小乳企——兰格格，却连续实现 50% 以上的逆增长，成为乳业红海的一匹“兰马”。

是什么让一家地方乳企，在市场寒冬之下实现了逆势增长？

两大巨头之下，中小乳业生存维艰

中国乳业是行业集中度比较高的行业，仅在低温领域，蒙牛、伊利两巨头就占据了 48% 的市场份额，再加上君乐宝、光明、三元等，中国乳业竞争惨烈，中小乳企在夹缝中生存，异常艰难。

兰格格前身是雪原乳业，位于内蒙古乌兰察布集宁区。企业凭借“宽度一公分，深度十公里”的发展理念，聚焦低温酸奶，研发出兰格格、蒙古熟酸奶、蒙马苏里等一系列特色酸奶产品，挺进一线市场，声名渐起，但也开始成为被行业抄袭的对象。更严峻的是，行业巨头们利用渠道、品牌、推广等各方面的优势打压兰

格格，让企业很被动。如何破局？兰格格找到了福来咨询。

战略寻根：专注草原酸奶，聚焦、聚焦、再聚焦

战略的本质是“寻根”。根深则叶茂！没有根的战略，做不强，长不大。兰格格应根植于何处？

天苍苍，野茫茫，风吹草低见牛羊。伊利、蒙牛创业伊始，靠内蒙古草原地域认知起家。现在早已完成全国跑马圈地，开始全球布局，不断弱化地域，在酸奶品类打起国际范儿。

伊利、蒙牛一步步远离草原了，谁能代表草原？

审视兰格格的发展历程，作为区域中小乳企，却能够杀进北京、上海一线城市，成为外交部内蒙古全球推介会晚宴的主饮品，就是因为扎根内蒙古大草原，草原的牛，草原的奶，草原上自然发酵，真正来自草原的好酸奶。

草原酸奶，这是天赐的“金饭碗”！也是兰格格生存和发展的战略根基。兰格格乳业必须当仁不让，抢位草原酸奶，做细分领域的老大。同时，要进一步战略聚焦，只做低温酸奶，逐步淘汰常温产品和中低端产品。福来咨询为兰格格制定的愿景目标是“内蒙第三，中国第一”。从内蒙古区内看，两大巨头之下，论数量拼规模兰格格最多只能做第三，而在草原酸奶细分品类上我们要做中国第一，像荷兰、以色列、新加坡一样，走高质量发展之路，做小而美、小而强、小而久的企业。

品牌灵魂：草原酸奶世家，与可口可乐同岁

同在大草原，兰格格酸奶有啥不同？企业地处乌兰察布，这里是草原酸奶核心区。兰格格创始人崔氏家族从 1886 年开始做酸奶，四代人，一件事，立足草

原，专做好酸奶。做酸奶，兰格格四代传承，是世家。福来咨询为兰格格找到品牌灵魂——草原酸奶世家，始于 1886 年。很巧合，与可口可乐同岁，一红一蓝，都是经典。

兰格格酸奶，草原鲜奶，草原急送，每一瓶都是草原发酵，将草原基因发挥得淋漓尽致。让消费者一下就能感知到“草原酸奶世家”的独特价值，在同质竞争中鲜明差异化。

连餐饮巨头西贝都忍不住“抄袭”，把草原酸奶的品牌灵魂和价值体系直接拿走用在自家酸奶产品上。

品牌图腾：草原酸奶第一罐，品牌互动大 IP

一个好图腾可以抵得上千军万马！如可口可乐的曲线瓶，在货架上一眼就能认出。

兰格格需要一个什么样的品牌图腾？大创意往往大道至简，显而易见：酸奶大瓷瓶就是品牌图腾！这是消费者脑海里儿时的记忆，是情怀，是品质，有活力，有张力，是酸奶品类最大的心智公共资产。

福来咨询为兰格格品牌图腾创意名称——草原酸奶第一罐，在营销活动中成为传播重器和消费者打卡地，圈粉无数。

现在，正逐步将兰格格蓝罐打造成乌兰察布“中国草原酸奶之都”的核心地标。

品牌族谱：兰格格 · 草原酸奶世家，始于 1886 年

人皆有源，家必有谱。品牌族谱就是让品牌有根可寻，有谱可查。一部兰格格品牌创业史，就是一部中国草原酸奶发展史。四代人，一件事。立足草原，专做草原好酸奶。

福来咨询为兰格格创作品牌文化长卷，记录百年品牌历史，成为兰格格品牌的重要资产。

灵魂产品：以瓷瓶打造声誉，构建草原酸奶家族

草原酸奶是战略之根，兰格格是企业主打品牌，要基于“根与魂”梳理产品线。

一方面，聚焦高端低温酸奶，放弃低端酸奶，将企业研发的新品如啤酒酸奶、咖啡酸奶，痛下杀手砍掉，让草原酸奶基因更纯正。

打造战略性灵魂产品。兰格格瓷瓶毫无疑问是主角，是“1”。同时要改变兰格格一个人在战斗的局面，进行系列化，增加小兰、大兰等不同规格。开发黑

莓味、八旗菌、燕麦等畅销产品，满足现代人不同场景需求，构建草原酸奶家族，夯实根与魂。

另一方面，将其他有特色的产品装到兰格格这个独特的瓶子和品牌里面去，实现“1 托 N”品牌势能的最大化释放。

战略配称：三点发力，夯实草原酸奶根与魂

1. 申请“草原酸奶非物质文化遗产”

用非物质文化遗产为草原酸奶做权威背书，让文化为草原酸奶赋能，让草原酸奶成为文化，提升差异价值和竞争壁垒。目前，崔氏家族已经成为市级草原酸奶非物质文化遗产传承人，省级在申报中，未来要成为国家级草原酸奶非物质文化传承人，抢占传统工匠文化制高点。

2. 打造“中国草原酸奶之都”

助力乌兰察布市打造“中国草原酸奶之都”，抢占草原酸奶制高点，让兰格格草原酸奶师出有名。与呼和浩特“中国乳都”形成乳业双子座，推动产业集群发展，助力乌兰察布区域经济高质量发展。2019 年 7 月，乌兰察布正式被中国食品工业协会授予“中国草原酸奶之都”。

3. 创建“草原酸奶技术研发中心”

与内蒙古农业大学、中国农业大学等战略合作，抢占酸奶行业科技制高点，建设内蒙古草原酸奶技术研发中心，进行草原特色酸奶菌种研发，打造“草原酸奶之芯”，代表草原、代表中国的优质特色菌种，成就酸奶领域的“中国创造”。

传播推广：激光穿透，创办中国草原酸奶大会

对大部分中小企业而言，没有足够的资源进行消费者教育，因此一定要从影响行业人士以及渠道入手，先做行业品牌和渠道品牌。这正是我们聚焦公司资源、大力度高规格策划创办中国草原酸奶大会的“理论基础”。

中国草原酸奶大会由乌兰察布市人民政府联合中国奶业协会、中国乳制品工业协会、中国食品工业协会等举办，中国农业大学、中国人民大学、新乳业等相关机构支持，兰格格乳业、集宁区政府承办，邀请全行业专家、经销商、媒体等出席。每年一届，站在行业、国家和世界的高度，形成大声势，创造大影响，打造中国草原酸奶领域的“达沃斯论坛”。目前已经成功举办四届。

通过发布中国草原酸奶《乌兰察布宣言》、《中国草原酸奶发展蓝皮书》、草原酸奶益生菌项目成果，举办草原酸奶与免疫健康论坛、世界草原酸奶发展论坛，开展草原之旅等战略举措，夯实草原酸奶引领者地位，与乌兰察布市一起，政府企业双轮驱动，共建“中国草原酸奶之都”。

草原酸奶：在红海中开辟一片蓝海

兰格格草原酸奶战略推行三年以来，成功开创并扛起草原酸奶的品类大旗，以聚焦和差异化战略快速建立起在中国乳业的影响力及公信力，形成一定的光环效应，各种优势资源聚集，吸引大量优秀职业经理人和经销商加盟兰格格事业平台，全国性市场网络布局初步建立。兰格格产品热销北京、上海、广州、深圳、郑州、武汉、哈尔滨、大连等全国一、二线城市。郭德纲、苏日曼等众多明星成了兰格格的忠实消费者。

在内蒙古各大景区，兰格格都是一道靓丽的风景线。在呼和浩特大昭寺景区，还出现了一个有趣的现象，在百事可乐的桌伞下，摆满了兰格格的空罐子，两蓝相遇，形成蓝色好兄弟。

2019 年 8 月 22 日，兰格格乳业与阿里巴巴签署合作框架，阿里巴巴将配套优质资源，助力兰格格开拓线上空白市场，更高效地实现商业价值的变现，推动兰格格从区域走向全国。同时，兰格格与盒马鲜生达成战略合作，盒马鲜生版兰格格也在持续热销中。

2019 年 8 月 31 日，兰格格邀请网红李佳琦进行淘宝直播，短短 5 分钟实现网络销售 20 万瓶，成为蓝色网红爆品。这背后，是兰格格新零售布局的日趋完善和渠道拓展上的创新意识。

2020 年 8 月 28 日，在第三届草原酸奶大会上，内蒙古草原酸奶技术研发中心正式揭牌并落户兰格格。兰格格与中国工程院院士任发政团队的技术合作也正式启动，中国工程院任发政院士亲临现场。

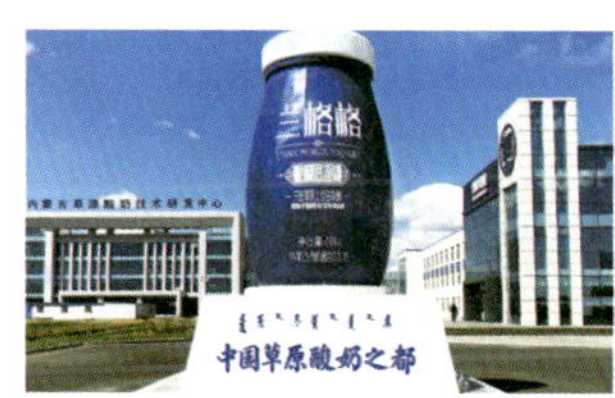

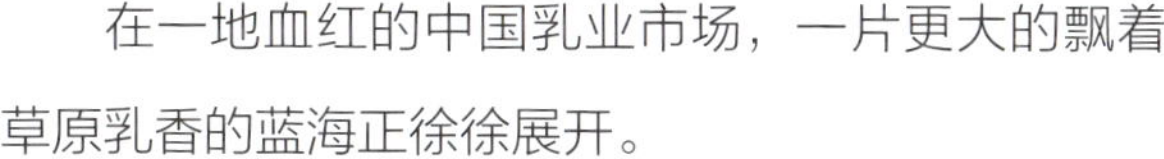

在一地血红的中国乳业市场，一片更大的飘着草原乳香的蓝海正徐徐展开。

【附 录】-1

福来咨询：为中国农业品牌建设开创路径和方法

作　者：潦寒，学者，作家，曾任《销售与市场》首席记者
代表作：《故乡在纸上》《文化营销》《总裁思想》

中国农业经历了三次重大变革，从公元前 7000 年的猎狩到种植，从张骞西行的欧亚交流到农业机械化。今天，中国农业正迈入科技化、产业化、资本化和品牌化驱动的第四次历史性变革。

在农业品牌建设蓬勃发展的大潮中，有一家机构专注农业品牌咨询已 18 年，为河北省农业农村厅、云南省农业农村厅、盱眙龙虾、寿光蔬菜、横县茉莉花、容县沙田柚、兴安盟大米、乌兰察布马铃薯、晋宁玫瑰、伊川小米、玉树牦牛、三江茶叶、仲景香菇酱、湘村黑猪、南方黑芝麻、兰格格乳业、史丹利、西域果园等众多品牌成功提供战略咨询，在实践和理论两方面取得了一系列成果，为中国农业品牌建设找寻路径和方法，在业内享有极高的声誉和威望，被誉为“中国品牌农业首席顾问”，这就是福来战略品牌咨询机构。

让我们一起走进福来咨询，看看其非凡成就背后的“五大秘笈”。

秘笈一：打通政府逻辑与企业逻辑的屏障

“政府主导、企业主营”，双轮驱动，是农业品牌建设的路径。

福来咨询在实践和研究中发现，在中国想在农业上做成事、做大事，光靠政府或企业都不行，必须“政府主导、企业主营”，双轮驱动。这个发现，是福来咨询的独特贡献！

中国是大国小农，农业基本面是一家一户严重分散的小农经济，能力和技术有限，组织化程度低，质量不稳定，这样做出的产品很难打造成品牌。怎么办？政府主导！

政府有政策、有能力、有手段调动各种资源、资金，统筹协调，也有权威性、公信力和凝聚力。政府要主导区域农业品牌工作，做顶层设计，夯实产业基础，牵头做农产品区域公用品牌，培育扶持新型经营主体。总之，要做企业和农户想做而做不了、做不好的事情。

同时，政府再强大也代替不了企业，没有企业主营不行。在市场中，要让企业做主角。要扶持和培育联合体企业，把分散的农民组织带动起来，做区域公用品牌和产区良性发展的引领者与示范者。

没有政府主导，产业像一盘散沙；没有企业主营，政府主导落不到实处。政府和企业各司其职，互为依托，发挥所长，相辅相成，缺一不可。

盱眙龙虾一路开创引领中国小龙虾美食，有赖于历届盱眙县委、县政府的高瞻远瞩、强力推动和不懈坚持，并成立盱眙龙虾产业集团这个龙头型市场经营主体，在养殖、调料、餐饮、节庆、推广等诸多方面，政府和企业共同撑起了盱眙龙虾的市场蓝天。

福来咨询之所以坚定推行双轮驱动模式，源于其深厚的市场基因。福来咨询是在市场中摸爬滚打成长起来的，18 年来服务了大量企业客户，有民营基因的南方黑芝麻、蒙牛集团、国联水产、仲景食品、湘村股份、百瑞源等，也有大型国有企业新疆果业集团、云天化集团、宁夏农投集团、洛阳农发集团、寿光农发集团、盱眙龙虾产业集团等，创建了一大批立得住、打得赢的企业品牌和产品品牌。所以，福来咨询更注重市场效应和实际效果，而不是单纯的创意、设计和广告，更不是自娱自乐式的规划。

同时，福来咨询深入研究国家大政方针，把握社会经济大势，探寻产业和区域经济发展规律，为政府做农业产业顶层设计，先后与江苏、广西、山东、新疆、河北、云南、河南、内蒙古等多个地方政府进行了良好合作，打造了诸多有影响力的区域公用品牌。

福来咨询为河北省农业品牌整体形象创意设计的“河北农品，百膳冀为鲜”的LOGO、品牌口令、主视觉，受到河北省相关领导的高度赞赏。

近年来，福来咨询不断为双轮驱动理念鼓与呼，推动政府和企业从各干各的，谁也看不上谁，到协调配合，互相支撑，1+1 > 2，并把这种转变形象地称为从“互怼”到“互爱”。

有政府领导说，福来咨询不仅更懂市场，甚至比我们政府更懂政府。

用外部视角和消费思维，打通政府、产业、企业与市场的屏障，实现政府逻辑与市场逻辑的高效对接，这是农业品牌建设的基本逻辑。

秘笈二：突破理论与实践的藩篱

中国农业的现代化、品牌化，是千年一遇的新生事物，乡村振兴、脱贫攻坚又提出了新的课题，没有先例，更没有经验可以借鉴。福来咨询作为品牌农业的开拓者，遇山修路，遇水搭桥，从根本上打通了理论与实践的藩篱。

早在2008年，福来咨询董事长娄向鹏就敏锐地洞察并提出“厨房餐桌食品品牌革命”到来的论断。2013年，娄向鹏出版中国第一本从企业、市场和消费角度研究农产品品牌打造方法的专著——《品牌农业：从田间到餐桌的食品品牌革命》，从此“品牌农业”成为福来咨询的标志性符号，连百度百科中的“品牌农业”也是用的这本书的成果。

福来咨询创办了中国品牌农业高端思想传播平台“神农岛”，成为全国数万农业主管领导和农业企业家的决策内参。同时，福来咨询联合中国人民大学农村发展研究院成立“品牌农业课题组”，福来咨询创始人娄向鹏任组长，为中国农业产业快速发展提供强有力的理论支持和实践咨询，构建中国特色品牌农业建设高端智库，服务全国品牌农业实践。

2017 年“品牌农业”系列之二《大特产：让地方特产卖遍全国》出版，为世界第一特产大国的品牌化、市场化指出方向、给出办法。

2019 年，“品牌农业”系列之三《农产品区域品牌创建之道》面市。这一次，娄向鹏把目光聚焦在农产品区域品牌创建上。娄向鹏自信地说，找到了农产品区域品牌建设独特的路径和方法。路径是，政府主导、企业主营，双轮驱动。方法是，战略寻根，品牌找魂。

为什么许多地方的农产品公用品牌和区域产业发展，后劲乏力、不可持续？一个很重要的原因是产业没有战略或战略无根。

战略必须有根，根深则叶茂，没有根的产业，做不强，做不大。战略之根，是农产品区域公用品牌生存和发展的根基，是安身立命的事业地盘。它明确了做什么不做什么，先做什么后做什么。

广西容县是沙田柚的诞生地，乾隆皇帝赐名“容县沙田柚”，成为贡品，但近年遭遇埋没。福来咨询作为战略顾问，明确容县在柚子产业上必须深深地扎根在这个“原点”，因为“沙田柚在这里诞生”，这是“乾隆爷的沙田柚”。

兴安盟是内蒙古的优质稻米产区，但在消费者的心智中，没有内蒙古大米的认知。怎么办？福来咨询团队给出了绝妙答案：东北上游，净产好米！东北是优质大米的战略高地，站在东北大米“肩膀”之上才是兴安盟大米最好的选择。从此，兴安盟大米找到了发展理由，找到了战略之根。

不少人的农产品品牌观念还停留在种养思维、产品思维和广告设计思维上，品牌没有和消费者关联，没有形成差异价值。农业品牌普遍缺少灵魂，导致人、财、物浪费，广告传播打水漂。

福来咨询认为，每一个品牌都要有灵魂！魂立则心动。没有灵魂的品牌，如行尸走肉，难以存活于心。品牌就是要有血、有肉、有灵魂！

品牌灵魂是基于消费集体意识洞察，是直击消费者的强大心智共鸣和消费动因，是决定品牌现实与未来的竞争原力。

寿光蔬菜的品牌灵魂是什么？当年寿光蔬菜解决的是国人冬季吃不上蔬菜的问题，如今，寿光已经从追求“有”和“多”提升到让消费者吃上更优品种更高品质的蔬菜，并且出口 25 个发达国家。这一切都是通过整合全球绿色健康科技资源实现的。因此，我们为新时代寿光蔬菜塑造的品牌灵魂是“健康科技”，品牌口令“健康中国菜篮子”。

品牌怎么塑造和传播？以品牌灵魂为核心，通过标识、口令、图腾、族谱、故事等塑造一致性的品牌体系，形成入眼入心的品牌魅力、价值认同和消费偏好。

新时代农产品品牌建设的王道，就是做有根有魂的事。这是福来咨询特有的方法论。

新时期，品牌农业与乡村振兴是什么关系？娄向鹏精辟地说：乡村振兴是“三农”工作的抓手，产业兴旺是乡村振兴的抓手，品牌强盛是产业兴旺的抓手。

“品牌农业”三部曲，有市场角度和理论高度，有全球宽度和实践深度，洞察问题本质，直击难点与痛点，从理论到实践两方面把中国品牌农业事业推向了新时代，奠定了福来咨询在中国品牌农业领域的领航地位。娄向鹏也被誉为“中国品牌农业第一人”。

刚刚出版的《品牌农业 4》，十年磨一书，是“品牌农业三部曲”的升级和升华。“希望用一本书，透析一个行业的痛点与难点，找到根本解决之道。从根源上终结理论混乱和道路错乱，让政府和企业不走错路、弯路。也为读者朋友们节约宝贵的时间和精力。”

娄向鹏说，他最大的私心，是期冀这本书能成为中国农业的教科书。让我们这个农业大国找到新时代品牌强盛的路径与方法。

在实践上，福来咨询生来就扎根于市场，因此，更懂市场，更注重实效，更擅长实战，更贴近中国市场实际。

18 年来，福来咨询的业务足迹遍布全国，走遍了中国 34 个省级行政区和全球主要农业发达国，下沉到乡村级的各类市场，在几乎所有农产品品类里播下了品牌之种，不断探索、实践和检验理论，让理论和实践打通，为政府和企业创造实实在在的价值。

福来咨询在与政府、企业合作的过程中发现，有的唯文化、唯创意、唯设计，有的重产业前端建设，不重视市场和品牌营销，抱着厚重的内部思维。福来人做了大量的市场观念的普及、推动与转化工作，用市场化的方法解决市场问题。

在农业品牌建设领域，搞理论研究的、出书的、提出这样那样新概念、新想法的人不少；同时，在市场中埋头干活、重复传统做法的也大有人在。但是，能够把理论和实践真正打通的着实不多。这一点，福来咨询难能可贵。

2020 年 7 月，农业农村部市场司首次成立“农业品牌专家工作委员会”，娄向鹏作为实践与理论紧密结合的典型代表，被聘为专家委员。

2020 年 9 月，中国农业大学正式聘任娄向鹏为乡村振兴专业研究生导师。

秘笈三：实现中国实践与世界经验的融合

作为世界茶叶的祖师爷，中国七万个茶厂利润曾经不抵一家英国立顿；原产中国的猕猴桃，被新西兰拿去后进行品种改良，以佳沛奇异果品牌在全世界大行其道，称霸高端……这就是中国农业与世界先进农业的差距！

福来咨询认为，全球经验，中国实践，非常重要。先学习，再借鉴、融合与赶超。

在扎根中国实践的同时，以董事长娄向鹏、总经理郝北海为领导的福来人，走遍了全球农业最发达的国家和地区，包括以色列、荷兰、美国、日本、新西兰、澳大利亚、瑞士、法国、意大利、德国等，深入雀巢、佳沛、依云、星巴克等国际品牌和农场庄园，与政府、行业组织及经营管理者深入探讨和交流。

纵观全球、中外对比后福来咨询深刻认识到，中国农业最突出的问题是，千家万户的小生产与千变万化的大市场之间的矛盾。国情和市场发展阶段不同，国外经验必须与中国国情和中国市场实际相结合，不能照搬。但是有一点最值得借鉴，是解决我国农业核心痛点的方案，即中国的农业产业要用品牌作为战略抓手，用联合体企业落地。

佳沛奇异果的企业主体是由 2700 个大小农场主组成的，大家用一个标准培育产品，用一个品牌打市场，整个新西兰的奇异果果农都受益，甚至整个国家都为之骄傲。

中国农业高度分散，组织化水平低，怎么办？把小而分散的农户、农场组织起来，创建联合体企业和品牌。

联合体企业是农产品区域品牌建设的载体和主体，由龙头企业、中小企业、合作社和家庭农场组成，以区域公用品牌为基础，以分工协作为前提，以规模经营为依托，以利益联结为纽带，以企业品牌为抓手，形成实体化、法人式的新型经营主体，代表产业和品类进行市场经营。娄向鹏形象地称之为“航空母舰”。

将国际经验与中国国情和市场实践相结合，使之交互融合，达到实用和实效。福来咨询正在借助世界经验全力协助新疆果业集团、盱眙龙虾集团、寿光农发集团、宁夏农投集团、洛阳农发集团、云天化集团等打造联合体企业（品牌）。

世界融合还在进行中。2019 年 11 月 1 日，福来咨询发起的神农研习社“欧洲品牌农业地标品牌考察之旅”正式启动，娄向鹏亲自带队考察解析欧洲七大农业地标品牌，拜访雀巢、依云、Cailler 巧克力等全球顶尖品牌总部，重塑品牌农业世界观和事业观。

据悉，娄向鹏的下一部新著，品牌农业外传——《品牌农业 5：西游记》即将完成。

秘笈四：构建咨询与资源两大平台

福来咨询不仅是一家著名的专注农业的战略品牌咨询机构，还是一家全国乃至全球性的品牌农业资源平台，把咨询业务和资源平台融合在了一起。

咨询平台是为政府和企业做顶层设计，解决不走弯路、错路的问题；资源平台是为政府和企业整合全国乃至全球高端资源，为客户铺设高速公路，解决更快更好发展的问题。

福来咨询发现，政府和企业在执行方案的时候，经常由于资源不支撑，整合能力又不足，造成执行缓慢、成效打折。为此，福来咨询在全球范围内整合打造了一个资源大平台，为全国各地方政府和企业共享与赋能，让政府和企业驶上品牌建设与经济发展的快车道。

2019 年 5 月 30 日（农历 4 月 26 日，神农氏诞辰日），福来咨询联合中国人民大学、京东等相关机构发起主办的首届中国品牌农业神农论坛隆重举行，这是一个行业顶级思想与高端资源的超级大平台。同时成立神农合作组织，由 28 家国家级行业协会、智库、科研院所、产业链服务机构发起，进行产业研究、产业规划、科技（研发、溯源、检测）、战略品牌咨询、创意设计、渠道网络、媒体制作与传播、资本（金融）、培训游学等工作，为地方政府和龙头企业提供配套支持与服务。

例如，福来咨询与京东农场的战略合作，京东农场一方面在农业产业前端，导入人工智能、物联网、区块链等技术与管理，提升标准和管理水平，提升产品品质。另一方面在产业后端，开辟专属线上销售通道——京品源自营平台，去中间化，为亿万中产家庭提供可溯源、高品质农产品。

在“京东农场数字农业战略发布会”上，福来咨询的客户伊川小米、云天化集团等纷纷与京东农场建立战略合作。福来咨询为横县茉莉花策划的“首届世界茉莉花大会”，则借助新华社《中国名牌》的权威性和公信力，共同制作发布《世界茉莉花产业发展白皮书》。

在福来咨询资源平台上，阿里巴巴、神州买卖提、一亩田、每日一淘、中国农业大学、中国科技大学、华糖传媒等众多机构已经开始为政府和企业的农业经济赋能、增效。

福来咨询还与全球顶尖农业大学荷兰瓦赫宁根大学、斯坦福大学、英国皇家科学院、欧洲乳业巨头达能公司等世界资源对接，为中国政府和企业补短板……

从咨询服务到资源平台的搭建共享，让全球资源、全球技术、全球经验服务中国政府和企业，落实到中国市场实践，福来咨询实现了又一次跨越和升级。

2019 年起，福来咨询还发起全国性公益项目“神农公益大课堂”，由娄向鹏亲自领衔授课，公益性传播农业品牌建设的理论、路径和方法。已经走进云南、广西、河南、陕西、内蒙古、河北、江苏等地，邀约的地方政府应接不暇。

秘笈五：打破顶层设计与落地执行的魔咒

有一句大家很熟悉的话，首先要做对的事情，然后才是把事情做对。

顶层设计就是做对的事情，即找对中国农业品牌建设的路径与方法。

福来咨询在为盱眙龙虾做战略寻根后发现，盱眙龙虾要以质量对抗数量，做虾中贵族，如果比规模、拼数量，无法找到属于自己的可持续发展空间。为此，福来咨询从盱眙龙虾的历史渊源、独特优势和根本资产出发，提炼出“小龙虾美食发源地”的战略之根和“白富美”的品牌灵魂，并以此为中心，进行产业规划、产业布局和资源配置。

好一朵横县茉莉花！全球10朵茉莉花，6朵来自广西横县。福来咨询借助有“第二国歌”美誉的《茉莉花》这一世界级公共文化资产，为横县茉莉花品牌赋能，通过创办“世界茉莉花大会”，推动横县茉莉花产业实现品牌化、价值化和国际化的高质量可持续发展。

需要特别提醒的是，一些地方政府以农产品品类多、规模小为由，热衷于打造无地域名无品类名（福来咨询称之为虚名、艺名、假名）的区域公用品牌，结果往往事倍功半，适得其反。这种做法缺乏“三个抓手”：政府工作没有抓手，龙头企业经营没有抓手，消费者选择没有抓手。从理论到实践都走不通。

福来咨询拒绝了多个慕名而来做虚名区域公用品牌的地方政府。许多地方已经尝到虚名公用品牌模式的苦果，有的痛定思痛，果断叫停，重新抉择、选定和培育主导战略产业；有的碍于面子还在苦苦强撑。

福来咨询旗帜鲜明地疾呼：农产品区域公用品牌必须实名制！

区域名称不是品牌的负担，恰恰是区域公用品牌的战略之根和品牌之魂的源泉。产品好，首先是因为产地好，同类产品无法模拟、不可替代。五常大米好，如果不叫五常大米就不值钱，没有人追捧。没有产地的农产品，没根没魂，品牌没有价值。这是顶层设计中大是大非的根本问题，含糊不得。

双轮驱动，根与魂，是农业品牌建设顶层设计的关键。但这还远远不够，同时还需要具备保驾护航、把顶层设计落地执行的能力。

落地执行是顶层设计的魔咒，是大多数政府和农业企业的软肋，也是很多咨询机构的短板，却是福来咨询的强项。

第一，福来咨询不是一个人在战斗，而是一支市场化基因强大的超级团队。福来咨询推崇“责任至上，极致制胜”的核心价值观，视客户最终成果为团队价值，核心成员来自家电、医药保健品、食品饮料、农业、传媒、策划等多个领域，有战略策略高手，有创意制作大咖，有市场督导牛人……

福来咨询十年以上工龄的员工人数近半，团队超级稳定，对公司的理论和作业方法吃得透彻，执行得到位。

第二，福来咨询提供的是“顶层设计＋方案培训＋传播执行＋战略体检”的系统化、实战型全案服务，这是其基本定位和根本属性。福来咨询团队反复强调，顶层设计是万里长征的第一步，选对了方向和路径，确保想法和干法不偏不弯，又快又好达成目标，才是最终目的。所以，落地执行是顶层设计后福来咨询团队关注和操心最多的地方。

第三，充分发挥福来咨询资源平台优势，为客户做市场、技术、专家、媒体、协会等对接，让顶层设计落地。无论是横县茉莉花在杭州茶博会成为最大赢家，还是在首届沙田柚产业发展大会上乾隆爷的沙田柚卖疯了，以及兰格格“中国草原酸奶大会”在行业中的轰动，福来咨询都提供了包括方案策划、资源对接、流程设计、进度督导、媒体传播甚至活动执行等在内的全程落地支持。

第四，落地执行工作系统化、标准化。例如福来咨询在促进政府实效推进、快速执行时，明确提出必须列入一把手工程，并总结提炼了区域公用品牌运营管理的四项基本原则，以确保政府工作与顶层设计同步，与战略落地同频。

以横县茉莉花为例。从县委书记、县长到县级职能部门对区域品牌建设都高度重视。县委书记黄海韬参与项目的每一次重要讨论与决策，在黄书记的直接参与和推动下，横县茉莉花品牌建设工作成效显著。紧接着，横县甜玉米项目又交给了福来咨询。越是深入实践，透彻理解福来咨询的思想方法，就越是产生信赖感。

第五，机制流程做保障，过程护航到位 。方案执行之始，首先对客户中的高层培训，确保彻底理解方案，思想和行动统一。同时，监督客户内部建立培训和考核机制，内训外训相结合。

方案执行过程中的每季度都要定期体检。体检内容明细化，体检方法既有问卷，更有明查暗访。最后，双方高层召开联席会议会诊，制定纠偏整改方案，一步步护航到位。

娄向鹏强调，近20年的咨询经验教训证明，与客户达成方案共识并不难，但往往在执行过程中走偏走样，这是惯性魔咒，也是最大的考验和决定成败的关键。

后记：做农业，不走弯路是最大的捷径

未来 20 年，世界看中国，中国看农业，农业看品牌。

这句娄向鹏的口头禅已经成为行业名言，被行业大咖引用在文章中、演讲中，被企业制作在宣传栏中、主题墙上。

出身农村的娄向鹏带领他的福来咨询团队，早已经把工作变成了事业、形成了口碑。合作过的政府领导和企业家们常常对福来咨询赞誉有加：

南宁市横县县委书记黄海韬：娄向鹏老师设计的横县茉莉花品牌战略提出了颇具建设性的方案，找到了茉莉花全产业链新路径，推动了茉莉花“标准化、品牌化、国际化”进程；

洛阳市伊川县委书记李新红：娄向鹏先生带领福来咨询团队，为伊川小米“寻

根”“塑魂”“点睛”，让我们见证和感受到了品牌农业的力量；

来宾市委常委、忻城县委书记李振品：娄向鹏老师团队为我县特色产业高质量发展，实现脱贫攻坚与乡村振兴有效衔接找到了战略抓手；

内蒙古兴安盟农牧局党组书记、局长邱枫：福来咨询是农产品品牌策划的先驱，“兴安盟大米”品牌策划和建设的成功得益于娄向鹏先生带领下的福来咨询团队对农产品品牌的深刻理解，使我们在较短时间内取得了重大成果；

云南省农业农村厅厅长谢晖：在云南省打造世界一流“绿色食品品牌”的过程中，娄向鹏老师团队做出了积极的努力与贡献。

南方黑芝麻集团董事长韦清文：把客户的事情当作自己的事业，说到做到；

仲景食品总经理朱新成：福来咨询是我们长期的智慧合作伙伴，也是亲密战友；

史丹利农业集团总裁高进华：慕名而来，满载而归，不断给我们带来惊喜……

问娄向鹏，福来咨询最想给政府领导和企业家讲的一句话是什么？娄向鹏毫不犹豫地说：做农业，没有捷径，不走弯路是最大的捷径！

这句话成了福来咨询的信仰。当然，娄向鹏的心愿是让这句话成为客户的信仰。那样，中国农业的品牌化、现代化之路就会走得更快更好。

责任就是力量，思想创造价值。

很欣赏娄向鹏在《品牌农业 3：农产品区域品牌创建之道》后记里的一段话：

“未来 5~10 年，协助政府和企业打造 100 个产业名片与国家名片级的农产品品牌，推动中国农业的伟大复兴。这就是我的初心、野心与忠心。我相信终有一天，品牌农业会成为最时尚、最性感、最荣耀的行业。”

我也相信。

【附 录】-2

政策也是生产力

国家重要“三农”政策速览

综合规划、全局指导

《中共中央 国务院关于实现巩固拓展脱贫攻坚成果同乡村振兴有效衔接的意见》
《全国农业可持续发展规划》（2015—2030 年）
《关于加快转变农业发展方式的意见》
《关于深入推进农业供给侧结构性改革加快培育农业农村发展新动能的若干意见》
《关于实施乡村振兴战略的意见》
《乡村振兴战略规划（2018—2022 年）》
《关于大力实施乡村振兴战略加快推进农业转型升级的意见》
《全国乡村产业发展规划》（2020—2025 年）
《关于坚持农业农村优先发展做好“三农”工作的若干意见》
《关于促进乡村产业振兴的指导意见》
《国务院关于乡村产业发展情况的报告》
《数字乡村发展战略纲要》
《数字农业农村发展规划（2019—2025 年）》
《关于完善农业支持保护制度的意见》
《关于加强农业科技社会化服务体系建设的若干意见》
《关于加快推进农业供给侧结构性改革大力发展粮食产业经济的意见》
《中国共产党农村工作条例》
《关于深入实施“优质粮食工程”的意见》
《关于促进林草产业高质量发展的指导意见》

品牌、质量、绿色发展、投资、消费

《农业生产“三品一标”提升行动实施方案》
《关于发挥品牌引领作用推动供需结构升级的意见》
《关于加快推进品牌强农的意见》
《国家质量兴农战略规划（2018—2022 年）》
《农产品地理标志管理办法》
《地理标志专用标志使用管理办法（试行）》

《中国农业品牌目录制度实施办法》
《中华人民共和国政府与欧洲联盟地理标志保护与合作协定》
《关于创新体制机制推进农业绿色发展的意见》
《中华人民共和国食品安全法实施条例》
《农业投资管理工作规程（试行）》
《关于进一步加强农业投资管理的通知》
《国家农产品质量安全县创建活动方案》
《国家农产品质量安全县考核办法》
《农业绿色发展先行先试支撑体系建设管理办法（试行）》的通知
《关于实施“互联网 +”农产品出村进城工程的指导意见》
《关于做好电子商务进农村综合示范工作的通知》
《关于开展消费扶贫行动的通知》

产业化、三产融合及经营主体

《农村产业融合发展示范园建设中央预算内投资管理办法》
《关于支持农业产业化龙头企业发展的意见》
《关于加快构建政策体系培育新型农业经营主体的意见》
《关于支持做好新型农业经营主体培育的通知》
《关于促进农业产业化联合体发展的指导意见》
《“中国好粮油行动计划”实施指南》
《关于坚持以高质量发展为目标加快建设现代化粮食产业体系的指导意见》
《关于促进小农户和现代农业发展有机衔接的意见》
《关于推进农村一二三产业融合发展的指导意见》
《关于实施农村一二三产业融合发展推进行动的通知》
《关于进一步促进农产品加工业发展的意见》
《关于实施农产品加工业提升行动的通知》
《关于促进全域旅游发展的指导意见》
《关于大力发展休闲农业的指导意见》
《关于开展农业产业化示范基地提质行动的通知》
《关于实施家庭农场培育计划的指导意见》
《新型农业经营主体和服务主体高质量发展规划（2020—2022 年）》
《关于开展农民合作社规范提升行动的若干意见》

示范区（园）、产业园、产业集群

《关于开展国家现代农业产业园创建工作的通知》
《关于开展国家现代农业产业园创建绩效评价和认定工作的通知》
《关于开展优势特色产业集群建设的通知》
《特色农产品优势区建设规划纲要》
《中国特色农产品优势区管理办法（试行）》
《国家农业科技园区发展规划（2018—2025年）》
《国家农业科技园区管理办法》
《国家农村产业融合发展示范园创建工作方案》
《国家农村产业融合发展示范园认定管理办法（试行）》
《关于做好农业产业强镇建设工作的通知》